| 台湾研究系列 |

两岸关系和平发展探索

——台港澳研究系列之二

严安林　主编

九州出版社
JIUZHOUPRESS
全国百佳图书出版单位

图书在版编目（CIP）数据

两岸关系和平发展探索／严安林主编. --北京：
九州出版社，2014.11
（台港澳研究系列；2）
ISBN 978-7-5108-3362-5

Ⅰ.①两… Ⅱ.①严… Ⅲ.①海峡两岸-关系-研究
Ⅳ.①D618

中国版本图书馆 CIP 数据核字（2014）第 269844 号

两岸关系和平发展探索

作　　者	严安林 主编
出版发行	九州出版社
出 版 人	黄宪华
地　　址	北京市西城区阜外大街甲 35 号（100037）
发行电话	（010）68992190/3/5/6
网　　址	www. jiuzhoupress. com
电子信箱	jiuzhou@ jiuzhoupress. com
印　　刷	北京京华虎彩印刷有限公司
开　　本	720 毫米×1100 毫米　16 开
印　　张	18.5
字　　数	306 千字
版　　次	2014 年 12 月第 1 版
印　　次	2014 年 12 月第 1 次印刷
书　　号	ISBN 978-7-5108-3362-5
定　　价	54.00 元

目　录

第一编　两岸关系和平发展与大陆对台政策

第二编　亚太局势与两岸海洋合作

第三编　台湾政治与港台关系

第四编　台湾对外关系

第五编　国家统一与历史借鉴

第一编

两岸关系和平发展与大陆对台政策

两岸关系与大陆对台政策

——战略制定与政策选择

许世铨

2012年11月召开的中国共产党第十八次全国代表大会顺利完成了领导人的换届选举，大陆对台工作也进入了由习近平总书记领导的新阶段。1949以来，大陆对台工作在毛泽东、周恩来、邓小平、江泽民和胡锦涛的领导下，经历了从解放台湾、和平解放台湾、“和平统一、一国两制”的调整和演进，与时俱进地不断推动祖国统一大业。六十多年来，两岸关系跌宕起伏，今后统一大业还要经历相当漫长的历程，但也可以清楚地看到，国家统一的历史大潮，正越来越壮阔地向前奔流。

在解决台湾问题、实现国家统一的过程中，于战略制定和政策选择方面，必须厘清下列几个关键性问题。

一、处理台湾问题必须同时详查台湾岛内、国际（主要是美国对台政策）和大陆自身的情况，而大陆自身是其中最重要的因素

从学术研究的角度看，如果说有所谓“台湾学”的话，那么它至少包括上述三个研究领域。

由于在1987年台湾开放民众到大陆探亲之前，两岸长期处于隔绝状态，因而大陆对台湾情况的了解和研究有一个由浅到深、从局部到整体、从间接到直接的过程。台湾有些人，特别是接近民进党的学者常常指责大陆“不了解台湾”。这种说法即便不是“不了解大陆”，至少也是以偏概全。大陆的第一代领导人，特别是毛泽东、周恩来都亲自主持对台工作，并通过各种

渠道，包括两岸“密使”往来沟通信息、了解情况。他们也很重视书报杂志上刊载的公开信息的搜集和研究。大陆专门研究台湾问题的最大机构——中国社会科学院台湾研究所是1985年在中央领导直接关心下成立的，它的主要职责就是通过书报杂志等公开资料的收集和研究，向中央和涉台部门报告台湾动态，对重要问题进行分析评估以及政策研究。台研所成立后不但招聘了一批研究台湾问题的专家学者，而且也汇集了丰富的研究成果和资料。1987年两岸交流大门打开后，大陆对台湾的了解更加直接和全面。对台学术研究也随之快速发展，目前已成为“显学”，主要的大学中都有研究台湾的机构。

当前大陆对台研究面临的一个重要课题是对台湾民情、舆情的研究。台湾开放“党禁”、“报禁”，领导人直选、政党轮替等所谓“民主转型”在台湾的特定情况下有其必然性，但李登辉推动台湾“民主化”亦有着阻挠两岸统一的战略考量和政治目的。1991年推出的“国家统一纲领”，其实质是企图以“政治民主、经济自由”等条件为统一设置难以逾越的障碍。美国学者黎安友和陆伯彬在他们合著的《长城与空城》一书中指出：“事实上，（国统）纲领要求大陆自行解除其手中所有的筹码，以此作为开始谈判台湾与中国关系的前提条件。”[①] 李登辉多次声称，民主是台湾最重要的“战略资产”。日本右翼女作家上板冬子在她所著的李登辉和他夫人曾文慧采访录《虎口的总统》一书中，援引李登辉的话说，台湾对大陆有三个“头痛的问题”，第一就是“民主化”。“如果彻底地推行民主化，就必须尊重民众的声音，不论中共多么强悍，台湾都将成为共产党无法驾驭的侵略者手中解放台湾而奋斗到底。”[②] 虽然邓小平制定的“一国两制”方针使得李登辉处心积虑的这套算计完全失去了着力点，但在台湾选举和政党轮替已经常态化的情况下，倾听台湾民众的声音、把握台湾民众的心态是能否贯彻“寄希望于台湾人民”重要方针的依据。但“民意如流水”，它不但为岛内总体形势所决定，也常为突发事件所左右，因此这一课题无论对学术研究，还是对涉台部门的政策把握都是严肃的挑战。

就台湾问题的外部因素而言，美国是台湾问题至今未能解决的主要外部

---

① Andrew J. Nathan and Robert S. Ross: The Great Wall and the Empty Fortress, W. W. Norton & Company, New York, 1997, p. 216.

② 上板冬子著，骆文森、杨明珠译：《虎口的总统——李登辉与曾文慧》，先觉出版股份有限公司，2001年6月，第217页。

障碍。1950 年 6 月，美国派遣第七舰队进驻台湾海峡后，周恩来总理兼外交部长即代表中国政府发表严正声明，表示要“为从美国侵略者手中解放台湾而奋斗到底”。[①] 从那时起至今，中美关系中，包括中美建交谈判的整个过程，台湾问题始终是最敏感的核心问题。早在 1954 年毛泽东主席就点明了这个问题。他在 7 月 7 日中共中央政治局扩大会议上讲话时说：“现在美国同我们关系中的一个重要问题是台湾问题，这个问题是个长时间的问题。”[②] 1984 年 10 月 24 日，邓小平在中央顾问委员会第三次全体会议上讲话时说：“在台湾问题上，美国的政策就是把住不放，这个我们看准了。”“一个台湾方面的工作，一个美国方面的工作，都要花时间。”[③] 毛泽东、邓小平的判断经受了时间的检验。历史经验告人们，中国统一的过程，也必然是克服美国干涉、阻挠的过程。因此无论是中美之间，或是在某些国际场合，台湾问题不可回避。但是，中国政府同时也不允许台湾问题国际化，涉台问题只能是中国和当事国之间的双边问题。而且，一个外国是否反对“台独”、是否奉行一个中国的政策，是中国和该国建立正式关系的最重要底线。因此，涉台外交一直由中央统一领导，高度集中，中共中央对台工作领导小组是最高领导机构。但是，20 世纪 90 年代中期之后，特别是 2000 年民进党执政之后，“台独”危险骤增，政府相关部门以及学术研究机构在涉台问题上都加强了对外工作力度，向外国政府、学术研究机构及华侨华人介绍、说明中国政府的对台政策和对台湾问题的立场，说明“台独”的危险性，收到了巩固国际上普遍奉行的一个中国政策的良好效果。

台湾海峡被认为是国际上的一个“热点”，一些外国研究机构，特别是美国的某些智库，出于本国利益或其他目的，开始组织由两岸及主办国学者参加的三边、甚至更大范围的所谓“第二轨道”或“一个半轨道”（有官方人士以某种形式参与）的“研讨会”，来“斡旋”台湾问题，有的甚至希冀通过提出解决台湾问题方案而获得诺贝尔和平奖。大陆对此采取了不支持的慎重政策，以防台湾问题国际化。作为非官方的学术交流，大陆学者有选择地参加一些以维护台海地区和平稳定为主旨的研讨会，有利于让外界了解大

① 国务院台湾事务办公室研究局编：《台湾问题文献资料选编》，人民出版社，1994 年，第 3 页。

② 中共中央党校，中共中央台湾工作办公室编：《中共三代领导人谈台湾问题》，2001 年 9 月，第 28 页。

③ 《邓小平文选》第三卷，人民出版社，1993 年 10 月，第 86 页。

陆对台政策和主张，同时，第三方通过面对面地听取两岸的政策立场，从而进行比较，应当可以起到减少其偏见的效果。这样的“第二轨道”研讨会应当是“公共外交”组成的一部分。

当然，台湾问题的最终解决、中国完成统一的决定性因素还是大陆自身。

二、中国的一切问题，包括台湾问题，只能通过自身的发展才能解决

1980年1月16日，邓小平在干部会议上说：“台湾回归祖国、祖国统一的实现，归根到底还是要把我们自己的事情搞好。”① 1982年9月1日，邓小平在中国共产党第十二次全国代表大会的开幕词中说：“加紧社会主义现代化建设，争取实现包括台湾在内的祖国统一，反对霸权主义、维护世界和平，是我国人民在八十年代的三大任务。这三大任务中，核心是经济建设，它是解决国际国内问题的基础。”② 在1988年5月的一次的谈话中，他又说：“中国还有个台湾问题要解决。中国最终要统一。能否真正顺利地实现大陆和台湾的统一，一要看香港实行‘一国两制’的结果，二要看我们经济能不能真正发展。中国解决所有问题的关键是要靠自己的发展。”③ 中共十六大提出的21世纪的三大任务仍然把“推进现代化建设”列在首位，第二是“完成祖国统一”，三是“维护世界和平与促进共同发展”。“发展是硬道理”这条“邓小平定律”使得大陆自改革开放以来排除了各种干扰，沿着正确的方向发展，取得了今天的成就。国家的统一、对台政策也只能始终不渝地遵循这条铁律才能最终功德圆满。

早年两岸的经济实力差距较大。谈到两岸统一问题时，一些台湾学者时常拿出两岸贫富差距作为不能统一的“论据”。一个典型的比喻是：“富家女（台湾）为什么要嫁给穷汉子（大陆）呢?”如今已经再也听不到这样说法。仅就经济实力而言，大陆在过去三十多年的蓬勃发展，已经使台湾等“亚洲四小龙”当年创造的“经济奇迹”黯然失色。从2007年起，大陆沿

---

① 《邓小平文选》第三卷，人民出版社，1993年10月，第177页。

② 《邓小平文选》第三卷，人民出版社，1993年10月，第3页。

③ 《邓小平文选》第三卷，人民出版社，1993年10月，第265页。

海几个省的省内国民生产总值（GDP）就相继开始超过台湾的 GDP。如广东省 2007 年 GDP 为 3900 亿美元，台湾为 3500 亿美元。到 2011 年大陆有 4 个省，广东（8360 亿美元）、江苏（7714.9 亿美元）、山东（7210.9 亿美元）浙江（5079.3 亿美元）的 GDP 都超过了台湾（4786.8 亿美元）。有位与民进党关系密切的学者访问上海，当看着浦西保存完好的昔日“十里洋场”和浦东鳞次栉比的现代楼群，在绚丽的霓虹灯光中隔江辉映，不禁感慨道：“大陆如果这样发展下去，台湾是不可能独立的！”这印证了邓小平的一句话：“经济发展了，我们实现统一的力量就不同了。”①

大陆经济的持续发展带动了综合实力的日益增强，不但影响了两岸关系的格局，同时由于大陆国际地位的提高，也使台湾问题的国际环境发生了有利于两岸关系良性互动的变化，“台独”势力更加内外交困。这一局面的出现说明，台湾问题只能通过大陆的发展才能得到解决，台湾问题要服从并服务于大陆的发展战略。1984 年 10 月，中共十二届三中全会通过了《关于经济体制改革的决定》，做出“对内搞活经济、对外改革开放”的历史性决策。10 月 22 日邓小平在中央顾问委员会第三次全体会议上强调：“我们精力要花在经济建设上，统一问题晚一些解决无伤大局。”② 他为国家总体战略中台湾问题的位置做了明确的界定。因此，即使在两岸关系处在 2000 年至 2008 年的“高危期”，大陆也尽最大努力把握住了“以经济建设为中心”的大方向。邓小平为台湾问题在国家总体战略中所界定的位置应当毫不动摇地落实在国家统一的整个过程中。

当然，对邓小平的“发展是硬道理”要有全面的理解。经济建设是基础，发展则是全面的，其中很重要的一部分是国防现代化。没有强大的国防力量，维护国家主权领土完整就是空话，就谈不上国家统一。因此，不放弃使用武力一直是大陆对台政策中始终坚持的一个内涵。早在 1956 年 8 月 21 日，毛泽东在修改中共八大政治报告稿时，在“我们希望一切有爱国心的台湾军政人员，同意用和平谈判的方式，使台湾重新回到祖国的怀抱”，这句话的后面加上了“而避免使用武力。如果不得已而使用武力，那是在和平谈判丧失了可能性，或者是在和平谈判失败以后。”③ 1984 年 10 月 22 日，

① 《邓小平文选》第二卷，人民出版社，1993 年 10 月，第 239—241 页。
② 《邓小平文选》第三卷，人民出版社，1993 年 10 月，第 87 页。
③ 《建国以来毛泽东文稿》第六册，中央文献出版社，1992 年 1 月，第 142—143 页。

邓小平在中央顾问委员会第三次全体会议上说："我们坚持谋求用和平的方式解决台湾问题，但是始终没有放弃非和平方式的可能性，我们不能做这样的承诺。如果台湾当局永远不同我们谈判，怎么办？难道我们能够放弃统一？当然，绝不能轻易使用武力……但是，不能排除使用武力，我们要记住这一点，我们的下一代要记住这一点。这是一种战略考虑。"① 江泽民在他的"八项主张"中也重申："我们坚持用和平的方式，通过谈判实现和平统一，同时我们不能承诺根本不使用武力，如果承诺了这一点，只能使和平统一成为不可能，只能导致最终用武力解决问题。"他还强调："中国人不打中国人。我们不承诺放弃使用武力，决不是针对台湾同胞，而是针对外国势力干涉中国统一和搞'台独'的图谋的。"② 这里指的"外国势力"，首当其冲的自然是美国。为了阻挠中国的统一，美国一直试图迫使中国在台湾问题上放弃使用武力。中国政府的立场始终是：台湾问题是中国的内政，用什么方式解决台湾问题是中国的内政，不容外国干涉。除了美国的干涉之外，台湾岛内还有主张台湾"独立"的民进党等政治势力。民进党不但一度执政（2000—2008），而且还可能再度执政，加之国际上也有支持"台独"的势力，面对这两种现实，大陆当然不会自我解除武装。早在1985年，邓小平就准确地预见到上述的危险。9月20日，他在会见新加坡总理李光耀时说："不管怎样，现在台湾和我们还有共同点，都认为只有一个中国。但如果蒋经国不在了，就可能真正出现'两个中国'。美国、日本都有一股势力支持台湾独立……蒋经国不在了，台湾出现独立怎么办？我们怎么能承诺不使用武力？"③ 2005年3月14日，在岛内"台独"势力甚嚣尘上的时候，十届人大三次会议几乎全票通过了《反分裂国家法》，将不承诺放弃使用武力这一战略考虑法制化。其中第八条明列"国家得采取非和平方式及其他必要措施"的三种情况："'台独'分裂势力以任何名义、任何方式造成台湾从中国分裂出去的事实，或者发生将会导致台湾从中国分裂出去的重大事变，或者和平统一的可能性完全丧失。"《反分裂国家法》是由全国人大全体会议通过的，位阶相当高，可称之为"准宪法"。

---

① 《邓小平文选》第三卷，人民出版社，1993年10月，第87页。

② 中共中央台湾工作办公室，国务院台湾事务办公室：《中国台湾问题》，九洲图书出版社，1998年9月，第232—234页。

③ 中共中央文献研究室编：《邓小平年谱》，中央文献出版社，2004年7月，第1081页。

三、一个中国原则是大陆对台政策坚定不移的基础

祖国统一是大陆对台政策的目标，而一个中国原则是大陆对台政策的基础。没有一个中国，何谈国家统一？正所谓“皮之不存，毛将焉附”。因此，大陆应始终不渝地坚持一个中国原则是，没有妥协的余地。

然而，从1949年国民党败退台湾到1988年蒋经国去世，两岸之间并没有一个中国的争议，双方均坚持世界上只有一个中国，都反对“台独”。争议是谁代表这个中国，双方都坚持自己是中国的唯一合法代表。“两个中国”的始作俑者是某些外国，首先是美国，英国、日本等国曾是美国的主要追随者。早在1949年2月3日，也就是蒋介石去台湾之前，美国国家安全委员会就美国对台湾的立场拟定的方案中称：“我们应该运用影响，阻止大陆的中国人进一步流向台湾，美国还应谨慎地与有希望的台湾当地领袖保持联系，以便将来有一天在符合美国利益时利用台湾自治运动。”[①] 朝鲜战争爆发后，杜鲁门政府提出“台湾地位未定论”[②]。在为杜鲁门派第七舰队进驻台湾海峡辩护时，当时美国驻联合国代表奥斯丁说这是要使台湾“在军事上中立化”，这是所谓“台湾中立化论”。[③] 随着美国分裂中国图谋的一步步强化，特别是1954年12月2日美台“共同防御条约”的签订，大陆也越来越强烈地谴责美国的图谋。12月8日，周恩来总理就条约发表声明指出：“一切关于所谓台湾‘独立国’、台湾‘中立化’和‘托管’台湾的主张实际上都是割裂中国领土，侵犯中国主权和干涉中国内政，都是中国人民所不能同意的。”[④] 中国领导人最早提到应对“两个中国”的应该是周恩来总理。1955年7月30日，他在一届人大第二次会议上发言时说：“如果可能的话，中国政府愿意同台湾地方的负责当局协商和平解放台湾的具体步骤。应该说明，这是中央政府同地方当局之间的协商，所谓‘两个中国’

---

① 资中筠：《美国对华政策的缘起和发展（1945—1950）》，重庆出版社，1987年6月，第292和464页。

② 资中筠：《美国对华政策的缘起和发展（1945—1950）》，重庆出版社，1987年6月，第295—296页。

③ 国务院台湾事务办公室研究局编：《台湾问题文献资料选编》，人民出版社，1994年，第33页。

④ 国务院台湾事务办公室研究局编：《台湾问题文献资料选编》，人民出版社，1994年，第72页。

的任何想法和做法，都是中国人民坚决反对的。”① 毛泽东主席 1955 年 10 月 3 日会见意大利社会党总书记南尼，谈到中意建交问题时说：“我们要求意大利同蒋介石断绝关系，我们反对美国搞的‘两个中国’。”② 1958 年 2 月 10 日，周恩来在二届人大第五次会议上点明批判了英国。他说：“英国政府一方面承认中华人民共和国，另一方面却在联合国中协助美国支持蒋介石集团窃据席位。同时，英国还是散布台湾地位未定论的中心。”他强调，中国“绝不会默认或者容忍英国追随美国制造‘两个中国’”。③

美国制造“一中一台”的活动更集中在联合国和国际组织中。1956 年 9 月，印度尼西亚总统苏加诺在访问美国后访问中国。30 日，毛泽东主席会见他时，他曾试探在联合国中保留蒋介石当局作为“台湾代表”的可能性。他问毛主席：“由一个中国代表整个中国，另外由台湾集团代表台湾，作为过渡的办法，主席认为这样一个策略如何?”毛泽东断然回答：“如果联合国里有台湾的代表，我们一万年也不进去。”④ 1958 年 2 月 10 日，周恩来在二届人大第五次会议上说：“在联合国中，美国阻挠中国的合法权利的恢复，遭到越来越多的反对，它也认识到永远把中国排除在联合国之外是不可能的。因此美国目前的做法是先在一些国际会议和国际组织中尽可能地制造‘两个中国’的局面，以便在国际上逐渐形成‘两个中国’的既成事实。”⑤ 防止“一中一台”提法的出现则是在 1964 年 12 月 21 日周恩来在三届人大第一次会议上做的《政府工作报告》。他说：“美帝国主义要长期霸占台湾，力图阻挠恢复中国在联合国的合法权利和制造‘两个中国’或‘一个中国、一个台湾’的阴谋。”⑥

台湾在蒋介石、蒋经国父子时代秉持了只有一个中国的立场，反对“两个中国”或“一中一台”，台湾和大陆“非此即彼”，反对“双重承认”，称之为“汉贼不两立”，仍视自己视为中国的“正统”。尽管两蒋终生

---

① 国务院台湾事务办公室研究局编：《台湾问题文献资料选编》，人民出版社，1994 年，第 83 页。

② 《邓小平文选》第三卷，人民出版社，1993 年 10 月，第 49 页。

③ 《邓小平文选》第三卷，人民出版社，1993 年 10 月，第 97—98 页。

④ 国务院台湾事务办公室研究局编：《台湾问题文献资料选编》，人民出版社，1994 年，第 59 页。

⑤ 国务院台湾事务办公室研究局编：《台湾问题文献资料选编》，人民出版社，1994 年，第 97 页。

⑥ 国务院台湾事务办公室研究局编：《台湾问题文献资料选编》，人民出版社，1994 年，第 116 页。

"反共"，但他们坚持一个中国原则、反对"两个中国"和"一中一台"的立场，维护了国家主权和领土完整，也使两岸关系有了最重要的政治基础。他们不忘民族大义的大节，赢得了正面的历史定位。

一个中国原则是大陆推动国家统一总体战略和对台政策的基础。但大陆在坚持这一原则时，在处理国际问题时的立场和处理两岸关系时的做法则有所区别，也就是把对外关系和作为内政的两岸关系区别开来，"内外有别"。在两岸间，大陆从国家统一的大局出发，根据时空背景的演变，充分考虑台湾的实际情况，在不同时期对一个中国原则给予有利两岸关系发展的定义，所以有所谓"老三句"、"新三句"、"一个中国原则"、"一个中国框架"或"一个中国架构"等提法。

大陆对"一个中国"最早的定义出现应该是在周恩来1956年6月28日在一届人大第三次会议上的发言中。他说："世界上只有一个中国。唯一能够代表中国人民的是中华人民共和国。"1958年2月10日，他在二届人大第五次会议上重申："中国只有一个，那就是中华人民共和国。"① 在大陆制定的四部正式《宪法》中，第一次载明一个中国原则的是1978年制定的"七八宪法"。它在序言中规定："台湾是中国的神圣领土。我们一定要解放台湾，完成统一祖国的大业。"大陆现行"八二宪法"对一个中国原则的界定是："台湾是中华人民共和国的神圣领土的一部分。完成统一祖国的大业是包括台湾同胞在内的全中国人民的神圣职责。"

可以说，在1992年两岸就一个中国原则达成"九二共识"之前，大陆对一个中国原则定义的宣示，在国际上和两岸间基本上是没有区别的，也就是"内外无别"：世界上只有一个中国，台湾是中华人民共和国（有时只提中国）领土的一部分，一定要完成中国统一大业。两岸达成"九二共识"之后，在处理两岸关系时，大陆对一个中国原则的诠释开始显现出对台湾方面所持立场的包容，以展现对推动两岸关系发展的诚意，因此有了从"老三句"到"新三句"的演进。所谓"老三句"是指大陆前副总理钱其琛1998年1月26日在纪念"江泽民八项主张"发表三周年座谈会上说的："在统一之前，在处理两岸关系事务中，特别是在两岸谈判中，坚持一个中国的原则，就是坚持世界上只有一个中国，台湾是中国的一部分，中国的主

---

① 国务院台湾事务办公室研究局编：《台湾问题文献资料选编》，人民出版社，1994年，第90、98页。

权和领土完整不能分割。”“新三句”则是指钱其琛 2000 年 8 月 25 日会见台湾《联合报》系访问团时提出的：“就两岸关系而言，我们主张的一个中国原则是：世界上只有一个中国，大陆和台湾同属于一个中国，中国的主权和领土完整不容分割。”[①]“新三句”显然是照顾了台湾方面的立场。“大陆和台湾同属一个中国”和台湾“国家统一委员会”1992 年 8 月 1 日通过的“关于‘一个中国’的涵义”的决议文是一致的，即“台湾固为中国之一部分，但大陆亦为中国之一部分。”[②] 在此之前的 7 月 13 日，钱其琛在会见“台湾媒体负责人访问团”时还说，在两岸间，一个中国并不是“非此即彼”，两岸只要坚持一个中国，不必在一个中国到底是“中华人民共和国”还是“中华民国”上打转转。[③] 除了“老三句”、“新三句”之外，大陆对一个中国的界定还有已故前海协会会长汪道涵的“八十六字方针”。1998 年 10 月 14 日，他在上海会见海基会董事长辜振甫先生时提出：“世界上只有一个中国，台湾是中国的一部分，目前尚未统一，双方应共同努力，在一个中国的原则下，平等协商，共议统一。一个国家的主权和领土是不可分割的，台湾的政治地位应该在一个中国的前提下进行讨论。”[④] 这里汪老回答了台湾方面在两会会谈中一再提出的“两岸分治”、“两岸对等”、“台湾政治定位”等问题。

2002 年中共十六大后胡锦涛出任中共中央总书记、主掌对台工作。他根据两岸形势的变化，对一个中国原则做了新的诠释、丰富了其内涵。2003 年 3 月 11 日，他在参加十届人大一次会议台湾代表团的审议会时，就台湾问题发表了上任以来第一次全面、系统的谈话。关于一个中国原则，他重申了“新三句”，并补充说：“就是要表明，中国是两岸同胞的中国，是我们共同的家园。”“共同家园说”成为对一个中国的新的诠释。[⑤] 2008 年 12 月 31 日，胡锦涛在纪念《告台湾同胞书》发表三十周年座谈会上的讲话中又

---

① 海峡两岸关系协会编：《两岸对话与谈判重要文献选编》，九州出版社，2004 年 7 月，第 24、31 页。

许世铨：《激荡中的台湾问题》，九州出版社，2005 年 7 月，第 41 页。

② 海峡两岸关系协会编：《两岸对话与谈判重要文献选编》，九州出版社，2004 年 7 月，第 24、31 页。

③ “钱其琛：一个中国不必非此即彼”，（台湾）《联合报》，2000 年 7 月 14 日。

④ 国务院台湾事务办公室研究局编：《台湾问题文献资料选编》，人民出版社，1994 年，第 40 页。

⑤ “胡锦涛参加十届全国人大一次会议台湾代表团审议时讲话”，《人民日报》，2003 年 3 月 12 日第一版。

提出了“一个中国框架”的概念。他说：“两岸在事关一个中国框架这一原则问题上形成共同认知和一致立场，就有了构筑政治互信的基石，什么事情都好商量。”① 如何定义“一个中国框架”呢？一位涉台部门的高级官员解释为“对两岸现状的描述”。那么在一个中国原则问题上两岸的现状又是如何？笔者认为就是“九二共识”，而“九二共识”是两岸在一个中国原则上“求同存异”的共识，也就是双方都确认一个中国，但对一个中国的政治含义认知有所不同。大陆的立场是，在两岸协商中，只要认知一个中国，可不必涉及它的政治含义，也就是钱其琛说的“不要在是中华人民共和国还是‘中华民国’上打转转”。但台湾方面则坚持“表述”一个中国的政治含义，坚称这个中国是“中华民国”，坚持把“九二共识”说成是“一个中国，各自表述”。根据这一“现状”，并从胡锦涛提出这一概念的上下文看，“一个中国框架”既不完全是大陆的一中立场，也不完全是台湾的一中立场，而是两岸目前在一个中国原则问题上的“共同认知和一致立场”部分，也就是“九二共识”。因此，“一个中国框架”应当是对两岸在一个中国原则问题上所持立场现状更精确的表述。

大陆的一个中国原则是一以贯之的，但绝不是教条和僵化的。在贯彻这一原则时，它把外交和内政区别开来，而且根据客观形势的发展变化，适时做出相应的政策宣示。这种“与时俱进”的精神也体现在整个对台工作和政策制定上。

四、“与时俱进”是大陆对台政策的生命线

从大陆对台政策的演进递嬗来看，从“一纲四目”到“和平统一，一国两制”，到江泽民“八项主张”，到胡锦涛“12·31”讲话，都贯穿了“与时俱进”的实事求是精神，这是大陆对台政策之所以能保持生命力和正确性的根本原因。与时俱进，就是能够从宏观到微观、从国际到国内、从大陆到台湾，准确地审时度势，确立总体战略、制定配套政策，为实现国家统一这个终极目标选择一条切合实际、行之有效的途径。

六十多年来，大陆对台政策的最重大“与时俱进”是邓小平提出的

---

① “携手推动两岸关系和平发展　同心实现中华民族伟大复兴”，《人民日报·海外版》，2009年1月1日第二版。

“和平统一，一国两制”。上文提到，它实际上是中国国家总体发展战略发生方向性调整的产物。纲举目张，改革开放、国家工作重心转向经济建设是“纲”，对台政策、外交政策等是目，随着“纲举”，“目”必然会“张”。虽然从“邓六条”中仍然可以看到其和毛泽东、周恩来的“一纲四目”保持着一脉相承的连续性，例如主张通过“第三次国共合作”来实现两岸统一。但是“和平统一，一国两制”从理论上和实践上都对既往的大陆对台政策进行了战略性调整。1983 年 6 月 28 日邓小平对美国新泽西州西东大学杨力宇具体系统地阐述“邓六条”时，虽然仍把国共“实行第三次合作”作为和平统一的主线，但明确两党间是“平等会谈”而不再提“一纲四目”主张的“中央与地方谈判”。[①] 当有台湾人士反映大陆把台湾当局领导人作为谈判对手“不重视台湾人民”时，邓小平立即做出反应。他在 1984 年国务院举办国庆招待会致辞中的“台湾当局”后面加了“和各界人士”几个字。他在 10 月 22 日的一次讲话中解释说：“台湾问题接触面要宽，除了以国民党当局、以蒋经国为对手外，要广泛开展工作面。”[②] 邓小平是“与时俱进”的典范。

江泽民的“八项主张”根据各方面情况的发展变化对“邓六条”做了调整和补充，主要表现在：（1）由于台湾开放了“党禁”，民进党等党派先后成立，所以把“台湾当局和各界人士”作为工作对象的政策进一步扩展为：“在和平统一谈判中，可以吸收两岸各党派、团体有代表性的人士参加。”（2）首次倡议作为解决台湾问题的第一步，两岸先就“正式结束敌对状态”进行谈判。（3）明确了在处理两岸关系时的“政经分离”原则，即“我们主张不以政治分歧去影响、干扰两岸经贸合作”。（4）在国际层面上，明确“官民有别”原则，即“对于台湾同外国发展民间性经济文化关系，我们不持异议”。（5）强调中华文化是“维系全体中国人的精神纽带”，“也是实现和平统一的一个重要基础”。这一条是根据汪道涵会长的建议提出的。“八项主张”确立了大陆在处理两岸关系中几个重大问题的原则立场，化解了在这些问题上出现的困扰。

中共十六大后胡锦涛总书记主掌对台工作，他也根据两岸关系和国际环境的变化，适时调整对台政策，提出近期和中长期的政策目标。在 2004 年

---

① 《邓小平文选》第三卷，人民出版社，1993 年 10 月，第 30—31 页。

② 《邓小平文选》第三卷，人民出版社，1993 年 10 月，第 86 页。

3月台湾“大选”后，由于坚持“台独”的民进党继续执政，“台独”分裂活动更为猖獗，两岸关系进入所谓“高危期”，对台政策调整突出地表现在四个方面：第一，把对台工作提升到“全局性”和“战略性”的高度，动员各方面力量协同努力做好对台工作，管控两岸关系发展方向，防止其脱轨。当时绝大多数大陆省市的一把手都亲自出面主持对台工作。第二，把反对“法理台独”作为反“台独”斗争的底线。明确这一底线十分重要，它使大陆在采取行动时避免了“过激”和“保守”的两种偏差。第三，对台工作也要以人为本，更突出“寄希望于台湾人民”。第四，把和平发展确立为中长期对台工作的主轴。这表明在面对“高危期”时，大陆处变不惊、沉着应对，把握住战略大方向。2007年10月15日，胡锦涛在中共十七大上所做的政治报告中，进一步把构建两岸和平发展框架明确为统一前大陆对台工作的战略方针。他说：“我们郑重呼吁，在一个中国原则基础上，协商正式结束两岸敌对状态，达成和平协议，构建和平发展框架，开创两岸和平发展新局面。”① 应当说，胡锦涛提出构建两岸和平发展框架的战略是其领导对台工作十年中提出的最重要的战略思想。中共十八大产生的新领导集体对此给予高度评价。2013年2月19日，即将出任全国政协主席的政治局常委俞正声在一年一度的对台工作会议上说：“我们党在对台工作实践中形成的两岸关系和平发展重要思想，丰富了国家统一理论和中央对台工作的大政方针，具有长期指导意义。推动两岸和平发展，是实现和平统一的必由之路，也是我国和平发展战略的重要组成部分。”② 对大陆、台湾和国际上关心台湾问题的人来说，了解了胡锦涛和平发展思想之后，就可以摆脱大陆“急还是不急解决台湾问题”，大陆解决台湾问题是不是有“时间表”，大陆会不会“动武”等诸多问题的困扰。

“与时俱进”是中国制定各项国家战略和具体政策的灵魂。对台工作的战略制定和政策选择过去是这样，今天是这样，今后也将会是这样。

① 中共中央党校，中共中央台湾工作办公室编：《中共三代领导人谈台湾问题》，2007年10月16日第三版。

② “2013年对台工作会议在京举行——俞正声作重要讲话”，新华社，2013年2月19日电。

论“一中”原则与两岸关系的平衡发展

——“汪辜会谈”二十周年纪念

周忠菲

一、前言

中共中央前总书记江泽民指出：“汪辜会谈是成功的，是有成果的，它标志着海峡两岸关系发展迈出了历史性的重要一步。”中共十八大报告也强调，坚持“九二共识”的共同立场，增进维护一个中国框架的共同认知，是推进两岸和平统一的基础。①

作为两岸关系史上重要的一页，“汪辜会谈”具有高度的历史与现实意义。由于国际势力和岛内分裂势力的干涉，“汪辜会谈”的推进曾经受到影响。2005年中国国民党主席连战访问大陆后，两岸关系突破“经济性”、“民间性”、“功能性”、“事务性”限制，两岸关系朝进入“政治谈判时代”的方向发展（连战语；两岸谈判时代开始了）。② 以国共对话为平台，两岸关系进程首次出现经济与政治平衡发展的态势，ECFA的签署，显示两岸经贸关系进一步深化的前景。这一趋势的出现，引起一些国际势力的担心。如美国学者提出：两岸关系平衡发展，正在变得有碍美国的利益。美国应该对这些变化做些准备。③ 又如2010年1月，即国民党重新执政的第三年，美

---

① 《十八大报告辅导读本》，人民出版社，2012年，第45页。

② 转引自台湾学者杨开煌在“纪念汪辜会谈20周年座谈会”的发言。（台湾）《中国时报》，2013年4月26日，A24.

③ 中国台湾网，2012年4月11日。

国国会“美中经济和安全评估委员会”举行听证会，专项评估自2008年以来“正在发生的两岸经济整合”，判断这一趋势“是否将导致两岸的政治整合”。[①] 对两岸关系进入“谈判时期”，高度关注。

本文以全球化为背景，从政治与经济关系互动的角度研究“汪辜会谈”的产生及其对两岸关系平衡发展的影响。这是一个较新的视角，目的在于较为全面地从国际视角展示两岸关系的全貌，提出两岸在地区一体化进程中政治与经济并举，追求平衡发展的政策目标，供同人参考。

文章提出，“汪辜会谈”始于20世纪90年代，背景是全球化向亚洲地区推进以及中国大陆在邓小平南方讲话后，进一步深化改革开放。这一阶段，西方国家和台湾当局在政治上对中国发展前景持审慎看法。两岸在全球化背景下，以资源的优势互补为依托，以投资拉动贸易为动力，实现了经贸关系的快速发展。

21世纪前十年，两岸关系进入以加入世界贸易组织（WTO）为动力的时期。这一阶段不仅是台资企业加快参与中国大陆出口，两岸在地区生产链上建立了合作与竞争关系的时期，也是大陆对台政策在政治上坚持“一中”，坚持反“台独”的关键时期。如2004年人大通过《反分裂法》，2005年两岸实现以国共对话为平台的政治互动。2008年国民党重新执政后，2010年6月两岸签署经济合作框架协议ECFA，两岸关系进入机制化时期。

进入21世纪第二个十年以来，ECFA的深化与亚太地区一体化进程的加快成为两岸关系的主要背景。两岸关系进入以区域合作为载体，经贸关系进一步自由化的时期。两岸政治对话与两岸谈判，追求平衡发展的问题，也提上议事日程。此外，美国高调重返亚太，两岸周边地区的不确定因素也有所增加。

上述发展历程显示，“汪辜会谈”起到了将两岸经贸关系推向全球的历史作用。大陆对台政策始终坚持“一中”原则，坚持反对“台独”，对两岸融入全球经济，实现经济与政治关系互动，提供了保障。以九二共识为基础，追求两岸关系平衡发展，有利于稳定的环境，符合两岸民众的利益。

对“汪辜会谈”发展历程的研究也表明，企图干涉中国内政的国际势力认为两岸对话“伤害了他们的利益”（所谓美国作为两岸关系“唯一中间人”的地位）。今天，国际干涉势力和岛内分裂势力对两岸进入谈判时代，

---

① 美国新安全研究中心网站。

实现政治对话充满担忧，是两岸关系中的不确定因素。如近日台湾“立法院”围绕两岸签署《服务贸易协定》中一些环节的不完善，出现“经济议题政治发酵”的现象，就是一例。又如美国推出“跨太平洋经济战略合作伙伴关系”（TPP），公开鼓励台湾加入区域组织以“扩大国际空间”。这些事实说明两岸经贸关系在进一步自由化方面，还存在阻力。说明要实现两岸关系的平衡发展，大陆对台政策除了重视深化两岸经贸关系外，必须坚持政治对话，坚持一中原则。① 这是纪念“汪辜会谈”二十周年最重要的意义。

二、“汪辜会谈”的全球化背景

“汪辜会谈”产生的20世纪90年代初，是全球化和地区一体化进程加速推进的时期，也是中国大陆进一步改革开放，中国经济与世界经济建立广泛联系的时期。“汪辜会谈”起到了将两岸经贸关系推向全球的作用。通过展现两岸经济的活力，“汪辜会谈”还起到了化解“中国威胁”的作用。

1. “汪辜会谈”化解“中国威胁”

1992年邓小平南方谈话发表后，中国融入世界经济成为清晰可见的趋势。与此同时，以美国为首的西方国家，一方面高度关注中国经济展现的活力以及两岸关系走向，一方面仍然“对中国大陆未来经济体制走向，充满不信任”。②

两岸筹备“汪辜会谈”时，从外国投资者的视角看，中国大陆只是一个潜在的巨型市场，不具有区域和全球意义。许多研究资料表明，外商对中国投资的动因主要是大陆低廉的土地和劳动力成本。在全球层次，美国与欧洲的关注点分别在北美自由贸易区（NAFTA）和欧洲一体化（EU）进程方面。在地区层次，主要特征是日本一方面从地区生产链的利益出发，对中国大陆加入全球与地区经济持开放态度，另一方面又将中国视为争夺未来东亚地区一体化进程主导权的对手，试图拉住美国，制造“中国威胁”。

如1990年8月，日本防卫大学副教授村井龙秀在《诸君》月刊，发表

---

① 作者注：参见海协会原常务副会长唐树备，作为促成“九二共识”的亲历者，对“九二共识”的回顾。引自唐树备先生在“上海民革‘九二共识’20周年纪念”大会发言。2013年5月20日。

② 伞锋（国家信息中心高级经济师）：“中国经济与全球经济互动加大”，《人民日报》，2013年6月23日。

题为《论中国这个潜在威胁》的文章，成为第一位从全球化意义上提出“中国威胁论”的人。与此同时，作为世界第二经济体的日本，成为位列世界第二的年度军费开支大国。从1993年起，日本军事装备开始现代化，1995年，“美日同盟”续订。美日在西太平洋加强安保合作。

美国有代表性的保守势力，对日本抛出的“中国威胁论”，进行了系统性的“回应”，试图造成“中国威胁论”在两岸周边国家和地区进一步蔓延的效果。如前驻华大使李洁明等通过美国国会和美国智库“传统基金会”与“企业研究所”等智库，大肆宣扬“中国威胁”，其所提政策主张，包括针对两岸关系的快速发展，加强美国在台湾问题上的干涉立场。这是因为，美国的传统对华政策中，不愿意看到中国大陆的共产党与台湾的国民党直接谈判，保留美国唯一“中介人”优势地位，是其“一个中国政策”的底线。对中国大陆的共产党与台湾的国民党有机会直接接触，高度警惕。美国这一对华政策“底线”体现在1958年中美华沙（大使级）谈判和1978年中美建交谈判中，此处不赘述。①

居于这样的国际背景，“汪辜会谈”的产生除了发展两岸经贸关系外，还具有突出的“化解威胁”，实现地区缓和意义。例如，1992年，美国政府对中国大陆确立的走社会主义市场经济模式和两岸关系的发展，仍采取观望态度。1993年后，美国《全面防务审查报告》出台。报告提出四大威胁，其中，美国将经济威胁的矛头，转向了美日贸易冲突升级后的日本。克林顿政府时期，对中国“最惠国待遇”问题，美国国会最终采取了支持中国融入世界经济的立场。

与此同时，世界跨国公司在东亚地区的内部贸易持续上升，所占世界市场的比例从90年代初的25%，上升到90年代中期的30%。

2. “汪辜会谈”与两岸经贸关系的发展

两岸经贸关系以加工和转口贸易为主。“汪辜会谈”当年，台湾对大陆转口贸易额从1992年的74亿美元，跃升到1993年的170亿美元。投资方面，1993年，台湾跃居为大陆吸收外来投资的第二位。台湾对大陆的间接投资金额，较1991年大幅增加约一倍。两岸经济关系步入快速发展期。即使在1995年至1996年的海峡危机后，两岸经贸关系仍然快速发展。至1999年底，大陆珠三角、长三角与海峡西岸的福建省和部分内陆地区，成为台湾

① 周忠菲：《中美建交中的台湾问题》，1994年，上海社会科学出版社。

企业降低生产成本，扩大出口规模的主要投资区域。

针对“汪辜会谈”展现的两岸经贸前景，西方国家和台湾当局对未来中国经济持审慎乐观态度。1993 年 5 月，美国总统克林顿在华盛顿美利坚大学发表的《美国对外贸易政策》演讲中，把中国经济比喻为“充满活力的经济”。台湾当局在 90 年代初，制定了“扮演西方进入大中国市场桥梁”的经济发展战略。台湾当局还曾经希望通过发展两岸经贸关系，增强台湾的地区影响。例如设想 1997 年香港回归大陆之后，推动台湾成为跨国公司选址总部。此后，由于政治对经济的干扰，加上国民党的内斗，台湾经济发展战略没有实现。

3. 大陆惠台政策的进一步完善

1987 年台湾当局开放两岸探亲后，两岸出现商务活动增加的趋势。台商在福建与广东等地的贸易和投资活动日益频繁。1988 年 7 月 6 日，国务院颁布了《关于鼓励台湾同胞投资的规定》（以下简称《规定》）。这是中国大陆第一个较为系统的有关台湾同胞来大陆投资与两岸经贸关系的行政法规。《规定》在保障台商投资大陆合法权益的同时，给予了较大的优惠和便利。

与“汪辜会谈”基本同步，1994 年 3 月 5 日，第八届全国人大常委会第六次会议审议通过了《中华人民共和国台湾同胞投资保护法》。其间，两岸经历了 1995 年至 1996 的海峡危机。一些国际势力对“汪辜会谈”横加干涉。台湾当局出现试图调降和推延“汪辜会谈”的趋势。

1998 年亚洲金融危机后，两岸投资与贸易额持续上升。1999 年 7 月李登辉抛出“两国论”后，“汪辜会谈”中断，但两岸经贸关系仍然持续向前发展。由投资拉动的贸易成为两岸经贸关系发展的强大动力。1999 年 12 月 5 日，大陆进一步推出《中华人民共和国台湾同胞投资保护法实施细则》，优惠台商的相关政策和法规得到进一步完善。

4. 台湾当局从“一个中国”立场上后撤

1993 年 4 月举行“汪辜会谈”的先决条件是两岸承认“一个中国”。1991 年 4 月 8 日陈长文从台湾首次访问大陆时，国务院台湾事务办公室副主任唐树备经授权，提出处理海峡两岸交往中所遇到具体问题应遵循五条原则，其中第二条就是：“在处理两岸交往事务中，应坚持一个中国原则，反对任何形式的‘两个中国’、‘一中一台’，也反对‘一国两府以及其他类似的主张和行为。”

但“汪辜会谈”举行后，台湾当局的大陆经济政策明显受到国际势力对两岸关系进行干涉的影响。国民党进行“内斗”的同时，台湾当局有意识地从“九二共识”立场上后撤。1994 年 4 月李登辉与日本作家司马辽太郎的对谈时，称“中国一词是含糊不清的”，台湾是中华人民共和国一个省是“奇怪的梦”。1994 年 6 月，台湾当局借推动“参与联合国”的行动，向国际社会发出“汪辜会谈”在两岸关系上，并不表示“两岸迈向统一”的信号。

1995 年后，台湾当局推行“戒急用忍”政策，进一步在“一个中国”立场上后撤。其政策动因，除了担心台湾丧失研发优势，资金外流，担心台商西进大陆产生政治影响外，配合美国对两岸对话进行干扰的立场，减少美国的担忧是重要因素。1996 年 9 月，李登辉在全台湾经营者大会上提出对台湾企业界投资大陆进行限制的主张，明确规定以“高科技，五千万美金以上，基础建设”三项指标，对台商到大陆投资进行约束。此后，又一手挑起了海峡危机，直接冲击“汪辜会谈”。

大陆在海峡危机期间，对维护一个中国立场做出了强烈反应。其间，大约有二百亿美元的外资从台湾流出，台湾经济在瑞士洛桑国际竞争力的排名，从 1995 年的第十四位，下滑到 1996 年的第十八位，1997 年下降到二十三位。台湾在地区经济排名中，落在新加坡、香港、日本和马来西亚之后。与此相对照，中国大陆的经济发展成为 20 世纪 90 年代世界经济发展的重要标志。

三、两岸加入 WTO 与“反独促统”

21 世纪前十年，是两岸关系进融入世界经济的重要时期。在 WTO 多边贸易体制下，两岸关系历经了从民进党执政到国民党再执政的考验。这段时期，两岸经贸快速发展，台商对大陆投资大幅增加。主要原因是企业界对自由贸易产生关税减免的预期，以及两岸加入 WTO 后如期产生的投资转移效果。此外，大陆对台经贸政策坚持“反独促统”立场，对促进两岸经贸关系稳定发展也发挥了重要作用。

1. “九二共识”取代“汪辜会谈”

2000 年，不放弃“台独党纲”的民进党在台湾上台执政，国民党成为在野党。2000 年 4 月，台湾大陆事务主管部门前负责人苏起正式提出“九二共识”这个名词，取代“汪辜会谈”。其后“九二共识”被两岸专家学者广泛采用。

从“反独促统”的意义看，用“九二共识”取代“汪辜会谈”，体现了一个中国原则在台湾得到国民党的再确认，体现了在野的国民党对其曾经从“九二共识”上“立场后撤”的反思。国民党的高级经济要员也以在野身份，提出对“一个中国”的表述可以用一个“中性”名称，例如“两岸共同市场”等，作为两岸经济“寻找突破口的方式”。具体建议如“只要两岸能够成立某种自由贸易区形式的共同市场”，两岸的“政治问题可以留给政治手段去解决”。台湾商界也发出呼吁，要求台湾当局重视两岸经贸关系对深化台湾参与全球价值链分工的重要性。这些背景成为国共两党就接受“九二共识”进行“互动”的政治基础。

执政的民进党，对台湾如何突破全球经济低迷带来的困难，对中国大陆积极推动“10 + 1”和“10 + 3”等东亚地区一体化进程等重大现实，却“视而不见”。除政治上继续坚持“台独”分裂路线，推行“加强管理”的两岸经贸关系外，还刻意降低“汪辜会谈”的层级，限制其影响。从李登辉到陈水扁时期，两岸经贸关系被台湾方面严格限制在“经济性”、“民间性”、“功能性”、“事务性”层次，此外，民进党在“安全”方面还提出“决战境外”的战略思想，挑战两岸关系的稳定。结果导致民进党事丧失了“把握两岸关系发展的能力”。民进党在参与两岸关系发展，维护执政党的政治与经济效益负面，陷入困境。其挑衅性的大陆政策，也受到主张对两岸执行模糊政策的美国的反对。①

2. WTO 框架下两岸经贸关系的发展

2002 年 1 月，两岸加入 WTO，奠定了中国大陆、台湾、香港和澳门在国际贸易多边机构中的“一国四席”地位。台湾以“独立关税区”身份，根据 WTO 第二十四条“一体化例外原则”，在中国主权地位的前提下，台湾获得与其他经济体建立自由贸易区关系（FTA）的权利。在商品和服务贸易方面，两岸将以 WTO 协议相符合的精神，简化贸易规则，在投资方面，突破多边规则，使资本和技术在两岸之间更自由地流动。

根据中国社科院台湾研究所和清华大学台湾研究所提供的数据，加入

① 转引“纪念汪辜会谈 20 周年座谈会”资料，（香港）《中国评论》，2013 年 10 月号，第 39 页。

WTO后，两岸在地区产业链中建立垂直分工整合体系的机会大大增加。受投资拉动的影响，两岸贸易额以每年100亿美元以上的速度递增。① 一些与美国市场关系密切的台湾企业纷纷表态，希望大陆在进出口方面，减少对台湾的限制。台湾中华经济研究院的资料显示，1997年台湾对大陆出口仅占台湾总出口的24.3%。2004年，这一数据上升到的36.7%。台湾中华经济研究院的预估指出，如果2012年成立“10+3”，台湾对大陆的出口将达45%以上。② 说明台湾企业界，学术界对遵循WTO公平与公正原则，“西进大陆”，推进两岸经贸从单向投资向双向投资过渡，持正面立场。

在党企关系方面，2001年，中国国民党副主席的萧万长先生与台积电、统一、台泥、国泰、裕隆等二十家岛内企业集团负责人共同发起成立“财团法人两岸共同市场基金会”。“基金会”以“建构两岸经济统合、促进两岸经济发展、提升两岸人民福祉，并借以促进全球经贸繁荣与和平为宗旨”。③ 此后，两岸企业与学术界就WTO框架下的“两岸共同市场”设想，就“建立两岸机制化关系”等议题，进行了广泛的讨论。

总起来看，加入WTO后，更加开放的贸易前景成为两岸经贸关系发展的动力。此外，大陆在改革开的同时，进行了多项经贸制度与法律法规的改革。中国大陆尊重与西方国家在商业规则和法律制度方面存在差异的现实态度，使中国与世界市场之间相对的割裂状态得到极大的改变，这些努力也保障了两岸经贸关系在WTO框架下的顺利发展。2005年连战来访后，2008年两岸基本实现“三通”。此后，两岸贸易实现两个“千亿”的突破：一是台商到大陆协议投资金额突破1000亿美元，二是两岸贸易总额从年500多亿美元到突破1000亿美元。约80000家台商在大陆投资发展。

3. 两岸经贸关系的发展与“反独促统”

加入WTO后，“一中”原则成为台湾当局在实现经济发展目标时必须面对的重大议题。2001年，为应对激烈的国际竞争和摆脱经济困境，台湾当局召开规模盛大的“经济发展咨询会议”（简称“经发会”），提出“深

---

① 参见刘震涛，张冠华，王建民等台湾问题专家出席“两岸产业论坛”的多篇论文

② 林祖嘉：“韩国大陆经济发展对台湾的警讯”，（台湾）《远见杂志》2005年第226期，第120页。

③ 作者注2001年4月19日，台湾“两岸共同市场基金会董事长”萧万长出席“2001年大陆投资与权益保障研讨会”时表示，“两岸共同市场”可按两岸经贸关系正常化、自由贸易、关税联盟、共同市场等阶段依序具体推动，为台湾找到经济出路，并解决两岸间政治、贸易及产业等问题。参见（台湾）《两岸共同市场基金会通讯》，2006年第13卷第3期第20页。

耕台湾，布局全球”的主张，作为台湾新世纪的“经济发展策略”。其出发点是将两岸经贸关系纳入台湾经济的全球布局策略，利用大陆资源促进台湾产业升级与经济发展。达到既提高台湾经济国际化程度，又使“国家安全能获得实质保障”的目的。这一政策实际上是对20世纪90年代，强调台湾对大陆经贸政策既要避免台湾企业过度集中大陆市场，又要考虑减少台湾的“政治与经济风险”原则的继承。①

从大陆看，坚持“一中原则”既是WTO框架下中国“一国四席”的定位问题，也是在发展两岸经贸关系过程中，防止岛内分裂势力利用全球化享受大陆政策优惠，既要赚取大陆利润，同时又制造两岸关系“不稳定局面”的策略问题。

2000年5月，针对民进党上台后两岸关系前景“不稳定”的传言，大陆《财经时报》头版头条发布了《谁闹台独就端谁买卖》为题的新闻，报道台湾宏碁、奇美、长荣等企业支持陈水扁当局的情形。这是大陆媒体首次公开点名批判“挺扁”台商。2001年3月，大陆国台办副主任李炳才表示：“绝不允许台商一边赚大陆的钱，一边搞台独”，确定大陆“反独促统”的政策底线。2004年5月31日，《人民日报》（海外版）在头版刊出题为《我们不欢迎绿色台商》的文章，点名台湾奇美集团一边在大陆赚钱，一边又在岛内“支持台独”活动。6月2日，大陆网站发表题为《大陆不欢迎绿色台商，不排除对台经济制裁》的署名文章，当天，台湾股价指数下跌超过200点。

2005年3月26日，台湾企业家许文龙公开发表《退休感言》：提出台湾、大陆同属一个中国，两岸人民都是同胞姐妹的看法，在台湾岛内引起强烈反响。其后，台湾长荣总裁张荣发在日本建议，台湾经济的未来靠大陆。两岸发展经贸关系，应坐下来协商。这些表态使民进党策划的所谓“反‘反分裂法’大游行”遭到瓦解，民进党抛出的“一边一国”论在两岸和国际社会中受到沉重打击。

4. 两岸关系朝“谈判时代”方向发展

2005年6月，以中国国民党主席连战与胡锦涛总书记会谈为标志，中国国民党与中国共产党所签订了《和平发展共同愿景》。双方在上海实现

---

① 参见高长、宋恩荣：《台海两岸三地间接贸易之实证分析》，（台湾）中华经济研究院，1994年。

“汪连会见”，两岸关系朝“谈判时代”方向迈进。两岸经贸关系如何朝贸易自由化和经济一体化方向发展，成为两岸和国际共同关心的议题。

2008 年国民党重新上台执政后，两岸经贸关系进入机制化阶段。2010 年6月，两岸签署 ECFA。2013 年，台湾与新西兰签署《自由贸易协定》。台湾与新加坡的自由贸易协定也在谈判中。

四、“汪辜会谈”的历史意义及其启示

从 1993 年 4 月 27 日起，两岸经授权的民间机构领导人会晤模式，举行“汪辜会谈”以来，两岸经贸关系在“一中原则”下经历了一个特殊的发展过程。今天，在 ECFA 框架下，两岸签署了 19 项协议，经济合作进入深化阶段。实现更大范围内的贸易自由化和经济一体化，成为两岸追求的共同目标。为谋求两岸关系的平衡发展，争取两岸下一个十年在亚太地区经济发展进程中实现双赢，可考虑如下一些设想：

1. 高层会谈，增加两岸互信

“汪辜会谈”是两岸高层人士经过双方努力，首次实现的高层接触与会谈，谈的是经济内容，同时也有重要的政治意义。今天，两岸在“九二共识”的基础上，已经开启了制度化协商的大门。两岸关系朝“高层会谈，增加互信”，实现“政治谈判”方向发展，是大势所趋。以经济发展和政治互动为推力，为两岸人民福祉提供保障，是两岸面临的共同任务。即：两岸应该思考，如何在新的历史时期，实现“汪辜会谈”模式的再发展？

2. 巩固“一中”，发展共同利益

两岸关系的发展，必然受到其他大国地区一体化战略的影响。例如美国提出“跨太平洋经济战略伙伴协定”TPP，东盟提出的，中国大陆积极支持的“区域性综合经济伙伴协议”RCEP 之间，两岸如何选择，对两岸关系的发展趋势，将产生重大影响。由于区域一体化涉及国际组织和国际经济空间以及国家主权问题，因此，在地区一体化背景下，如何巩固“一中”原则，发展大陆与台湾的共同利益，是两岸必须思考的问题。①

---

① 作者注：从全球看，世界经济的发展重心处于从欧美向亚洲转移的过程中。根据亚洲银行的估计，2013 年，亚洲 GDP 占世界经济的比重，将达到 31%。未来两岸经济合作有了更加广阔的空间。

3. 创建两岸互信互利机制。

为创建两岸互信互利机制，不妨将两岸经贸关系划分为两个部分进行思考——资源转让所产生的实际利益和两岸在多边世界中进行战略合作的利益。资源转让部分包括如何使资本和技术更加自由地在两岸流动等，多边世界的战略合作部分，如两岸与不同经济体之间建立更紧密的经济关系等。由于多边世界的战略合作涉及两岸的涉外关系，因此，以共同安全保障为基础的互信互利机制的设立，显然是必要的。例如台湾加入 TPP 问题，两岸参与全球价值链的分工重组问题，两岸扩大相互投资等问题，不仅涉及两岸政策协调（避免产业重叠，提高资源分配效率等），而且涉及两岸在多边世界中进行战略合作时，如何通过互信互利机制的设立，共同承担更大的地区责任。

五、结语

“汪辜会谈”是两岸在经济合作与政治对话方面跨出的重要一步。二十年来，以认同“九二共识”为基础，“汪辜会谈”所商议的，关于扩大两岸经贸合作、加强科技和人员往来交流，追求两岸和平发展的愿望，今天已部分实现。两岸高层会谈，增加互信的模式，也得到恢复、丰富和发展。“汪辜会谈”的历程表明，两岸与世界经济的融合不是单方面的。两岸经济与政治关系的发展相辅相成。如大陆对“九二共识”的坚持以及在反“台独”立场上的毫不妥协，在促进两岸经贸关系的发展和 2005 年以来两岸出现政治互动方面，发挥了重要作用。

以国共和谈为标志，两岸关系朝政治谈判时代方向发展，由此也产生外来势力和分裂势力的反弹与阻遏。对两岸关系中一些不确定因素的存在，两岸要冷静应对，以维护两岸人民的福祉为最高标准。两岸关系要实现平衡发展，对此不可有丝毫的松弛。尤其在发展经贸关系与实现安全保障的问题上，建立军事互信的需要，比任何时候都更为迫切。①

① 作者注：例如“钓鱼岛”问题发生以来，台湾当局在主权问题上拒绝与大陆合作，在东海渔权上主动与日本配合，在加入美国推出的“跨太平洋经济战略伙伴协定”问题上，台湾当局又宣布“提速”（从 10 年调整为 8 年，现提前为 6 年）。这些举措体现出台湾在“安全”问题上对美日的依附关系和立场上与大陆的对立。增加了两岸政治对话的难度。两岸在地区安全上进行对话与合作，有利于改变两岸关系至今仍然受到“南海争端”、“钓鱼岛问题”等因素干扰的现实。

展望前景，“汪辜会谈”将两岸经贸关系推向全球的历史作用，历久弥新。在全球化与区域一体化的背景下，未来两岸经济与世界经济的互动将进一步加强，阻碍两岸经贸关系自由化的障碍，也将减少。通过谈判建立有利于增强相互经济与政治关系互信力的机制，是两岸关系走向机制化背景下，必然的选择。[1] 在“一中”原则指导下，两岸关系的平衡发展，将使两岸统一的前景更加清晰。

---

① 例如两岸签署《海峡两岸服务贸易协议》，法律基础是依据两岸加入 WTO 的承诺，相互给予对方优惠。在地区一体化趋势下，为两岸资本跨越区域界线，为服务贸易与货物贸易的自由移动，提供了更多的方便。

对当前和未来两岸关系和平发展态势的判断与思考

严安林

2008年两岸关系走上和平发展轨道以来，迄今已六年有余。如何看待这六年来的发展进程？进入巩固深化阶段的两岸关系在出现了若干新的变化后，今后一段时间的发展态势又将会如何？值得人们思索。

一、两岸关系和平发展的积极性变化的趋势

2008年5月开始的两岸关系和平发展迄今已六年，在以下五方面取得了重大而且积极的变化。

1. 两岸关系和平发展的态势强劲化。两岸之间的力量对比“陆大台小”、“陆升台降”、“陆涨台消”的趋势，已经是日渐明显，而且这样的趋势还将长期持续。大陆逐渐掌握两岸关系和平发展的主导权，台湾方面的优势则不断丧失，大陆优势在不断显现。对此，苏起认为在两岸关系四大趋势中，其中之一是“两岸的实力对比越来越明显地向大陆倾斜，而不利于台湾。”① 由于“两岸关系将越来越由客观的实力对比及大陆的主观认识，而不是台湾的主观意愿来决定。”“台湾对未来两岸关系的主导力量将严重流失”。② 其因，一是自2000年开始，台湾经济的颓势及在贸易与投资上对大陆的高度依赖，这个结构性的态势难以改变；二是“台湾内部政治更是导致台湾向下沉沦的最主要因素”，“十几年来台湾的民主化明显走到了民粹的极端，以致代表权威的所有公权力”都“失去社会的信任与尊敬”，对两

① 苏起：“两岸关系的大趋势”，（台湾）《联合报》，2013年2月21日，A4。
② 苏起：“两岸关系的大趋势”，（台湾）《联合报》，2013年2月21日，A4。

岸关系而言，“最严重的是台湾社会一分为二”，而且两大政党内部“也都人心各异，纷扰不断”。[①] 应该说，这样的发展态势是大陆坚持推动两岸关系和平发展的基础和动力，也是树立推动两岸关系和平发展的战略自信的基础。即使从国际局势看，随着中国大陆经济力量的上升，“全球影响力日增”，美国也将“更重视北京对区域及全球问题的看法。”[②] “美国一定会更重视中国大陆做为‘负责任的利害关系人’的角色。双方一定会在多层次、多管道上进行更密切的协调。”[③]

2. 两岸关系和平发展成为台湾社会的主流民意。2008 年 5 月以来的两岸关系，重点是建立了以“九二共识”为基础，以 ECFA 为载体的经济伙伴关系，两岸开启大交流时代。两岸之间和平发展成果不断扩大，基础不断得到巩固，和平发展理念深入人心，和平发展政策务实有效，和平发展效益不断得到体现甚至外溢。

3. 民进党在两岸政策上出现较大分歧和变化。民进党尽管至今没有放弃“台独”，但其两岸政策立场上出现的分歧及变化是显而易见的。从民进党中央恢复“中国事务部”到谢长廷于 2012 年 10 月“登陆”，从“中国事务委员会”成立到许添财访问上海、北京与厦门，从谢长廷在香港与大陆智库联合举办两岸关系研讨会，到高雄市长陈菊访问天津、厦门等，均印证了民进党不得不正视大陆发展，民进党两岸政策开始反映两岸形势的变化。而自蔡英文作为民进党代表挑战马英九失利以后，民进党内部各派系在两岸政策上出现了诸多主张，大体上形成了两股势力、两条路线的分歧和斗争。

其一：以谢长廷为代表的是主张“和中（陆）”政治路线。谢长廷个人在两岸关系政策上的政治理念本来就是民进党最为务实的，包括在担任高雄市长期间提出过“一个国家，两个城市”，期待访问厦门，进而提出过“宪法一中”等主张。2012 年民进党挑战大位再度失利后，谢长廷等感受到，在两岸关系和平发展潮流下，民进党必须务实调整既有政治路线，务实面对中国大陆崛起。台湾不能自外于中国大陆，需要开展与中国大陆的交流与合作，和平相处。只有这样，才能为台湾的未来寻找到出路，也为民进党寻找出路。这是谢长廷毅然决然登陆访问，并推动民进党理性讨论两岸政策主

① 苏起：“马政府时期两岸关系的概况与展望”，苏起、童振源主编：《两岸关系的机遇与挑战》，台湾五南图书出版公司，2013 年 9 月，第 23 页。

② 苏起：“东亚的新形势”，（台湾）《联合报》，2012 年 11 月 27 日，A4。

③ 苏起：“美债风暴与美中台关系”，（台湾）《联合报》，2011 年 8 月 13 日，A4。

因。为此，谢长廷相继提出“宪法共识”、“宪法各表”甚至“一个中华”等理念，推动民进党人士认真思考台湾所面临问题。

其二：现任党主席苏贞昌是“反中（陆）”或者叫“折中”路线的代表。苏贞昌在两岸关系政策上并无太多个人理念和主张，但在 2012 年 5 月就任民进党主席后，基于与谢长廷、蔡英文等竞争关系，特别是出于谋求在 2016 年代表民进党参选台湾地区领导人的考虑，在两岸政策上采取了保守、僵化的政治路线，与民进党内部的“台独”基本教义派、“反中”力量等结合。为此，苏贞昌不惜在访问日本期间，抛出所谓“民主价值同盟”等，与日本右翼等政治势力相唱和，谋求“围堵”中国大陆。苏贞昌所代表“反中”路线是民进党内部的主流，这是由苏贞昌掌握的民进党机器以及民进党内部为数众多传统保守力量的政治现实所决定的，谢长廷所代表的“和中”路线尚未是民进党内主流，但代表的是民进党未来发展的方向。当然，民进党内部还有“台独”基本教义派，坚持的是“仇中（陆）”路线，强调政治与经济的不可分离。基于“台独建国”目标，他们反对两岸交流与合作的政策。

4. 未来两年的台湾政权掌握在马英九与国民党手中。首先，马英九掌握着台湾行政权与党政军大权，在台湾政治体制依然是“行政主导”条件下，未来两年台湾当局政策依然是马英九团队“说了算”；其次，国民党在“立法院”席次占多数情况下，“立法”主导权还在国民党手中；三是台湾蓝绿矛盾、朝野矛盾的主要方面是国民党，而不是民进党，更不是亲民党与“台联党”。四是台湾蓝绿支持者的比例基本没有太大变化，蓝绿结构，基本上还是 55% 对 45%。

5. 台湾社会的“两岸化”现象将持续演进。2008 年以来两岸关系和平发展对台湾经济、社会甚至政治的影响在加剧、加深并不断发挥作用。“两岸化”是不同于台湾以往的“本土化”、“民主化”与“国家化”（“台湾是个主权独立的国家”，把台湾当做一个国家的思维），这“三化”的本质都是“去中国化”，而“两岸化”则是让台湾社会“再中国化”。只是在这样的背景下，不仅台湾政治社会中呈现“和陆”（以马英九的国民党为代表）与“反中”（以民进党为代表）两条路线的分歧，而且民进党内部也出现了“反中”与“和中”的两岸路线分歧与斗争。台湾政治大学教授王振寰认为：“以往两岸社会的交流模式主要是由台湾社会文化影响中国大陆，不过随着中国大陆经济实力的大幅提升，进而带动本身社会文化的发展，近年来有转变为中国大陆的社会文化逐渐反过来影响台湾社会文化发展的趋势。”[1]

上述五个方面可以说都是两岸关系和平发展的正能量。

二、两岸关系和平发展面临着新的不利因素

1. 美国亚太战略再平衡下台湾角色定位的变化。首先是“台美之间仍然维系着以军售为载体的类同盟关系”，“这种类同盟关系，虽算不上如美日和美菲之间的同盟关系。但又不同于一般的伙伴关系”，是“特殊的台美伙伴关系”。[2] 其次，两岸关系因素对台湾的影响尚不如美国因素的影响大。对台湾社会产生各种影响的因素中，迄今依然是“美强陆弱”，而且这样的情况，在未来一段时间内难以改变。尽管大陆因素、两岸关系因素的影响趋于上升，但总体上大陆的影响是“将起未起”、“将强未强”。所以，无论两岸是否与如何展开政治对话、高政治层面交流是否展开，还是在东海与南海问题上能否开展一定程度的合作，其中的美国因素都是马英九当局需要考量的重要因素。第三，台美关系对台湾政治社会依然非常重要。有台湾学者提出：“台湾社会从上到下的集体安全感将会出现躁动与不安。缺乏集体安全感的支撑，台湾很难和大陆开展正式的政治对话或者协商。大陆必须让台湾确信，两岸若从紧密的伙伴关系再往上发展出更亲密的，如兄弟般或亲人般的关系，是不会影响台湾的安全、尊严和自主性的。”[3]

2. 马英九团队在两岸关系政策上坚持“政经分离”政策。经济上进一步倚重大陆，但在政治与安全上主要依靠美国。两岸之间政治问题的解决在未来比较长的时间内难以实施。即使 2013 年 3 月 12 日出现习近平与吴伯雄的会晤（习吴会），所谓两岸执政党之间“政治对话”开始，但应该还不是两岸政治对话的开始。马英九表示不反对民间开展政治对话，这样的表态到底是马英九当局对待两岸政治议题出现了“大转弯”，还是调整“先经后政”秩序？应该还是不能因此断定马英九当局的“政经分离”政策有重大改变。

3. 泛蓝阵营加速分化。马英九面临“领导危机”，推动两岸关系的意愿

---

① 王振寰：“从领先、倾斜到焦虑：台湾与大陆经济社会交流三部曲”，苏起、童振源主编：《两岸关系的机遇与挑战》，台湾五南图书出版公司，2013 年 9 月初版，第 77 页。

② 李英明：“吴习会后，建构新型两岸关系”，（台湾）《联合报》，2013 年 6 月 17 日，A15。

③ 李英明：“吴习会后，建构新型两岸关系”，（台湾）《联合报》，2013 年 6 月 17 日，A15。

和动力不足。主要表现在：首先，马英九团队施政不顺，改革遇到困难。改革需要依靠群众，至少是基本群众，但马英九的改革远离群众。基本群众不一定要多，但是不能远离他们。包括公务员年金制度改革，都出力不讨好，捅了“蜂窝”，即便马英九“愿意站出来承担责任，走出来面对各界质疑，具有相当的政治勇气与魄力，值得肯定”。因为，改革“所伤害的就是国民党的铁票支持力量军公教人员的利益”。① 甚至还有人质疑马英九“未必真的有改革的诚意与格局，此时提出的年金改革方案是迫于民意压力下的政治权谋运用”。无论如何，马英九的改革固然可以获得部分掌声，但“失掉的却是‘选票’的实质利益，恐怕难保能够继续执政”。② 其次，同属泛蓝阵营的亲民党与新党离心离德。两个政党都在准备“七合一”选举中各领风骚。新党明确表示“脱蓝”，要走自己的路。新党秘书长吴成典称：“蓝军一盘散沙，内忧外患严重。”③ 第三，马英九的清廉形象受损。林益世案件、赖素如案等使马团队与民进党之间的清廉差异减少，清廉不再是国民党号召民众支持的旗帜。第四，支持者对马英九的领导缺乏信心。尽管有人表示马英九“非常在意自己人格的高尚与纯洁。台湾有这样的政治领袖，肯定是值得庆幸的”。④ 但支持者对马英九的不满意度从民调中已经得到明显反映。第五，国民党内部矛盾突出，“七合一”选举形势不容乐观。由于台湾政治局势中正面临改革难题，而马英九团队施政能力不强、民意支持度偏低，马当局施政重心的“内视化”、“困难化”，加上国民党内部矛盾加剧以及蓝绿两大党矛盾的上升，马团队能够放在两岸关系上的精力有限。

4. 台湾民众的国家认同依然不乐观。苏起称：实力对比与台湾“民众的认同越来越倾向台湾，而非中国”的趋势，“两者的矛盾与紧张极可能随着时间加大加深”。⑤ 包括在台湾经济日益边缘化态势下，台湾民众对待大陆（包括大陆经济）的心态复杂。台湾社会也依然存在“可以主张独，不可以公开主张统”的“一言堂主张氛围”基本不变。⑥ 甚至台湾社会部分人认为：ECFA 纵使“带给台湾经济成长，但财富分配不均，以及台商加速赴

---

① 陈淞山：“年金改革，民进党小心通输”，（台湾）《旺报》，2013 年 2 月 6 日，C3。

② 陈淞山：“年金改革，民进党小心通输”，（台湾）《旺报》，2013 年 2 月 6 日，C3。

③ “思想者论坛—蓝营政治生态的变化与影响”，（香港）《中国评论》月刊，2013 年 1 月号，第 73 页。

④ 薛斐：“放弃 18%，能救马总统?”（台湾）《旺报》，2013 年 2 月 1 日，C3。

⑤ 苏起：“两岸关系的大趋势”，（台湾）《联合报》，2013 年 2 月 21 日，A4。

⑥ 纪欣：“敢为天下先”，（台湾）《观察》杂志，2013 年 9 月创刊号，第 1 页。

中国投资与设厂（办），反使得台湾经济陷入空洞化的困境”，而且“伤害自身经贸利益，虽然两岸政治缓和，但却因为两岸经济整合工作，让台湾经济发展走向失和”。甚至认为两岸服务贸易协议的签署，“台湾已经开始从面对中国经济崛起转变为依存中国经济”，两岸经济由“互赖”走向台湾“依赖”大陆。① 台湾媒体上对《两岸服务贸易协议》大多“流于描述可能的负面影响”，“反映出部分台湾社会的弱者心态”。② 所有这一切均充分说明台湾民众复杂与矛盾的心态，既希望依赖大陆发展经济、提高民生，又对大陆发展充满疑虑，甚至恐惧，甚至对大陆的让利也是“欲迎还拒”，“既要又怕”，“心不甘、情不愿”，当然，对大陆的认同更难以有实质的上升。这种心态的台湾民众为数不少，也会在选举中支持民进党。因为他们对国民党的两岸开放政策感到担忧，所以，仍然支持标榜捍卫台湾“主权”和民众利益的民进党。加上“台湾内部存在严重的恐中情绪”③ 与台湾民众自信心的下降，是“极真实而严重的问题”，“忧虑台湾长期找不到出路和解放的‘失落感’”。④ “太阳花”学运正是在这样的社会背景下爆发。

三、“张王会”开启两岸官方接触新时代

2014 年 2 月 11—14 日，台湾“大陆委员会”主任委员王郁琦先后访问南京、上海，与国台办主任张志军会晤，并到中山陵祭拜、南京大学演讲两岸青年交流问题，在上海与智库学者座谈及参访上海电视台与台商子弟学校。王郁琦是台湾第一位以现职正部级官员身份访问大陆的官员，其登陆及“张王会”的实现，既是两岸关系和平发展与近年来两岸政治互动良性发展的产物，也将对两岸关系和平发展的制度化建设发挥积极的作用，特别是与国台办主任张志军的会晤及互称官衔，开启两岸官方接触新时代，也开创了两岸关系新的对话平台，“无疑是两岸关系取得的重大进展，代表两岸关系

---

① 郑钦模：“八年来的两岸整合：台湾政治缓和、经济失和”，《台湾政治演进之检视与展望学术研讨会》（论文集），华东师范大学两岸交流与区域发展研究所、香港珠海学院亚洲研究中心编，2013 年 9 月，第 37—38 页。

② 潘华生：“掌握两岸机运，不要重蹈历史覆辙”，（台湾）《中国时报》，2013 年 8 月 30 日，A24。

③ 童振源：“两岸经济合作的政治困境”，（台湾）《旺报》，2013 年 9 月 17 日，C3。

④ 社论：“台湾何以充斥失落感与愤世嫉俗？”（台湾）《联合报》，2013 年 8 月 20 日，A2。

制度化达到新的水平。”① 马英九于2014年1月26日表示：没有赋予“王张会”任务，但“王张会”是“整体两岸关系提升的重要一步”，“在双方互不承认主权的状况下河不否定治权的目标上更为迈进，这是两岸关系发展非走不可的路，否则这条路走不下去”。②

1.“张王会”是两岸关系和平发展下良性政治互动的成果。王郁琦何以登陆成功？“张王会”又何以成真？其中缘由与背景首推2008年5月以来两岸关系的和平发展，正是这六年来两岸关系的和平发展催生了“张王会”实现。因此，作为两岸事务主管机构——国台办与台湾方面“陆委会”的第一主管能够实现“张王会”，本身就是两岸关系和平发展的成果，同时也是2013年两岸政治互动良性发展的必然结果。因为，从2013年年初国民党荣誉主席连战登陆并与习近平、胡锦涛的先后会晤，到4月初习近平总书记会晤参加博鳌论坛的萧万长，从6月国民党荣誉主席吴伯雄代表马英九参加国共平台的交流活动、与习近平总书记会晤、两岸共同确认一个中国框架，到10月在印尼巴厘岛APEC会议期间，习近平总书记与萧万长的会晤以及随行的张志军主任与王郁琦在饭店大堂的“寒暄”，两岸之间如此频繁的政治互动加强了两岸之间的政治互信，正是在建立了充分的政治互信的基础上，王郁琦登陆才顺理成章，“张王会”也水到渠成。

2.“张王会”是两岸关系和平发展的需要。六年多来的两岸关系和平发展，两岸在经济、社会、文化等各方面取得了巨大的进展，但两岸之间政治性的分歧由于一直没有触及更谈不上有所解决，从而制约着两岸关系各方面交流与合作的深化。有鉴于此，作为两岸事务主管机构的主管进行会晤，开展政策性的对话，对两岸关系和平发展的深化、两岸关系制度化建设以及两岸各方面交流与合作的推动，无疑都具有重要的积极作用。从“张王会”的议题可以看到，会晤涉及两岸经济合作与区域经济整合、两会综合性办事机构的设立、两岸学生权益的保障、两岸新闻交流、两岸文教科技交流等。因此，“张王会”所开启的政策性对话是两岸关系发展的实际需要，正如台湾知名学者赵春山所言：“张王会”的举行，“源自于双方主观意愿的展现，

---

① 陈键兴、陈斌华：“‘张王会’：新模式新突破新动力”，《解放日报》，2014年2月12日，第3版。

② “‘张王会’有望下月登场”，“中央社”，2014年1月26日特古西加尔巴电。

也是客观形势的需求”。[①]

3. 王郁琦登陆与“张王会”的四大成果。至少达成以下四大成果：

第一大成果：交换意见。作为台湾“陆委会”主委，王郁琦不仅与大陆国台办主任张志军进行了面对面的两个多小时的会晤与对话，就两岸关系总体形势和政策交换意见，而且在南京大学与二百多青年学生进行了观念的沟通，在上海更是与涉台智库的专家学者进行了思想交锋，对彼此对于两岸关系和平发展的状况及未来发展前景、国际环境等的认知都有了比较深入的了解。

第二大成果：协商事项。在“张王会”中，双方对两岸交流合作中亟待解决的一系列问题进行了坦诚与深入的协商，达成了五方面的共识，包括：一是着力完成 ECFA 后续协议的商谈，完善两岸经济合作机制，务实探讨两岸经济共同发展与区域经济合作进程相衔接的适当方式与可行途径；二是进一步扩大深化两岸文教科技交流合作；三是继续协商海协会与海基会互设办事机构，务实妥善处理遗留问题，尽早实现互设；四是继续推动两岸新闻交流，采取务实措施，为驻点记者生活提供便利；五是妥善解决在对方高校及科研院所就读学生的医保等待遇问题。[②] 有了这会谈中达成的五项共识，未来两会之间的协商就有了政策目标、政策方向与共识，因为“两岸建立常态化的联系沟通机制和现行两会协商管道之间，存在的是一种互补而非替代的关系”。[③]

第三大成果：建立机制。在“张王会”中，双方同意在坚持“九二共识”的基础上，继续推进两岸关系，国台办与“陆委会”建立常态化联系沟通机制。作为两岸主管两岸事务的机构——国台办与陆委会之间建立常态化联系沟通机制，这是两岸关系发展的客观需要，有利于双方加强沟通，增进了解，深化互信，推动、妥善处理和解决两岸交往中遇到的突出问题，共同推进两岸关系全面发展。当然，“这个机制不取代海协会与海基会事务性

---

① 赵春山：“若主客观成熟，马习会乐观其成”，（台湾）《联合报》，2014 年 2 月 16 日，A14 版。

② 陈斌华、张展鹏、齐湘辉：“国台办陆委会首会面获 5 项共识”，《解放日报》，2014 年 2 月 12 日，第 3 版。

③ 赵春山：“若主客观成熟，马习会乐观其成”，（台湾）《联合报》，2014 年 2 月 16 日，A14 版。

商谈及签署协议的功能，不改变两岸其他业务主管部门之间的沟通联系方式。"①

第四大成果：实现互访。王郁琦登陆也开启了国台办与"陆委会"官员间的互访机制。王郁琦是应张志军主任在2013年10月6日在巴厘岛双方的"寒暄"中提出的两岸事务机构主管"应该多走走看看"、"接接地气"的提议所进行的，张志军从北京赶到南京给予王郁琦应有的热情招待。可以想象：随后张志军到台湾的走走看看也将是必然的结果，2014年应该能够完成，王郁琦也一定会给予热情招待。这样，两个两岸事务主管机构之间官员的互访必将成为常态，甚至建立互访机制，从而有利于两岸关系制度化建设和发展。

4. "张王会"一小步是两岸关系的一大步。从1993年在新加坡举行的"汪辜会谈"开始，两岸是透过双方各自委托的白手套——海协会与海基会的接触与商谈，建立了制度化联系，并在"九二共识"的基础上开展协商并签署有关协议。到2014年2月，随着王郁琦的登陆，大陆方面的国台办与台湾方面的"陆委会"，双方主管机构负责人第一次正式会谈，举行政策性的对话，对两岸关系和平发展的意义非凡。

其一："张王会"是政策性的对话。从议题看，"张王会"当然是一场政策性的对话，因为会谈议题涉及两岸关系发展中的政策性问题，由政策性部门的主管对两岸交流中的事务进行意见沟通与政策对话。相信这样的对话对于海协会与海基会的两会事务性协商的顺利进行一定可以起到积极的促进作用。

其二："张王会"也是某种形式的政治对话。由于张志军与王郁琦都是两岸事务主管机构的负责人，都是正部级官员，且互相以官衔相称并开展对话，所以，这样的会晤，其所蕴含的意义却无疑是政治性的，也是某种形式政治对话的开启。张志军主任讲话中提到国台办与"陆委会"常态化联系沟通机制的建立，"将有利于双方加强沟通、增进了解、深化互信，推动妥善处理和解决两岸交往中遇到的突出问题，为两岸关系和平发展创造有利条件。"台湾媒体认为"突出问题""应是指政治难题"，张志军的谈话"等

---

① 陈斌华、张展鹏、齐湘辉："国台办陆委会首会面获5项共识"，《解放日报》，2014年2月12日，第3版。

于公开表明，国台办与陆委会的常态化联系沟通机制，就是要进行政治谈判”。[①] 甚至认为该“机制重任之一是政治谈判”。[②] “不仅是一种协调机制，更是建构起两岸政治接触，进而政治对话、协商的平台”，[③] 是“两岸政治对话权威平台的确立”，[④] “标志着两岸将迈向新的谈判时代”。[⑤] 无论如何，“张王会”的顺利举行，有助于为未来的两岸政治对话创造条件，“为两岸政治议题奠基”。[⑥]

其三：“张王会”是两岸官方首次正式接触。台湾方面认为是“张王会”是“两岸官方首次正式交流”，不同于巴厘岛的“寒暄”。[⑦] “陆委会”新闻稿肯定这次会晤的顺利召开，“是两岸关系发展的重要历程，对于促进两岸官方互动往来正常化具有正面意涵”，[⑧] “代表两岸交流正式脱下‘白手套’，进入‘官方对官方’直接对口的新时代，这是两岸关系‘制度化’的重要里程碑。”[⑨] 由于王郁琦是第一位以现任“部长”官衔登陆的官员，并“进行首次两岸部长级官员磋商”，因此，“是1949年两岸分治以来的最大政治突破”，[⑩] “张王会”的“重要意义在于两岸将通过此机制，建立官方对话的制度化管道”。[⑪] “开创起两岸官方直接对等接触对话机制”，对今后两岸关系发展具有重要意义。[⑫] 台湾记者王铭义称：张志军三度以“王郁琦主委”、“郁琦主委”、“王主委”相称，“开启两岸官方直接政治对话新页。”[⑬] “张王会”有可能成为两岸制度化协商甚至官方对话的另一个代名词。

---

① 罗印冲、陈曼侬：“互称官衔，王张会谈打破坚冰”，（台湾）《旺报》，2014年2月12日，A3版。

② 罗印冲：“官方搭平台，解政治纠结”，（台湾）《旺报》，2014年2月12日，A3版。

③ 何明国：“两岸协商由经入政，无缝接轨”，（台湾）《旺报》，2014年2月14日，A4版。

④ 王铭义：“两岸政治谈判，指日可待”，（台湾）《中国时报》，2014年2月12日，A2版。

⑤ 王铭义：“王张会，开创两岸谈判新纪元”，（台湾）《中国时报》，2014年2月11日，A2版。

⑥ 郑安国：“王张会开启多少想象力”，（台湾）《中国时报》，2014年2月14日，A20版。

⑦ 陈洛薇：“府：两岸关系将进入崭新阶段”，（台湾）《联合报》，2014年2月9日，A3版。

⑧ 陈曼侬、罗印冲：“王张共识，将建官方联系机制”，（台湾）《旺报》，2014年2月12日，A2版。

⑨ 陈以信：“王张会，两岸关系里程碑”，（台湾）《中国时报》，2014年2月10日，A14版。

⑩ 范世平：“等65年，‘王先生’终成‘王主委’”，（台湾）《联合报》，2014年2月11日，A14版。

⑪ 王铭义：“‘张王会’或掀两岸政治对话序幕”，（台湾）《中国时报》，2014年1月29日，A4版。

⑫ 张五岳：“王张会，跨两岸政治初级阶段”，（台湾）《联合报》，2014年2月12日，A14版。

⑬ 王铭义：“两岸政治谈判，指日可待”，（台湾）《中国时报》，2014年2月12日，A2版。

其四："张王会"建立国台办与"陆委会"间常态化联系沟通机制。随着彼此互访的成真及机制化，双方之间的沟通渠道的制度化也属必然，两岸两个主管机构之间的联系将更加直接，从而对两岸关系和平发展的制度化建设的意义当然十分重大。联系沟通机制：针对两岸交流互动衍生的重大议题进行务实沟通与处理，包括双方首长层级互访及强化双方既有业务处局之间的沟通管道；双方基于对等、互惠原则，依照各自法规，适度给予双方相关人员出入境往来及通关便利。①

四、两岸关系未来发展态势

1. 两岸经济关系已进入实质的"融合"阶段。尽管由于马英九团队缺乏开放的决心从而"缺乏完善的战略"，尤其是担心台湾经济过度依赖大陆，② 台湾对大陆的经济合作"开放程度有限"，但无疑经过三十多年的发展，台湾经济与大陆经济已经产生高度依赖关系，尤其是台湾经济对大陆经济的依赖更甚，"台湾民众更认定经济难以脱离大陆"，③ 也尽管民进党等尚有疑虑，认为两岸关系中政治与经济的不分离，经济上的依赖会导致台湾主体意识的丧失，失去"台独"的机会，但经济上依靠大陆是台湾的唯一选择；国民党的"政经分离"路线是目前台湾社会的主流。国民党也意识到经济背后有政治考量，萧万长称："从1970年代开始为台湾开拓经贸外交时就深刻体会到，没有一场经贸谈判背后没有政治因素。"大陆与台湾的"任何谈判，一定也有政治考量"，但不能因为"有一些政治考量，就对两岸经贸协议退避三舍"。萧万长认为："台湾只可能因为排斥开放而被边缘化，终至日渐衰败，但不可能因为与大陆有了密切的经贸联系，而丧失了主体性。"④ 台湾需要"发挥自己的智慧，让政治因素在台湾起不了作用"，"从协议中得其利，而不受其害"。⑤

---

① 陈曼侬、罗印冲："王张共识，将建官方联系机制"，（台湾）《旺报》，2014年2月12日，A2版。

② 童振源："两岸经济合作的政治困境"，（台湾）《旺报》，2013年9月17日，C3。

③ 郭正亮："交流扩大，因累积增恶感"，（台湾）《联合报》，2013年9月24日，A15。

④ 萧万长："台湾为什么需要两岸服务贸易协议"，（台湾）《联合报》，2013年7月23日，A4。

⑤ 萧万长："台湾为什么需要两岸服务贸易协议"，（台湾）《联合报》，2013年7月23日，A4。

2. 两岸社会关系尚处于“磨合”阶段。苏起认为，2008 年以来两岸关系的两个突破之一是“两个社会的全面连结”，由于两岸直航，“使两岸民众得以便捷往来，突破了历史与地理的禁忌，并开启疗伤止痛的过程，在两岸关系史上绝对是件大事”。[①] 尽管台湾经济高度依赖大陆，包括赴台游的陆客消费都已经成为台湾“最主要经济成长动能”，但民调显示：“台湾民众对大陆的了解依然不足，甚至认为根本不需要了解大陆，七成民众希望严格限制大陆钱潮、人潮入台。”台湾民众这样的社会心态，昭示着“两岸关系的进展缺乏社会心理层面的支撑”。[②] 甚至包括全球化下，台湾社会虽然有“走出去”的共识，但在“请进来”上存在分歧，不仅是对大陆，即使对其他国家和地区，台湾社会也存在“闭关锁国”的思维。其实“走出去”与“开放门户”是联系在一起的，不能只要求对方开放市场，自己却“闭关锁国”的思维。不少民众对待两岸签署的《两岸服务贸易协议》的心态就是一个明显实例。而随着陆客台湾游的进一步发展，两岸社会间的交往既有正面作用，也在产生负面不利的影响，包括“两岸官方和民间的缺乏互信”，“台湾民众对大陆政府和大陆民众的不良印象，未因两岸交流而获得改善”。[③] 甚至是“因了解而增加恶感”。[④]

3. 两岸政治关系尚处于“竞合”的阶段。由于两岸之间政治上结构性的矛盾的存在，由于两岸之间的政治议题尚未提上协商的议程，由于两岸在政治与思想意识上存在较大的分歧，两岸之间虽然开启了政治互动，也存在基本的政治互信，但两岸政治合作尚未开始，两岸政治关系的“竞争”面向依然大于“合作”面向。

五、推动两岸关系和平发展的若干思考

1. 正确认识两岸关系和平发展的形势。对两岸关系中出现的机遇与挑战要有正确的认识与把握，看不到两岸关系中出现的新机遇，只看到两岸关系中的存在的种种问题，那是悲观主义者，有可能丧失机遇；只看到机遇、

---

① 苏起：“马政府时期两岸关系的概况与展望”，苏起、童振源主编：《两岸关系的机遇与挑战》，台湾五南图书出版公司，2013 年 9 月初版，第 25 页。

② 社评：“两岸关系 7 个社会心理矛盾”，（台湾）《旺报》，2013 年 8 月 8 日，C5。

③ 赵春山：“累积互信，两岸和解关键”，（台湾）《联合报》，2013 年 9 月 24 日，A15。

④ 郭正亮：“交流扩大，因累积增恶感”，（台湾）《联合报》，2013 年 9 月 24 日，A15。

对问题与挑战视而不见那是盲目乐观主义者，认为两岸关系和平发展形势大好，和平发展态势不可逆转，从而头脑发昏，急功近利，要抓住和平发展的机遇，推动两岸关系和平发展，从而为和平统一创造条件，奠定基础，但决不可超越目前两岸关系实际现状，一厢情愿。看到机遇是为了抓住机遇，正视问题是为了解决问题既不能盲目乐观。

2. 正确认识两岸关系和平发展阶段的基本规律。包括两岸关系和平发展的基本内涵、和平发展的阶段划分、和平发展阶段的基本特征与主要矛盾、和平发展阶段的目标、任务与动力及两岸关系的主体等；维护、巩固与发展两岸关系和平发展新格局、构建两岸关系和平发展的框架应是当前与未来一段时期内两岸关系和平发展的主要任务。

3. 正确引导两岸的舆论与社会民意。两岸关系已经由过去的“快速发展”步入“平稳发展”，不存在“太快”或者“太慢”的问题。目前由于马英九当局做法，包括“重外交、轻两岸”、拒谈政治议题等，大陆的社会民意甚至部分人士都有急躁情绪，对马英九不满之情溢于言表，认为大陆“让利过多”。其实，马英九提出“不搞台独”、不搞“两个中国”、不搞“一中一台”的“新三不”，在两会互设办事处问题上坚持不是“国与国”的定位，都是不错的主张。两岸关系的发展进程需要符合两岸关系发展的实际与条件，行稳致远。

4. 全面、稳妥地推进两岸关系的和平发展。推动两岸关系和平发展应遵循“四化”：一是全面化，包括经济、文化、社会、政治等方面的全方位化，特别是社会与文化，也包括两岸交流交往主体从过去的“精英时代”走向“全民时代”。二是细致化，树立交流品牌，精雕细琢推动两岸之间的交流项目。三是基层化，两岸关系发展需要两岸社会基层人士之间进行交流，基层化与精英化同等重要，同步推进。四是常态化，把两岸基层交流更加持久和常态化地进行下去，注重提高交流的实际效应和具体成果，只有这样，两岸交流合作的生命力才是持久与稳定的，交流合作之树常青！

两岸关系和平发展理论：政治伦理的创新及其价值

童立群

2005年中共中央总书记胡锦涛与时任国民党主席连战在人民大会堂举行六十年来两党领导人的首次会谈，两岸关系和平发展新局的大幕由此揭开，海峡两岸和平发展出现前所未有的良好势头。近几年来，围绕着两岸关系和平发展，党和国家领导人、媒体、学术界从不同层面、不同角度对其进行过归纳、阐释和分析，由此逐渐形成了两岸关系和平发展的理论框架。学者杨立宪认为：党的十六大以来，以胡锦涛为总书记的第四代中央领导集体，从中华民族的根本利益和国家发展战略全局出发，根据国际、国内与两岸关系形势的发展变化与需要，在科学总结两岸关系发展规律与中国大陆对台工作实践经验的基础上，创造性地继承和发展了中央前三代领导人关于力争以和平方式解决台湾问题、实现国家统一的思想理论与大政方针，逐步提出、完善并形成了通过和平发展方式最终达成国家统一目标的系列论述，这就是关于两岸关系和平发展的理论。① 简单来说，两岸关系和平发展理论是中国共产党在新形势下统领与推进对台工作新的科学理论。

政治伦理作为一门研究人类政治正当性及其操作规范和方法论的价值哲学，对政治文明的发展和政治体制改革，具有导向、规范和终极价值关怀的意义。② 作为指导党和国家对台工作的新的理论体系，两岸关系和平发展理论的内涵表达和外延阐述仍处于不断丰富、深化的阶段，很多思想和实践仍处于新的量变中。但是仅就当前已有的两岸关系和平发展理论内容来分析，它所展开讨论有关两岸的价值、理念选择和互动规范、制度结构等内容，已

① 杨立宪："两岸关系和平发展理论是怎样形成的?"，载《统一论坛》，2009年第3期。
② 戴木才："政治伦理的现代结构"，载《伦理学研究》，2003年第6期。

经实现了政治伦理上的某种突破，体现了中国共产党对马克思主义政治伦理精神全面创新。

一、两岸关系和平发展理论中的政治伦理创新

（一）建构两岸关系价值目标体系

当价值被用来表达主体的本质或主体的内在尺度时，价值的直接存在形式便是一种被称之为“价值”的观念、规范或尺度。① 所谓政治伦理的价值目标，指的是政治所追求、所采纳的价值取向，是社会政治理想价值意义的最高表现。两岸关系和平发展理论通过一系列两岸“价值追求”的论述，从认同、利益和情感三方面建构了两岸关系价值目标的体系。

一是“命运共同体”的认同目标。

“认同”一词在工具书中尽管具有不同的解释，但多数都将“认同”归类为心理学名词。在两岸关系和平发展语境下，“命运共同体”可当做一种两岸间的特殊认同，它既有别于政治、国家、民族认同，也有别于文化认同，其实质是两岸同胞共有的区别于其他群体的心理状态和心理倾向。确立两岸“命运共同体”认同目标，源于对两岸关系本质的认识和判断，这一判断可成为当前和未来时期，两岸关系和平发展的目标取向。2007 年 10 月，胡锦涛总书记在中共十七大报告中明确提出，“十三亿大陆同胞和两千三百万台湾同胞是血脉相连的命运共同体”；② 在 2008 年 12 月 31 日纪念《告台湾同胞书》发表三十周年座谈会的重要讲话中，胡锦涛总书记再次做了同样表述。

首先，两岸全体人民对两岸关系的认知与评价可以以“命运共同体”为基础。长久以来，作为两岸关系发展主体的人民，政治价值观上具有不同程度的差异与矛盾，这种差异与矛盾是在历史中形成的，无法在短时间内消除，成为两岸关系发展中必须承认和面对的客观事实。两岸“命运共同体”概念的提出，为两岸民众在寻找共同的命运追求与共同的命运理念提供了可行的思路。

---

① 张方华：“政治的价值性与政治伦理诉求”，载《云南社会科学》2009 年第 1 期。

② 胡锦涛在中国共产党第十七次全国代表大会上的报告，新华网，http：//news. xinhuanet. com/newscenter/2007 – 10/24/content _ 6938568. htm。

其次，以“命运共同体”目标构建两岸共同愿景。如果没有和平发展的共同愿景，两岸交流交往很容易流于形式，人民也会因为两岸关系走向何方而茫然。如果说两岸的共同愿景是激发两岸人民创造历史的动力，这个动力的载体则应该是“两岸同胞的共同家园”，也就是两岸“命运共同体”。

第三，两岸命运共同体不是虚无追求，也不是虚幻的感情，而是有深刻的具体内容，是实实在在承载两岸交流交往的实体。在这个命运共同体之下，两岸人民是一种血肉相连、命运相关，互信、互赖、共生、共荣的关系，双方从血缘共同体、文化共同体发展至经济共同体、利益共同体，最后形成主权共同体、安全共同体、理念共同体，实现两岸的最终融合与统一。①

在大陆学界，对台湾同胞的认同观看法不一，存在相当多争论，但对台湾同胞认同倾向的解读和分析大多建立在国家、民族层面，而非伦理角度的精神道德层面。树立两岸“命运共同体”认同目标的意义就在于，在当前两岸关系发展遭遇政治文化瓶颈的情况下，立足于现实、着眼于未来，超越两岸的社会差异和矛盾，建立某种双方都可接纳的精神追求，力图使之成为两岸维系稳定和发展的基础。

二是“中华民族利益”的利益目标。

利益本质上属于社会关系的范畴。由于人的需要是多方面的，因此有多种多样的利益，马克思主义认为，人们奋斗所争取的一切，都同他们的利益有关。② 恩格斯说：“每一个社会的经济关系首先是作为利益表现出来。”③“共同利益”则是指个体或群体之间互动中创造和实现的利益总量。由于两岸关系的特殊性，如何在多元的利益目标中寻找共识，是两岸双方皆面临重要课题。两岸“共同利益”的构建是近年来广受关注的议题，也是两岸关系和平发展理论的重要内容。所谓两岸共同利益，广义来说，就是两岸之间凡是对两岸双方不构成零和的、独享性、排他性的利益交集。④ 在政治伦理的范畴内，共同利益更多地表现为一种主观认知，“中华民族利益”则可以

---

① 郭震远：“血脉相连休戚与共——两岸同胞的命运共同体及其特点和前景。http：//gb.chinareviewnews.com/crn-webapp/doc/docDetailCNML.jsp？coluid=33&kindid=545&docid=101433584。

② 《马克思恩格斯全集》第1卷，人民出版社，1956年版，第82页。

③ 《马克思恩格斯选集》第2卷，人民出版社，1995年版，第537页。

④ 倪永杰：“两岸共同利益视野下的和平发展”，载周志怀主编《两岸关系：共同利益与和谐发展》，九州出版社，2010年版。

被理解为某种建立在非经济、非物质基础上的利益目标。

首先，对中华民族利益共同的追求，从精神上支持了两岸关系人民的交流交往，成为推动两岸关系和平发展的动因。诚如王毅所言："和平、奋斗、兴中华，理应成为海峡两岸中华儿女、海内外全体华夏子孙共同的追求和责任。"① 作为"中华民族利益"的利益相关者，两岸同胞都须从中华民族整体利益出发，追求中华民族的伟大复兴。

其次，台湾人民利益、大陆人民利益、两岸互动的利益从根本上说是一致的，三者可以兼顾。有学者认为，北京对未来两岸关系的设计，完全建立在"双赢"的理念之上。②"中华民族利益"在不同程度上代表了整体利益和长远利益，其核心涵义是两岸互相依存而形成的共同利益，归根结底也符合两岸双方的利益。同理，两岸各自的利益获取，只有置于中华民族共同利益基础上，置于两岸关系和平发展的环境中，才能转化为实质的利益。

第三，"中华民族利益"观可以化解两岸实际的竞争和利益冲突。举例来说，在中华民族经济的大前提下，推进两岸合作，不论是大陆让利还是台湾得利，只是在大范围内某种形式的（区域或行业）利益再分配，都是为了一个共同的目标——中华民族经济的繁荣与发展。其他如文化、国际社会的互动等领域，两岸皆可以以"中华民族"利益的旗帜寻找广阔的合作空间。

两岸关系和平发展理论的提出，本身就反映了两岸人民的共同愿望和根本利益。两岸关系和平发展理论所蕴含的利益目标，对利益的理解，体现的是两岸互动所遵循的价值抉择。两岸应尽量进行换位思考，统筹兼顾协调双方的重大利益关切，在这个利益目标的指引下，两岸双方都有义务维护两岸同胞的共同利益，关注两岸人民的福祉，建设两岸共同的家园。

三是"兄弟情"的情感目标。

温家宝总理在回答台湾记者有关两岸商签经济协议问题时，曾以"兄弟"情谊对比两岸关系。他说，"我们是兄弟，兄弟虽有小忿，不废懿亲，

---

① "中山论坛王毅致辞：同心协力振兴中华"，辛亥革命网，http：//www. xinhai. org/yanjiu/191101533. htm。

② 黄嘉树："以民为本、以和为贵、现状一中、未来双赢——读胡锦涛十七大政治报告"，载全国台湾研究会编《新时期对台政策与两岸关系和平发展》，华艺出版社，2008 年版。

问题总会可以解决的。”[①] 温总理还用《富春山居图》分藏两岸希望两幅画能早日合成一幅画为例，盼望着两岸尽早和平统一，兄弟团聚。根据心理学理论，情感作为人的一种心理过程，是一个由浅入深、由外显到内化的过程。两岸关系和平发展见证了两岸人民内心情感体验过程中心理的变化，以“兄弟说”来比喻两岸关系，确立两岸关系发展的情感目标，是从伦理的角度来论述、阐释两岸关系，更凸显了两岸关系和平发展理论的人文属性。

首先，从影响两岸同胞的外部感情入手，培养烘托了两岸特有的情感气氛。两岸关系和平发展以来，大陆领导人和学者通过不同方式将“兄弟”的关怀传遍海峡两岸。“我们是兄弟”的话语正在深入人心，在两岸引起强烈共鸣，成为两岸间新的共识。

其次，两岸以交流体验为基础，确立“兄弟情”的情感取向。随着两岸文教交流的日益勃兴与热络，两岸交流的管道日渐增多，成为两岸间联络感情、加深了解、增强互信基础之不可或缺的一环，是拉近两岸认知与距离的推手，更是沟通两岸人民情感的桥梁，传递了两岸的兄弟情、同胞爱，从而潜移默化地确立了两岸民众互为“兄弟”的情感取向。

第三，从理论的角度将“兄弟情”情感目标进行整合深化，为化解两岸人民在情感上的差异与误解创造条件。两岸同胞在历史中形成了一定的隔阂和疏离，情感上也存有因历史原因而演化出来的意识形态对立问题，民众间心理鸿沟仍然很深，强化“兄弟情”的情感论述，凸显两岸的兄弟情谊和相扶相帮的积极意愿，有助于打开两岸情感心结。

概括而言，两岸关系和平发展理论所构建的上述三大价值目标，体现了价值体系的层次性，也体现了中国共产党解决祖国统一问题的价值追求。两岸若要推动政治整合，开启政治对话，必须在共同认知、情感和价值观念上形成某种共识，两岸关系和平发展理论中体现的政治伦理思想正是试图从这方面寻求突破和创新。

（二）建构两岸交往伦理与互动规范

交往与互动规范属于制度的范畴。制度是规范社会生活的理性秩序体系，关于制度的伦理，指正式制度架构中的伦理关系及其调节原则，强调的

---

① “温总理：因两岸是兄弟所以让利，依然想去宝岛”，腾讯网，http://news.qq.com/a/20100314/001577.htm。

是对应当建立什么样的制度与制度应该如何发挥其作用，给予了更多的道德关注的研究。两岸交往与互动要实现良性发展，充分发挥其对两岸关系的引导和整合作用，就必须以某种道德合理性为前提。两岸关系和平发展理论正是从这一角度出发，对两岸交往的伦理与互动规范进行了新的探索和尝试。

一是两岸政党伦理的创新。

政党伦理是研究政党正当性及其操作规范和方法论的价值哲学。[①] 两岸关系和平发展理论是围绕着政党关系如何促进两岸关系这一关键问题展开的。2005 年以来，在中国共产党积极推动和国共两党的共同努力下，两岸政党关系开始步入和平发展的新阶段。为了开创两岸关系和平发展的新局，中国共产党把政党关系与两岸关系统一起来，形成了有效的政党合作互助机制，在新的历史时期丰富和发展了马克思主义的政党伦理思想。

首先，以国共两党为主体和核心，成功开辟了两岸交流的新管道——政党交流平台。两党交流的沟通机制涵盖议题相当广，包括政党高层直接对话，达成共识：开展不同层级的党务人员互访，进行有关改善两岸关系议题的研讨：举行有关两岸同胞切身利益议题的磋商，举办各种论坛，邀请各界人士参加，组织商讨密切两岸交流、开启政治性对话的措施等。其中，国共论坛已经举办了六届，[②] 其成功运作显出政党交流模式的灵活性以及在推进两岸关系发展方面所独有的优势，为未来进一步推动政党交流与合作提供了良好的实践经验和理论尝试，为台湾其他政党与中国共产党的交流起到示范作用。

在两岸当局沟通间接、迂回和模糊情况下，两党交流不仅为两岸民间往来提供了强大的推助力，更成为两岸政治互动的中介与平台。政党交流的影响力既有政治的考量和色彩，同时又兼具民间交往的成分，因此在两岸关系中有较多的操作空间和较宽的回旋余地。

其次，坚持一个中国原则，对台湾其他政党持开放态度，建立广泛的“反台独”统一战线。胡锦涛指出：“台湾的任何政党，只要承认两岸同属一个中国，我们都愿意同他们交流对话、协商谈判。谈判的地位是平等，议题是开放的，什么问题都可以谈。”[③] “我们要最广泛地团结台湾同胞，团结

---

① 曹先磊：“政党伦理的内涵及基本范畴分析”，载《北京工业大学学报（社会科学版）》2007 年第 3 期。

② 为淡化两党色彩，第 6 届广州“国共论坛”正式改名为“两岸经贸文化论坛”。

③ 新华网，http：//www. xinhuanet. com/2008lh/zylddt/20080304. htm。

的人越多越好。只有实现大团结，才能促进两岸关系大发展。对于那些曾经对‘台独’抱有幻想、主张过‘台独’甚至从事过‘台独’活动的人，也要努力争取团结，只要他们回到促进两岸关系和平发展的正确道路上来，我们都将热情欢迎，以诚相待。”① 台湾民进党、“台联党”等所谓的“泛绿”政治力量显然属于“台湾任何政党”之中，中国共产党都愿意以开放、包容的态度，愿意与他们开展交流对话，只要是在“承认两岸同属一个中国”的对话基础上。

中国共产党对两岸政党交往伦理的创新，用心良苦，是站在两岸关系制高点上的战略考量，体现了“用大团结促进大发展”的恢弘气度。在“牢牢把握两岸关系和平发展”的旗帜下，期待台湾更多的政党和民众，了解两岸和平发展对增进两岸同胞福祉和繁荣两地经济的重要意义和真正内涵。

二是两岸“用善意体现发展”的互动规范。

善意是一个无实体意义的抽象的概念。就善意本身含义而言，是好心、好意的意思，② 它存在于人们的理念之中。善意的发展，用善意体现诚意，是在和平发展环境下两岸互动的重要规范。

首先，通过利益的共享传达善意的表示。两岸关系改善以来，大陆实践诺言，落实对台湾民众的各项有利措施，对台善意显然没有局限在某一领域，而是全方位的。例如，有关台湾的对外交往和国际参与问题，在一个中国原则下，就台参与国际活动做出合情合理的安排，其出发点就是维护台湾同胞的切身利益、维护中华民族的根本利益；ECFA 是项经济协议，但台湾从中获得的不仅仅是经济利益，更多的是大陆愿意帮助振兴台湾经济、为两岸同胞谋福祉的大局战略；大陆倾力选择，挑出最好的一对大熊猫赠送给台湾，等等。可以看出，尽管两岸还有各方面的分歧和矛盾，大陆的善意一以贯之，已经超越了“让利”和利益的范畴。

其次，两岸关系顺利发展要靠以德报德、用善意回应善意。两岸关系是双方的事情，是两岸共同的事业。这就需要双方相互理解，相互体谅，相互释放善意，相互展示诚意。两岸在交流与协商时，要以“同理心”、以诚相待，相向而行。这样，才能实现两岸之间的良性互动，并把两岸关系带入良性循环，实现互利共赢。从台湾方面来说，其官方、政党、媒体、学界、民

---

① 中国台湾网，http：//www. chinataiwan. org/xwzx/jdxw/200803/t20080305 _ 598686. htm。

② 百度百科，http：//baike. baidu. com/view/939661. htm。

众对大陆善意都都有不少正面的回应和反响。台湾地区领导人马英九曾表示，“大陆释出善意，我们确实感觉到了。”① 但同时也应看到，出于某种目的，颠倒黑白、曲解大陆对台善意、或刻意负面解读的声音也有很多，这在根本上违背台湾同胞求发展的主流民意，违背两岸和平发展的根本利益。

第三，善意应体现于善言，体现于语言艺术，达到动之以情、晓之以理的表达效果。在每年人大会议后的记者会，温家宝总理屡引诗词回答有关台湾及两岸关系的提问，这些“善言”表达的背后，浓缩着总理和大陆同胞饱含深情、意味深长的善意，由此引起了台湾同胞的强烈共鸣。

大陆对台善意源于手足之情、同胞之爱，是“源于一家人理念”。② 国台办主任王毅表示，大陆的对台政策是面向两千三百万台湾同胞的，大陆对台释放的善意、采取的举措没有地域或族群之分，是面向所有同胞尤其是基层民众的。③ 两岸关系是特殊的关系，其行为模式必定是超越纯粹的市场行为而更多的蕴涵伦理意义。两岸关系和平发展理论更好的诠释了两岸“以善意体现发展”的互动规范，两岸“善意的”互动也必将会增加两岸同胞的感情和互信。

二、两岸关系和平发展政治伦理创新的意义

两岸关系和平发展理论中的政治伦理思想是对马克思主义政治伦理思想的继承、丰富和发展，它为两岸关系的和平发展提供了科学的价值引导、伦理支撑和道德动力，对祖国统一大业的最终实现也具有重要的指导意义。

首先，提倡两岸关系和平发展政治伦理的目的在于在两岸建立人道相一致的伦理秩序，使两岸关系既充满生机又有利于两岸社会全面和谐发展。政治伦理影响和制约社会道德。两岸关系和平发展的政治伦理在其提倡的道德价值体系中居于核心和统领地位，将从根本上影响和锻造两岸大众的心态，使人们在理想、信念和民族精神的层面上把个人的价值和命运与国家和民族

---

① “马英九接受英国《经济学人》专访”，星岛环球网，http：//www. stnn. cc/hk _ taiwan/200906/t20090628 _ 1054116. html。

② “国台办主任王毅接受《旺报》专访（全文），新华网，http：//news. xinhuanet. com/tw/2010 －03/31/c _ 1210530. htm。

③ “国台办主任王毅接受《旺报》专访（全文），新华网，http：//news. xinhuanet. com/tw/2010 －03/31/c _ 1210530. htm。

的命运和前途联系起来。

其次，规范和引导两岸关系和平发展的路径及其实践。在两岸关系和平发展过程中，双方及双方内部的各种矛盾错综复杂，解决这些存在的问题主要需要通过机制化的手段。政治伦理可作为一种重要的补充，为规范和引导两岸关系和平发展的实践提供了更具体、更切实可行的框架，保证两岸共同的价值理念正当存在与付诸实践，并追求可能实现的基本规则体系，使两岸特殊的价值理念获得具体的落实。

第三，两岸关系和平发展的政治伦理将以其独具特色的伦理思想深刻地影响着两岸的理论和实践活动。没有对两岸关系价值目标体系的建构，缺乏对政党伦理、交往伦理等问题的实践探索，就不可能有今天两岸关系和平发展所取得的成就，如果两岸社会发展缺乏基本的认同，一切看似正确的理论或政策有可能失去应有的效能。关于“命运共同体”、“中华民族利益”、“兄弟情谊”等论述，关于政党伦理，“展现善意的互动”等思考，将是两岸关系和平发展中宝贵的精神财富。

ECFA框架下，两岸服务贸易合作新视角

——以大陆台资企业发展生产性服务业为例

周忠菲

一、问题的提出

2010年6月“海峡两岸合作架构协议”（ECFA）签署后，两岸经贸关系进入机制化阶段。以“早收清单”为代表，两岸经贸进入快速发展阶段。2013年1月1日，ECFA最后一阶段“早收清单”产品完成降税。其后，两岸投资保障协议在2013年2月正式生效。6月，两岸签署服务贸易协议。货物贸易协议和争端解决机制协议的签订也提上日程。两岸进入进一步减少各自内部对贸易自由化的阻力，开放服务贸易和开展两岸服务业合作的新阶段。①

十八大期间，大陆经济发展策略将从“出口导向”，改为“内需推动”，（2012年，大陆服务业占GDP比重约45%）。② 台湾由于进入全球化早，制造业外移，以内需为主的服务业市场相对狭小。但服务业的发展水平较高，服务业占GDP比重高于68%。相对而言，台湾企业家和在大陆的台商，更看重大陆服务业市场的发展空间。在ECFA后续阶段，两岸在发展制造业的同时，应重视服务业的发展，为将来两岸技术含量高的服务业输出，创造条件。

随着亚太地区制造业投资布局的调整，两岸经贸关系的发展趋势是在高

① 林祖嘉：“服务贸易协议被低估”，（台湾）《旺报》，2013年8月12日。

② 引自商务部网站。

端服务业的支撑下，进一步走向全球。但现实中两岸服务贸易谈判已经谈了两年多，仍然停留在小规模市场开放的水平。主要原因，是台湾市场还不够开放。① 目前两岸签署的服务贸易协定，受岛内政治影响，目前在台湾“立法院”受阻。

从服务贸易协议的内容看，其中，大陆对台湾做出的开放承诺比台湾多。大陆开放给台湾的有 80 项产业中，有许多具备开发价值的产业，如金融服务业，旅游业，电子商务业。台湾对大陆做出开放承诺 64 项，其中 22 项低于 WTO 标准，23 项等同于 WTO，有 19 项高于 WTO。整体开放水平，远低于台湾对世界贸易组织（WTO）承诺开放的 119 项。理由之一是担心开放造成岛内服务业进一步萎缩。对目前没有开放的项目，双方在协议签署时也没有安排后续讨论讨论。② 可见两岸服务贸易仍然处于低开放状况，大陆对台湾的开放部分，明显高于台湾对大陆的开放部分。

两岸服务贸易低标准开放的现状，说明两岸服务贸易协议的商谈还需要克服许多障碍。目前受到一些阻力，是正常现象。从大陆市场潜力高于台湾的前景看，台商抓住发展机遇，就可能在进入大陆服务业市场方面，走在韩国等其他市场竞争者的前面。

本文提出，从大陆台商 80% 从事制造业，具有转型动力的现实条件看，鼓励台商在大陆发展生产性服务业，短期内可作为促进两岸服务业相互开放的重要补充手段。长期走向上，可为两岸实现服务贸易合作，走向技术含量高的服务业输出创造条件。案例上以具有一定代表性的上海和长三角台资企业为分析对象。思路上主张采取引导台资企业发展先进制造业和鼓励台商向生产性服务业转型发展，实现“两条腿”走路。目的是通过发展生产性服务业，走向技术含量高的服务业输出，为两岸服务贸易合作创造条件，显示两岸发展服务市场，具有广阔的前景。

二、生产性服务业的概念及其在两岸的运用

开展两岸服务贸易合作可运用生产性服务业概念。世界各国对生产性服务业的概念与定位提法不一，台湾与大陆在服务业和生产性服务业的概念也

① 引自台湾“经济部”网站。

② “服务低标开放，市场利基有限”（台湾）《旺报》，2013 年 6 月 12 日，A4。

不统一。但生产性服务业概念的应用，有利于两岸走向技术含量高的服务业输出，实现 ECFA 框架下服务贸易领域的深度合作。

1. 生产性服务业的概念及其运用

世界各国对生产性服务业的概念、定位与分类标准并不统一。1966 年美国经济学家格林菲尔（H. Greenfield）研究服务业及其分类时，将生产性服务业的内涵界定为：主要指为市场上的中间性生产经营主体，所提供的那一部分服务。或者说，是由于制造业规模的不断扩大和市场的需求，被分离出来，最终形成的专业性服务业。强调生产性服务业的主要特征是为生产者服务。Browning 和 Singelmann（1975）等人，则从服务业社会化分工的角度，即消费性服务业和生产性服务业之间的差异看问题，其概念强调生产性服务业与制造业之间的互动关系和生产部门具有的特征（industry Services）。认为生产性服务业服务的对象是生产过程的生产者，而不是最终消费者。①联合国对生产性服务业的概念及其运用，定性比较宽泛。联合国统计署在 2006 年修订的《全部经济活动的国际标准产业分类》（International Standard Industrial Classification of All Economic Activities，ISIC，Rev. 4. 0，简称《国际标准产业分类》）中，把人类全部经济活动分为二十一门类。其所指定的生产性服务业范围涉及五个方面：金融保险业、信息服务业、现代物流业、科技服务业和商务服务业。②

2. 大陆生产性服务业发展状况

中国大陆处于经济结构调整和发展转型阶段。在 WTO 结构下，服务业开放程度不高，在大陆 GDP 中，服务业所占比重在 40% 左右。因此，大陆十分重视对作为第三产业的服务业的发展。其中，生产性服务业由于对经济具有强大拉动作用的，受到高度重视。中国政府在“十二五”规划中，提出要发展生产性服务业。全国各大城市如北京、上海和广州，也都在“十二五”规划《纲要》中，提出“十二五”期间进一步提升生产性服务业占 GDP 比重的具体目标。

---

① Browning 和 Singelman 在对服务业进行功能性分类时提出的生产性服务业包括金融、保险、法律工商服务、经纪业等知识密集型，为客户提供专门性服务的行业。此后，还有很多学者从生产性服务业的分类及其在经济发展中的作用等角度进行了研究。目前，各国对生产性服务业划分标准尚不统一。来源：吕志胜、金雪涛《经济研究参考》2011 年第 56 期。

② 联合国统计署在 2002 年发布的《全部经济活动的国际标准产业分类》（修订 3. 1 版）中，将全部经济活动分为 17 个门类。中国作为发展中国家，也引用了生产性服务业的概念。但政府文件中，未做详细阐述。来源：《领导决策信息》2011 年第 09 期。

上海对生产性服务业概念的引入和运用，走在全国前列。“十二五”规划下达后，上海首批认定的十九个生产性服务业功能区，以错位竞争的方式，推动原工业园区实现转型发展。内容包括节能环保、服务外包、现代物流服务、云计算产业基地等。①

具体操作时，一般做法是将服务业划分为公共服务、公益性服务、消费性服务和生产性服务。其中，生产性服务业作为一个区域，主要指以制造业为基础延伸出来的研发、销售和服务。在政府工作层面的管理中，也将中介服务业等诸多现代服务归之为生产性服务业。并在全国首创设立了生产性服务业处，以支持包括节能环保、服务外包、现代物流服务、云计算和电子通讯等产业基地为依托的，生产性服务业的发展组群，尝试推进生产性服务业的区域性集聚。② 目的是提升上海核心竞争能力，加快由“中国制造”向“中国创造”转变。

2010 年，上海市经信委完成了国家工信部委托的，关于上海生产服务业发展部署的研究课题。③ 提出未来上海制造业的转型发展应通过大力发展生产性服务业，特别是通过大力发展制造业产业链内部与之有关联的，具有“嵌入式”特征的服务业，来实现经济转型发展目标的思路。④ 课题数据显示，2009 年末，上海全市生产性服务业占全市服务业产值比重已经超过 60%。生产性服务业的主体业务包括：总集成与总承包、供应链管理与服务、电子商务与信息化服务、研发与设计、检验检测、节能与环保、专业维修、非银行金融、专业中介和培训教育等 10 个重点领域。

3. 台湾生产性服务业状况

沿用大陆生产性服务业（Producer Services）概念，从先进制造业往服务业延伸角度看，台湾生产性服务业发展状况不佳。台湾包括生产性服务业

---

① 上海市政协调研材料：2010 年上海市经济和信息化委员会《生产性服务业发展与对策研究》。

② 上海市政协调研材料：2010 年上海市经济和信息化委员会《生产性服务业发展与对策研究》。

③ 该课题将生产性服务业定义为“可视为生产者在生产者服务业市场上购买的服务，是为服务生产的生产或商务活动，具有市场化特点”。资料来源：2010 年上海市经济和信息化委员会《生产性服务业发展与对策研究》。

④ 上海政协调研材料，课题指出，2009 年年末，上海全市生产性服务业占全市服务业产值比重超过 60%。生产性服务业的主体业务包括：总集成与总承包、供应链管理与服务、电子商务与信息化服务、研发与设计、检验检测、节能与环保、专业维修、非银行金融、专业中介和培训教育等十个重点领域。

在内的现代服务业并未获得长足的发展。

台湾是一个小型开放经济体，以电子信息产业（ICT）产品的出口加工贸易为主，产业结构单一。在代工（OEM）和少量设计（ODM）模式下，台湾厂商处于ICT行业生产制造中附加值较低的中间环节，但ICT产业附加值最高的研发创新以及品牌和服务两端，都被上游的跨国公司控制。形成台湾代工厂商国际市场占有率高，却未能同步带动岛内其他相关服务业——如行销策划、广告、市场调查、全球物流、顾客服务、公关、专利权法律服务等服务业同步成长的格局。生产性服务业的发展，也因此受到限制。①

以信息产业发展生产性服务业的滞后为例。自1989年起，台湾"经建会"颁布了《"中华民国"资讯工业部门发展计划（1990—2000）》。设定了信息化目标，信息产业营收目标，人力目标，研发投资目标四个重点。在政策激励下，台湾信息产业快速发展，年平均增长率一度高于10%，远远超出其他制造业行业平均增长率为4%的水平。② 在代工模式的扩张中，台湾发展为全球第三大信息产品生产地，形成以信息产品为出口主体的贸易格局。台式电脑，笔记本电脑，监视器，显示器和芯片等多项产品的产量，高居世界第一或位于前列。

代工模式下，众多从事专业OEM和ODM的台湾ICT中小企业，只精专于制造生产零部件和装配，企业自身缺乏创新，研发，行销和专业领域内的服务能力。PC产业"告别高成长时代"，出现"产值成长率不如产量成长率"后，从宏观战略层次解决台湾经济增长的动力问题，浮上台面。但激烈的政治斗争限制了台湾当局调整宏观经济政策的能力。如何解决中小企业处于价值链低端，实现转型发展信息服务业的问题，愈来愈尖锐。台商投资大陆制造业的比重，也逐年减少。

2011年以来，世界经济下行，国际信息产业分工体系出现激烈变化，台湾代工生产模式进一步失去优势。2011年下半年起，台湾不仅出口下滑，产业结构也出现失衡。据台湾"财政部"公布，2012年上半年，台湾出口额为1468亿美元，较去年同期下跌4.7%，是亚洲主要经济体中唯一出口

① 也有不同的观点。如台湾中华骏捷研究院区域发展研究中心主任刘大年就认为："大陆服务业市场与台湾相比，相对落后"。参见刘大年："利用ECFA服务协定，促台湾转型"。《旺报》，2013年6月12日。

② 吕斌："台湾信息产业发展新的战略方向——信息服务业"，《情报海外》，2005年第2期，第108页。

衰退者。[①]

4. 两岸生产性服务业概念比较

现实中，两岸对生产性服务业概念的理解存在差异。总起来看，大陆所指的生产性服务业（Producer Services）概念并不十分明晰。据了解，台湾对服务业和生产性服务业的概念及其运用等具体规定，也没有形成一致意见。[②]

过去，上海曾经提出过发展 2.5 产业的概念，该概念重视第二产业与第三产业之间的服务连接，重视发展先进制造业和为先进制造业服务的服务业。上海与长三角台资企业发展生产性服务业，可借鉴上海与长三角在发展 2.5 产业方面的经验。[③]

表一是作者根据近期召开的两岸学术交流会议上，在台湾学者提供资料的（林祖嘉、谭瑾瑜：2012）基础上，整理和修改后绘制的两岸服务业领域对照表，借以说明两岸服务业合作处于初步阶段的状况。表中所列大陆部分，根据前述 Browning 和 Singelmann 的服务业社会化分工视角，暂将服务业划分为生产性服务业（industry Services）和生活性服务业（life Services）两大类。台湾部分，根据台湾"经济部"投资审议委员会的资料整理，分类上不作细分。

表一 两岸服务业对照表

大陆		台湾（相对应，不严格划分）	
名称	分类	名称	分类
生产性服务业	高技术服务业	发明专利等	智慧型产业
	金融服务业	数位音乐等	十大重点服务业
	现代物流业	华文电子商务	十大重点服务业
		国际物流	十大重点服务业
	商业服务业	高科技产业融资中心	十大重点服务业
		会展	十大重点服务业

① （台湾）《经济日报》，2012 年 7 月 11 日。

② "两岸经贸合作的前景与展望"，第十四届两岸经济系列研讨会，2012 年 10 月，上海。

③ 在一般引用中，目前仍然有将生产性服务业解释为 2.5 产业的现象。2.5 产业指介于制造业和服务业之间的产业。

续表

大陆		台湾（相对应，不严格划分）	
名称	分类	名称	分类
生活性服务业	家庭服务业 商贸服务业 旅游业 体育产业	医疗护理 台湾美食国际化 旅游观光 文化创意精致农业 智慧绿建筑等 都市更新 高等教育输出等	新兴产业 新兴产业 新兴产业 新兴产业 智慧型产业 十大重点服务业 十大重点服务业

注：大陆划分法部分参考了刘震涛，张娟主编：《先进制造业与现代服务业互动叠加发展》——2009 年海峡两岸产业合作发展论坛（昆山）论文集，清华大学台湾研究所出版。2010 年。台湾另一种划分法将服务业区分为：其一，生产性服务业（资讯服务，交通，金融，电讯等），其二，消费性服务业（观光，理财，医疗等）。参见：第十四届两岸经济合作系列研讨会，资料汇编。上海—昆山，2012 年 10 月。

尽管目前两岸服务贸易谈判进展迟缓，但从政策制定角度看，两岸服务业的合作，市场庞大。从服务贸易协议开放给台湾的一些具体项目看，如金融业，旅游业，大型物流业，医疗行业，电子游戏机行业等，这些领域台湾的行业竞争优势，都高于大陆。其中，从项目选择的具体条件看，鼓励大陆台商发展生产性服务业，可满足台湾 IT 和 IC 等先进制造业转型升级和加速布局大陆内需市场的需求。

三、上海与长三角台资企业与生产性服务业的发展

上海与长三角是台资制造业的主要集聚地。从 ECFA 后续阶段两岸签署服务贸易协定将提供两岸经贸合作更大空间的前景看，支持和引导在上海与长三角的台商发展生产性服务业，有利于推进两岸制造业转型升级。有利于两岸走向技术含量高的服务业输出，进行服务合作。

1. 上海与长三角台商投资结构分析

台商投资上海与长三角的主体为中小企业，大企业为数不多。从投资主

体看，具有台湾大财团投资占比较高，上市公司投资占比较大的特点。[①] 投资方向涉及电子信息、机械制造、软件开发、轻纺、食品、航运、物流、商贸、金融、房地产以及装饰装潢、创意、休闲等众多产业门类。台湾一些大型零售商如乐购，大润发，统一、旺旺等品牌，在上海与长三角均有投资，占比不大。

在资本特征上，台商投资上海与长三角 70% 以上是工业性项目，80% 以上集中在制造业领域。制造业领域中属于资金和技术密集型的项目数居多。从地域看，上海嘉定，闵行，青浦，江苏昆山形成了以传统产业中技术水平较高的加工制造业为主，在上海浦东，苏州工业园区，南京经济技术开发区，多数是现代制造业项目的格局。[②] 同时，在江苏政府的协助下，通过南北互动概念的模式，形成苏南—苏北先进制造业产业链。如南京工业园区的台资企业与淮安市形成上下游分工，苏州工业园区的台资企业与宿迁县形成上游与下下游分工。

在行业比重上，以上海台商的项目数和资金额作为基准衡量，可发现台商在上海与长三角投资制造业的比重普遍高于港商，而港商投资服务业的比重，一般高于台商。说明台商在大陆投资服务业处于落后地位。但台商在上海与长三角投资服务业的比重，明显高于台商投资全国其他地区的平均水平。计不完全统计，上海台商投资制造业比重大约为 60%，投资服务业的比重大约为 20%，其他行业约为 20%。在上海台商的进出口商品结构中，机电产品占比在 70% 以上。长三角台商投资制造业比重与投资服务业的比重，根据江苏台办调研提供的不完全数据，台商在长三角投资制造业比重超过 80%。昆山这样的地区，台商投资制造业比重接近 90%。投资服务业的比重，中心城市低于 18%。一般占比在 15% 左右。其他中小城市，在 5% 左右。与上海相比，差异较大。

---

① 上海是全国台商制造业最集中，台资大项目最多的地区。截至 2011 年，上海批准的台资项目 8655 项，合同台资金额约 269 亿美元。其中，1000 万美元以上的项目约 500 项。其中金融危机后的 2010 年和 2011 年，上海批准的台资项目分别为 453 项和 514 项，合同台资金额分别为 16.29 亿美元和 24.36 亿美元。呈增加趋势，但增速放缓。截至 2011 年 11 月，有 10 家台资企业在上海设立了总部。参见《上海对台工作》。

② 上海市外经贸委研究成果《探索经济区全球化》，上海人民出版社，2007 年，138—139。仅作参考。数据来源：2011 年上海市政协“关于推进在沪港澳台侨资生产性服务业发展”课题调研。

2. 台商投资生产性服务业动力分析

近年来，台商转型发展，投资生产性服务业动力出现加大的趋势。主要原因，一是金融危机后全球制造业重组，台资企业代工的制造业所涉及的各类生产活动与产品功能的区隔，越来越精密，行业内产生了提高服务业专业化程度的要求。此外，金融危机的冲击和订单的减少，也促使台商思考如何提升企业的竞争力，实现转型发展，包括探索如何发展技术含量高的服务业输出。在这样的趋势下，上海与长三角台资中出现一批从制造业向服务业和生产性服务业延伸的企业。大体分为三类：

第一类，整体上以体内循环为主的企业，它们大部分是位居全球电子制造业的台资著名厂商。如台积电、联电、广达、英业达、华硕、宏碁、鸿海、中芯、宏力、日月光等。这些大型企业早年将集团内部劳动力密集型业务往大陆内地转移。近年来，这些企业中有小部分加快了在上海与长三角的转型，在不同程度上出现以技术改造和研发中心建设为内容的，向生产性服务业发展的迹象。如台积电，台联电，环旭电子，大洋电子等。广达，英业达等企业，除了与美国“硅谷”竞争云端市场外，也积极准备与长三角云计算基地建立交流关系，将发展重点转向云计算高端服务器制造和售后服务。大洋电子等企业，自身握有产业链上加工部件中一些特殊部件的核心技术，除了继续提高这部分技术的附加值外，也努力探索将这些技术开发转型为服务业产品。

在研发方面，金融危机以来，台湾岛内提倡研发创新已经有一段时间。可是台湾5000家大企业从2009年到2012年的研发费用，占比却很低。根据台湾中华征信所提供的“台湾5000大企业营收调查”数据，分别为2.01%、1.74%、1.85%和2.18%。而台湾整体研发费用的成长率，与2002年的9.5%相比，2011年已经下滑到4.6%。说明2009年以来，台湾经济的竞争力处于下滑趋势。

同样在金融危机背景下，大陆台商显示出在企业发展的优先顺序方面，更加关注前瞻性产业中核心竞争力的提升和研发的投入，为进入大陆内需市场作准备。如上海浦东的半导体厂商台积电为实现产品升级，特别增资6.75亿美元投入科研，增建实验楼和研发中心。日月光集团投资12亿美元的先进封装测试生产线项目，内容包括技术创新与研发。宏达电（HTC）投入上亿美元，提升其在大陆开发的智能手机的品牌。此外，一些电子企业在江苏南京新建了总部大楼，目标是增强主营业务，发挥无线通讯模块微小化方面的优势，把上游和总部放在上海与南京大城市，募集资金用于通讯模组的技术改造和配套的研发中心项目。中游，下游和下下游的企业，向落后地区转移。进行投资新布局。

第二类，以灵活方式往多元性转型方向发展，局部打破自我循环。金融危机后，以中小型台资企业为主的一些企业普遍受到订单下滑，人民币升值，劳动力成本和土地成本上升的压力。[①] 其中一些厂家，出现一方面向产业链两端延伸，另一方面进行各种尝试，往生产性服务业方向发展的现象。如原来在长三角生产半导体封装零配件的企业，利用与国际 LED 知名品牌建立技术合作关系，更新生产设备，往附加值较高的 LED 产品加工方向发展。新产品销往国外。ECFA 签署后，逐渐转向内需。2011 年，上海市科委对采取这种方式转型发展的上海闽行惠高公司，授以“高新技术称号”，给以政策扶持。上海与长三角城市照明体系更新，部分采用了台商生产的 LED 照明设备。

还有一些企业采取增加综合技术服务、劳动力培训、产品维修，售后服务等项目，同时与大陆厂家在供应链上进行合作，形成依托关系，探索合作研发的可能性。但这些企业受到资金与规模的限制，往往不能真正往生产性服务业方向发展。

第三类，以制造业业务为主，部分从事服务业的台资企业。在上海与长三角从事信息产品的中小型台资企业，从供应链的方便性考虑，在订单减少和雇工困难的压力下，认为转移到生产要素价格更低的大陆内地并不能保证企业的发展。他们通过与当地做服务业的台资企业合作，比如食品行业的克莉斯汀，元祖等，做了一些服务业的试探性投资。范围从食品的冷饮，各种门类都有，短期内也都获得了收益。但这些企业的生产活动，不符合本文所讨论的，生产性服务业是为服务生产而进行的生产或商务活动的定义，不应视为从事生产性性服务业。也不能作为台商实现转型的例证。

四、判断与建议

1. 趋势

生产性服务业有利于实现创新资源的集成。从远期看，台资大企业在发

---

① 上海台商协会副秘书长邱创盛在出席“‘十二五’规划与沪台经贸发展研讨会”时的谈话。引自《第一财经日报》，2011 年 4 月 22 日。

展生产性服务业，尤其是在延伸产业链，发展高端服务贸易方面（研发，自创品牌，服务外包），有强大动力。未来三至五年内，大型台资将抓住大陆内需市场提供的机会，向上海与长三角周边发展与制造业相关的研发设计、物流与通路，技术中介等生产性服务业，以改变作为单一产品零件供应商的代工地位。这一趋势有利于企业将研发，设计，售后等服务能力，融入到产品开发中，在大陆实现逐步转型。

世界IT技术的趋势是压缩开支和提高生产效率。这也迫使台资中小企业向技术含量高的服务业发展。上海和长三角是大陆台资企业制造业厂家最集中的地区，具有空间集聚优势。中小型台商制造业也具备向专业技术性服务业发展的能力。在金融进一步开放的情况下，有条件向涵盖融资、营销、生产服务等综合性企业运营基地等方向转化，为转型为价值含量高的服务业，创造条件。①

2. 存在的问题

上海与长三角台资企业从事生产性服务业走在前面，但仍然处于初级阶段。在产业能级、资源配置效率和品牌影响力等方面，影响还相当有限。发展过程中存在不少问题。主要有：

其一，台湾企业厂家集聚程度低，各自为政，布局分散，相当一部分生产性服务业还处于初级阶段，其所从事的生产性服务业由于缺乏足够的规模效应，造成转型成本压力增大，融资困难。

其二，大陆主管部门的政策制定过于宏观，内容宽泛，管理上需要细化。如目前海关、检疫检验部门不能及时处理从事生产性服务业企业的进出口业务，导致诸如长三角台商测试制剂等因延误而变质失效。台商反映，对小型公司而言，两至三次的海关服务延迟所造成的损失，有可能导致关门歇业。②

其三，受资金和规模效益的限制，台商发展生产性服务业难以取得快速进展。此外，台资企业往往从属于在全球经营的跨国公司，在布局上，由于

---

① 如在上海的台湾仲利国际租赁有限公司，主要业务是向过去熟悉的，在大陆经营的大型机械厂商，提供金融租赁服务。在上海从事IT业务，在台湾从事云端供应链业务的广达，英业达等集团，与上海和长三角云计算基地建立交流机制，探索从事生产性性服务业合作的可能。但尚未进入实质性操作阶段。

② 台资企业反映，一些规定不尽合理，影响企业发展的积极性。以保税区的监管为例，一个台资企业违规，众多企业受到牵连，紧接着被严管。参见上海市政协台商发展生产性服务业调研。

母公司绝大部分留在台湾。其研发和员工培训等业务也放在岛内。台商向生产性服务业发展的成果，只有一小部分留在大陆。如上海述环旭电子，每年安排 2000 名大陆籍工程师到台湾高雄本部培训。台积电在大陆的研发也是外围技术，核心部分仍然以岛内为主。

3. 建议

发展有高附加值的服务贸易和扩大生产性服务业方面的合作，是提升两岸产业综合竞争力的一条有效途径。ECFA 后续阶段，两岸除了逐步落实四项后续协定外，需要更多的政策协调。如对服务贸易领域合作中存在的开放效益的估算问题（服务业开放无法用直接关税来计算，这也是目前岛内争议较大的原因之一），低开放度问题，劳动力流动问题，台湾传统服务业是否受冲击问题等，经过商议和政策调整，加以解决。建议：

其一，两岸合作中需增添新动力。除制造业合作之外，进行服务领域的合作应该列为重点。十八大期间，大陆将弱化国家在经济事务中的作用，释放更大的改革能量。外国投资者将有更多的机会，投资两岸金融、物流和其他服务业领域。① 台湾经济也需转型升级。应进一步改变目前两岸服务贸易低标准开放的现状，进一步减少各自内部对贸易自由化的阻力。

其二，考虑到以内需为主的台湾服务业市场规模有限，而大陆宏观政策调整，发展策略从“出口导向”改为“内需推动”，未来两岸服务业市场主要在大陆。大陆应配合“服务贸易协定”的签订，鼓励大陆台商在发展先进制造业的同时，利用上海自由贸易区等新增开放模式，引导台商实现从制造业向生产性服务业的延伸。采取发展先进制造业与高附加值服务业“两条腿”并行的方针。

其三，全球 IT 支出仍有大幅增长的前景。ECFA 后续阶段，两岸要从提升企业竞争力的根本出发，重视对知识产权的保护，重视两岸服务贸易合作中，通过研发合作提升效益的重要性。从与国际接轨，建立公开、平等、规范的服务业准入制度的角度，进一步从政策体系的设计上，为两岸通过服务领域合作，走向技术含量高的服务业输出创造条件。

其四，从上海与长三角的经验看，大型台企的新增生产性服务业业务主要在企业体系内流通，中小台企的新增生产性服务业业务将更多在体系外寻找机会。这意味着台湾发展服务业的主要市场在大陆。由于目前台湾的服务

---

① 引自美国《纽约时报》网站，2013 年 5 月 24 日。

业竞争优势高于大陆，而上海与长三角具备台商从制造业向服务业转型的优势，因此，形成台商在上海与长三角在发展生产性服务业方面的辐射优势，时鼓励台商将新增服务业部分留在上海与长三角，是可行的。

上述论证显示服务贸易协议的实施，对于台湾进一步发展服务业具有相当重要的作用。相信在服务贸易协议实施后，两岸服务贸易合作将开辟更多的新领域，新途径。目前，发展生产性服务业，无疑是一项现实性极强的选择。

第二编

亚太局势与两岸海洋合作

世界权力转移的新特点及其对两岸关系的影响

俞新天

现在，世界正处于权力转移的关键时期。这轮权力转移就其内涵、背景和特点都是前所未有的。本文首先分析权力转移的新特点，认为它基本上将是和平的、长期的、渐进的过程，将走向多元无极的前景，世界所面临的最大威胁是社会分化、民族主义和民粹主义。其次研究台湾学者对于权力转移的观点，以及据此而产生的对大陆的态度变化。最后，重审中国大陆的两岸关系和平发展理论，主张从长趋势着眼巩固和深化两岸关系。

一、世界权力转移的新特点

权力转移理论由美国学者奥根斯基所提出，主要内容为：由于发展不平衡规律的作用，不同国家在国际权力结构中的地位会发生决定性的变化，原有的主导性大国地位下降，后崛起的大国地位上升，并获得主导性大国的地位。后来的权力转移论者认为，权力转移经常会引发战争，因为崛起国不满意，往往会通过战争来改变现状。但他们也不否认有些崛起国家对现状表示满意，不想挑战既有的国际秩序和国际规则，那么权力转移就可以和平方式进行。除了崛起国满意现状外，主导国也必须容忍与接纳崛起国，而不是必须对崛起国发动战争，以预防自己主导地位的失去，权力和平转移才有可能。①

本文将研究当今世界权力转移的新特点，以便更好地理解国际关系演变

① A. F. K Organiki: World Politics, New York; Alfred A. Knopf, 1958; A. F. K Organiski and Kugler, The War Target, Chicago Press, 1980.

的趋势。

这轮权力转移的第一个特点是，它将是自近代以来首次从西方权力中心向非西方国家转变，转变的方式基本上是和平的、长期的、渐进的。

权力转移的基础是综合实力的变化。在过去十年里，经济力量的对比出现了前所未有的变化。在2012年，世界上发展中国家的GDP总量第一次超过了发达西方国家。尽管发展中国家数量众多，人口巨大，从质量上无法相比，但是这仍然是数量上的一个里程碑。其中，新兴大国的经济增长更为惊人，2012年金砖五国（中国、印度、俄罗斯、巴西、南非）的GDP总量比2002年翻了一番，从占世界GDP总量的10%增至20%。发展中国家包括新兴大国的成绩主要是推动现代化进程和实行开放政策的结果。经济增长同时带来了社会进步，如贫困人口的减少，中产阶级的增加，思想观念的变化，等等。

对这一现象国际上仍在讨论甚至争论。新加坡马凯硕（基肖尔·马赫布巴尼）预测，到2050年时世界一号经济体将是中国，二号经济体是印度，美国是三号经济体。这是恢复到历史的正常状态。超过十亿人摆脱赤贫状态。亚洲的文化复兴将是21世纪的最大事件，令人振奋。美国的软实力是泄气最快的一个泡沫。美国约瑟夫·奈完全不同意美国软实力下降的观点，认为就把硬实力与软实力组成有效系统来说。美国仍将是世界最强大的力量。[①] 美国理查德·哈斯提出，21世纪仍是美国世纪，理由如下。美国的经济力和军力今后仍独占鳌头，不会马上出现与美国平起平坐的竞争者。其他大国全力解决内部问题。别国并未直接挑战美国的行为方式。美国有独特的人口结构优势。美国具备恢复经济高速增长的潜力。[②] 本文认为中国、印度等新兴国家还不可能在短时期内取代美国，即使到2030年或2050年新兴国家在经济总量上超过美国，但在科技、军事、教育、创新能力等各方面还无法超过美国引领世界。因此力量转移必然是长期的。

这轮权力转移基本上将是和平的，渐进的。权力转移的和平因素很多，例如对于以往战争特别是世界大战的反思，核武器毁灭人类的威慑作用，全球化深化带来各国经济相互依存的深化，等等。在这次权力转移过程中还出现了一个重要的现象，即新兴国家并未从文化价值观上否定美国和西方，相

---

① 瑟奇·施梅曼：《权力跷跷板》，美国《纽约时报》，2011年6月24日。

② 理查德·哈斯：《如何打造第二个美国世纪》，美国《华盛顿邮报》网站2013年4月26日。

反主动学习借鉴西方文化和价值观，成为权力转移和平进行的因素之一。不仅马凯硕强调了这点，英国考古学家和历史学家伊恩·莫里斯也指出，这在历史上是很不寻常的。[①] 新兴国家并不会全部接受既有的规则，但将在承认现有的国际规则上逐步变革，而非全盘否定，另起炉灶。应该肯定，世界各国在全球化、现代化、国内良治和全球治理上已经有相当多的共识，却这点往往被低估。

这轮权力转移的第二个特点是多极化与无极化并存，甚至存在走向多元无极的前景。

现在，中国、俄罗斯、法国等国家政府都主张世界的变化将从单极向多极演变。当然，也有人认为，在未来很长时间内，仍是美国一超独霸的单极世界，也有人提出中美两大国“共治”的 G2 模式，等等。约瑟夫·奈指出，世界各国力量的分布，像一盘三度空间的国际围棋，在顶部军事领域内美国是单极，在中部经济领域内是多极的，有美、日、中等国，但在棋盘底部，是政府控制之外的国与国关系，包括形形色色的非国家分子的行为。如果将三层空间综合进行观察，就很难用“极”的概念定义世界。理查德·哈斯指出，21 世纪国际关系的主要特征是向无极转变，这是一个不由一两个国家甚或几个国家，而是由众多拥有并行使各种权力的行为体所指导的世界。当然，他认为在解决“无极世界”的困难和危险时，还要靠大国政府建立核心集团，其他国家则承诺合作的多边主义。[②] 虽然他的分析超越了大国中心论，但在解决问题时又回到了大国中心观。叶江认为，如果大国或曰权力中心超过十个以上，就难以形成所谓“极”的格局，多不胜数的“极”实际上是“无极”。更重要的是，只要承认国家行为体与非国家行为体共同塑造世界的未来，国际体系单元的多元化与国际格局的无极化已成大势。因此他提出“多元无极”说法。[③] 本文认定这一提法很有前瞻性。当然，这并不意味着可以忽视对国家行为体的进一步深入研究，而是要将其放入更广泛的视野下审视，更多地关注非国家行为体如何在世界上发挥作用，以及它与国家行为体之间的互动。

---

① “‘恐惧推动我们前进’：伊恩·莫里斯谈历史发展的结构模式、西方占优势地位的原因和未来的历史变革”，德国《明镜》周刊，2011 年 6 月 20 日。

② ［美］理查德·哈斯：“无极时代”，美国《外交》杂志，2008 年 5、6 月号。

③ 叶江：“论当前国际关系中的权力扩散与转移及其对国际格局的影响”，《上海行政学院学报》，2013 年第 2 期。

这轮权力转移的第三个特点是全球化与反全球化、现代化与反现代的内外政策的斗争更加激烈，社会分化加剧对国际合作形成很大障碍。

20 世纪 90 年代由于信息革命的突破，全球化取得了狂飙突进的胜利。然而，全球化并非是田园牧歌般的美好，实际上也造成了许多负面效应，以致于同时带来了反全球化的高涨。沃尔夫冈·施特雷克分析道，国界已经不起作用，资本在经济、技术和机构方面的流动已经不受限制。过去可以在国内以静止的和既定的东西来处理的关系，现在变成动态的和随机的，具有很大的不确定性和风险。国家之间的竞争加剧了。①

全球化与现代化进程对发展中国家的挑战空前严峻。贫富差距的扩大加速，技术鸿沟使国家之间与国家之内的差距扩大而非缩小。在每个国家中都有一批从全球化中受益的人，但是更多的穷人却被抛弃和排斥。许多国家的贫困因政治不稳而无法解决，而政治不稳又把大量预算消耗在军事开支上，结果政府更无资源来应对贫困难题。全球化使得发展中国家的治理更加脆弱，对内它们无力与跨国公司讨价还价，对外则在全球治理的规则和组织方面处于边缘化，失去话语权。②

虚拟经济催生了新的金融危机。美国的金融危机很快演变成全球金融危机，欧债危机更让世界经济雪上加霜，疲软不振。尽管现在出现了复苏迹象，但是根本性的问题并未解决。美国天文数字国债剧增，政府滥印美元让世界买单。这次经济危机使越来越多的美国人失业、收入下降、失去信心，“美国梦”正在褪色。民调显示，只有三分之一的人相信，努力工作能保证成功。③ 经济危机的后果超出了经济，使世界上越来越多的人质疑资本主义制度、美国的文化价值观和美国式民主。

“阿拉伯之春”引起了连锁反应，民众因全球经济危机波及民生而走上街头。某些西方人士本以为这将预示民主的胜利，现在有识之士却不得不承认“民主”的“恶化”和“退却”。一个严重的趋势是中产阶级的分化和态度的转变。中产阶级一直被认为是民主制度的支柱和基础，但是受到全球经济危机的严重打击，对于“民主制度”失望和不满。无论在发达国家还

---

① ［德］乌·贝克、哈贝马斯等著：《全球化与政治》，中央编译出版社，2000 年，第 102 页。

② ［美］约瑟夫·奈、约·D·唐纳胡主编：《全球化世界的治理》，世界知识出版社，2003 年，第 167—176 页。

③ 卡萝尔·莫雷洛等：“越来越多的人对‘美国梦’感到迷茫”，美国《华盛顿邮报》网站，2013 年 9 月 29 日。

是在发展中国家，中产阶级都走上街头表示抗议，甚至诉诸暴力，要求更换领导人。新生代中产阶级支持军方或强人领导，以便稳定秩序，保持其收入和地位，担心混乱的“民主”把权力归于低层民众或宗教势力。①

综上所述，各国都面临内政与外交密切联系的挑战，甚至两者无法分割，本为一体两面。这大大限制了决策者解决难题、突破困境的决心与能力，也使这一轮权力转移的社会背景空前复杂。

这轮权力转移的第四个特点是民族主义和民粹主义思潮的高涨，几乎成为新的意识形态。

在可预见的未来，民族国家仍将是世界舞台上最重要的政治实体。对于发展中国家来说，其经济必须得到国家的保护，否则会轻易被发达经济所击败。因此民族国家不仅是文化保护者，也是脆弱的经济保护者。在反殖民主义取得胜利之后，民族复兴的任务最能激励民众团结一心，共同奋斗。在冷战结束之后，民族主义成为世界主导的意识形态。然而，民族主义的力量来源于历史积淀，其影响远超于意识形态，更类似于宗教和宗教共同体。② 尽管美国等有些国家否认民族主义存在，将其称为爱国主义，但其实质并无二致。在面对权力转移时，政治领导人往往诉诸于民族主义。奥巴马就曾对民众说，能想象美国成为世界老二吗？决不。新兴国家都在强调民族复兴的目标，鼓舞人民支持国家政策。民族主义一直是柄双刃剑，极端民族主义对于世界是巨大的危害。当然，民族主义也能变化发展，端赖人们如何正确看待。

近年来特别引人注目的是民粹主义的兴旺。民粹主义认为，上层阶级颓废、腐朽，人民（尤其是底层民众）才保留了高贵的品质和淳朴的情感。因此人民至上。俄国民粹派、美国中西部民粹主义、印度甘地主义、犹太复国主义等反映了其基本理念。今天民粹主义借着“民主”浪潮在世界各国成为新趋势，引起社会分裂。德国民粹主义政党“德国的选择”主张“解散欧元区”，“欧元滚蛋”，在2013年的大选中还获得了4.7%的支持率。埃及人不喜欢“阿拉伯之春”的叫法，认为这是民粹主义所导致的动荡。民粹主义的基础力量是社会底层民众，其文化素质较差，难以提出新思想，往

---

① ［美］乔舒亚·荷兰齐克：“前进一步，后退两步，民主制度正在退却的罪魁祸首出人意料”，美国《外交政策》，2013年3/4月。

② ［英］安东尼·D·史密斯：《全球化时代的民族与民族主义》，中央编译出版社，2002年，序，第6—7页。

往破坏有余，建设不足。因此，它也非常容易被别有用心的政客所利用和操纵，滑向种族主义、右翼保守、极端排外的轨道。民粹主义表面上十分激进，要求更直接的民主，往往坠入不能容忍任何不同声音的反民主的泥坑。信息技术如互联网、手机本来可使决策者与民众直接对话，双向互动，具有正面效应；然而，民粹主义思想在互联网上表现得尤为突出，以致有时候决策者不得不成为这些声音的俘虏。

二、台湾学者关于权力转移的观点

总的来说，台湾学者对于世界权力转移的论文相对较少，然而在更广泛的国际关系研究中多少反映了他们的观点和分析。因此本文在选择材料时适当扩大了范围。台湾对于新一轮世界权力转移的研究主要集中于中国的崛起、中美关系的变化、美国的亚太战略再平衡、美日、美韩等同盟的演进，以及更加重要的是以上变化对于台湾的影响，台湾应当采取什么样的战略和政策。换而言之，台湾学界更多地从亚太地区的角度观察，而非从全球层面的视野观察；更多地关注与中国大陆、两岸关系以及相关的涉外因素，而非与上述关联较少的问题；更多地从台湾切身利益与感受研究对策，而非超脱地对待世界现象的长期趋势。这与台湾的地位与处境有关。

尽管专门论述权力转移的文章不多，但可以发现，只要关注长趋势，台湾学者就会承认中国崛起的巨大影响，以及中美将不再是“零和游戏”。

陈劲甫与李树干的论文发表于2006年，是较早从权力转移的理论角度分析“中华民国吓阻战略”。文中所论的“吓阻”即deterrence，中国大陆将其译为“威慑”。该文得出以下结论：第一，随着中国大陆综合国力的不断增长，中共不仅拥有挑战美国的客观条件，甚至也有准备加入竞争的主观积极作为，包括推动“大国外交”、“周边外交”、“将博鳌论坛”、“上合组织”以及中国东盟自由贸易区等。第二，当中国大陆的综合国力持续提升时，将与美国发生权力转移。这可能使台湾成为美中相互制衡与牵制的棋子，同时在权力转移期间，台湾问题也是美中关系上最危险的引爆点。如果台湾“独立”，中国就不具备维护国家统一的能力，就不可能成为世界强权。第三，美中发生权力转移时，台湾问题在美国管理策略中的重要性将相对提升。如果台湾不被大陆统一，象征美国得以维持其在东亚的领导地位与信誉，台湾一旦被统一，将使美国的影响力退至夏威夷，美日同盟的意义大为降低。[1]

该文也分析道，美国在东亚的涉及两岸的国家利益有三个等级：最高的“核心”利益是和美国在东亚的主要潜在战略对手中共建立建设性关系；其次“非常重要”利益为维持台海和朝鲜半岛的和平；最次重要利益是促使大陆往民主与自由市场方向发展。可见大陆对美国国家利益的影响高过台湾。由于权力转移，美国通过军事结盟强化权力的努力越来越不易，因此避免中国成为不满现状国家是美国的重要课题，而所有努力须避免使台湾问题成为美中战争的爆发点。台湾的战略选择有以下三种。第一种是“以战止战”。台湾必须有美国协助才能以小搏大，但面临两难，低强度吓阻无效，高强度可能演变为美中大战而非防卫台湾。美国的意愿与能力皆有疑问。第二种是“以拖待变”。台湾是否有足够的“支撑力”，以及美国介入的意愿、时间与方式，是“以拖待变”的关键。第三是“协商和谈”。该文认为这是目前最佳选择。连战和宋楚瑜已经赴中国大陆访问，台湾可以保有特殊身份的条件达成协议重新与大陆整合。美国也鼓励两岸所有形式的对话。

依据权力转移理论，未来美中之间的赛局将不是“零和游戏”，如果美国与中共采取合作而非围堵，以化解中共不满，确保中国崛起不会对区域或全球造成威胁，台湾问题也将失去作为杠杆的重要性。台湾不能不以此为戒。[2] 此论文发表于陈水扁当政的后期，但从权力转移的理论分析其对两岸关系的影响，以及台湾面临的困境与挑战，尤其是指出“协商和谈”为台湾的较佳选择，颇有胆识。

陈亮智的论文发表于2011年，在世界经历了美国金融危机、欧债危机、阿拉伯之春及美国“重返亚太”之后，其关注点出现了有趣的变化。目前大多数人仅论及亚洲各国出现了“经济依靠中国，安全依靠美国”的现象，但该论文则认为，北京利用其经济上的优势，依赖“先经济后安全”的发展轨迹，逐步使美国的盟友先对其产生经济依赖的转移，再产生安全依赖的转移，进而形成“双重依赖转移”，以此削弱、裂解美国在亚洲的军事同盟对其崛起形成的钳制。然而，北京的逻辑对美国盟友的影响与作用并不相同。在东北亚，日本与韩国基本上呈现“经济依赖中国，安全依赖美国”

---

① 陈劲甫、李树干：“从《权力转移》理论的动态观点论中华民国吓阻战略”，（台湾）《国际关系学报》第二十二期（2006年7月）。

② 陈劲甫、李树干：“从《权力转移》理论的动态观点论中华民国吓阻战略”，（台湾）《国际关系学报》第二十二期（2006年7月）。

的“分裂式依赖”，而台湾极有可能是“经济依赖中国，安全也依赖中国”的“汇聚式依赖”。

台湾为何出现不同于日、韩的现象？首先，数据显示，约在21世纪第一个十年的中期，中国大陆确实在对台进口和出口方面超越了美国，取代了美国在台贸易上的地位和重要性。其次，两岸签订ECFA，可视为台湾对中国大陆崛起的地位和重要性的重视，同时也是针对经济依赖转变所建立的规范与框架。再次，执政的国民党全面推动与中国大陆修好、交往与合作。两岸依循“先经后政，循序渐进”的原则，以签订“和平协议”为最主要的政志目标。而台海和平则牵动两岸建立军事互信机制。最后，中国大陆不依赖台湾提供安全保护与承诺，反而台湾必须向中国大陆做出安全妥协，甚至争取中国大陆对台湾的安全承诺。因此台湾在安全依赖转移上倒向中国大陆顺理成章。

该文的结论是，尽管台海和平消除战争确实是两岸（尤其是台湾）最希冀的目标，然而两岸过于急促和热络的交往会削弱、降低美国在台海的影响力，甚至损及美国的利益。美国要思考失去台湾的成本及后果。①

在面对权力转移的重大变化时，台湾应当采取何种战略选择，在专家学者中观点不同，大致可分为以下几种。

第一种是两岸融合论。尽管有些论文并非专门论述权力转移，但在有关中国崛起或两岸关系的文章中仍然有所反应。如林碧炤指出，“中华民国”“在国际法是有争议地”。“由于教育、文化和贸易的往来，加上同文同种的血缘关系，在台湾认同、台湾意识上，和中华认同、中华意识的融合性是不断在成长，但需要一段时间，究竟要多久，很难去预言。只要是和平的、友善的，两岸认同、意识和主体的融合是很自然的结果。”② 张亚中是“一中三宪”的两岸“统合论”的代表。“统合论”也是“融合论”。他写道：“接受自己为‘整个中国’的一部分，不仅符合中华民国宪法，也可以为自己带来更大的利益。‘整个中国’应该是个资产而非负债。”“透过两岸合作建立共同的机制，让两岸人民可以共同治理‘整个中国’事务，台湾处在

---

① 陈亮智：“中国崛起对美日、美韩、与‘美台’同盟关系的影响与挑战：从经济到安全‘双重依赖转移’逻辑的分析视野”，《亚太研究通讯》第9期（2011年7月）。

② 林碧炤：“第一章 导论：两岸外交休兵新思维”，见林碧炤主编《两岸外交休兵新思维》，两岸远景交流基金会，2008年，第11页，第15页。

弱小的一方，但可以透过共同机制来发挥影响力。”①

第二种是在中美之间的“务实多元主义”。谭伟恩与蔡育岱认为，“台湾主观上不想依附强权进行选边，客观上也不敢平衡强权置身火线”。然而，面对美国原来占优势的国际体系结构转变为美中两强较劲的体系结构，台湾也必须调整。台湾的“亲美、和中、友日”要走精致路线，改走务实的多元主义。美中关系的本质是“冲突本质”，因为美国不会放弃亚洲再平衡策略，但中国也有信心以亚洲平衡美国的影响。然而现阶段两大国相互无领土扩张野心，未威胁对方的核心安全利益，故军事冲突的可能性甚微，其他冲突也不成棘手事件。双方都在争取时间，将冲突的时点尽可能后延。

该文主张，权衡利弊，台湾应更“机巧的”靠拢中国。对美国来说，当台湾从“和中”变为“亲中”时，美不能与中国直接翻脸，只能强化美日关系或重新稳固美台关系，甚至同时进行两个选项。“亲中”后台湾对中国大陆的重要性也随之增强，中国大陆短时间内不会武犯台湾，反而可能主动释出善意与好处给台。另一方面，台湾虽然实力不如日本，但在权力平衡选择上自由度优于日本。日本只能亲美，无法亲中，但台湾可以。届时美、日、中国大陆、台湾四方互动的主动权还是在大国手中，但台湾至少可博取第三顺位，提升自己的安全系数并增加谈判的筹码。当然，许多人担心挑战美国利益可能招来难以估量之代价。但台湾即使处处“亲美”，也难保现实的美国政府会领情。国际政治无关道德，求生保民才是首要顾念。②

从各种论文与文章看来，在权力转移问题上台湾学者的观点虽然多元，但却有些共性，大略如下。

首先，在中美之间必须先“选边”，然后才能谈到其他问题。在青岛召开的“两岸海洋战略圆桌会议”上，张亚中提到，如果中国和美国是两个巨人，台湾要看得远，最好的战略是站在中国大陆还是美国的肩膀上？是中国大陆还是美国愿意台湾站在他的肩膀？台湾的战略地理位置非常重要，处于东亚地缘战略的中间地带，如果台湾在“权力”上与美国站在一起，那么权力的砝码就会向华府倾斜，北京的“中国梦”必然增加困扰。如果两岸不能共同维护双方共有的海洋“权利”，那么不止是美国，连周边国家如

① 张亚中：《两岸统合与和平发展》，见张亚中主编：《两岸政治定位探索》，两岸统合学会出版，生智文化事业有限公司，2010 年，第 53 页，第 42 页。

② 蔡育岱、谭伟恩：“在权力结构中求生：欧习会对台湾的启示”，ET today 论坛新闻，ET today 新闻云，http：//www. etttoday. net/20130612/221851. htm#ixzz2hhcxIiWL。

日本、越南、菲律宾均将从中获利。政治大学国际关系研究中心郑端跃说，台湾十分为难：一方面乐见大陆崛起，又担心大陆力量强大对台湾构成威胁，或增加被统一的压力。另一方面，台湾被美日压迫加入制止中国海权扩张的行列，但台又不愿与大陆对抗，不愿成为棋子和牺牲品。①

其次，在中美权衡中，大陆的砝码正在增重。无论从中华民族角度，还是从两岸都秉持一个中国的立场出发，台湾还要在中美之间选边，不能不说是历史造成的悲剧。但是也可以看到其中积极的变化。现在讨论选边，大陆的砝码越来越加重，台湾已经从冷战时期毫无疑问地站在美国一方，到怀疑这种立场；大陆从过去被否定被忽视的地位，到必须重视，到也可能是对台湾有利的因素。这确是大陆实力的增长和两岸关系和平发展的成果。苏起指出，G2 的说法虽然不能获得大多数政界与学界人士之认同，但不可否认，近年来大陆在国际社会的影响力已大幅提升。简言之，大陆已逐渐从区域走向全球，包括外交、经济、军事力量都往全球方面扩张。不过从中短期来看，大陆的主要影响力仍在东亚。他还指出，美中关系大幅改善。美中贸易增加，官方沟通管道增加，高峰会频繁，热线畅通。台湾的因应之道是，加强美台关系与改善两岸关系双管齐下。② 当然这个成果尚未成熟，台湾精英们的态度还在犹豫和为难，反映出台湾社会的矛盾心理。但也有更超前的想法。傅应川说，台湾正处在中美两强冲突的风暴中心。为避免战争，台湾必须重新思考未来的战略走向，可以考虑接受两岸“和平发展”的政治安排。③

最后，台湾精英在观察这轮权力转移时，社会和文化层面的思考也是重要的内容。

林碧炤指出，只要是和平的、友善的，两岸认同、意识和主体性的融合是很自然的结果。他也强调世代交替，新的台湾领导人大部分是 1949 年后出生的，有自己的想法、期待和理想，希望逐步解决历史遗留的政治问题。④ 陈亮智在其论文中指出，美国的盟友日本与韩国经济上依赖中国，安

---

① 中评论坛：“如何开启两岸海洋战略合作”，2013 年 8 月 9 日 http//www. chinareviewnews. com。

② 蔡明主编：《马总统执政后的两岸新局：论两岸关系新路向》，远景基金会，2009 年，第 14—15 页。

③ “两岸海洋事务合作前景”，（香港）《中国评论》，2012 年 10 月号，第 75 页。

④ 林碧炤主编：《两岸外交休兵新思维》，远景基金会，2008 年，第 15 页。

全上依赖美国，但是台湾却有可能从对中国的经济依赖，逐步走向安全依赖，形成双重依赖。其原因在于：第一台湾在血缘、文化与认同上与中国更为接近，与中国保有特殊的关系，有助于从经济依赖过渡到安全依赖。第二来自于国民党的执政理念与政策推动。国民党主张与大陆进行大幅度与全面的交往，这有助于从经济到安全的依赖转移。[①] 血缘、文化与认同的接近，始终是不能忽视的巨大背景和纽带，即使在思考与对待利益、安全等最为敏感的问题时，其影响也潜移默化，渗透内心。然而，它并非能立即克服与取代安全方面的担心、疑虑和恐惧，需要一个重建信任的过程。台湾前海军副总司令，退役海军中将蒋海安强调，台湾与大陆系出同门的中华炎黄子孙，谈两岸海洋战略合作，第一步还是要从筑信的对话开始。只有建了互信，合作才能逐步开始。傅应川说，两岸海洋战略合作，台湾只有在选边后才能定调。但基于两岸文化经济交流逐渐密切可借商业往来达成其合作之目的。[②] 这里可以观察到，经济文化交流又成为克服安全障碍的途径，从经济依赖转向双重依赖的桥梁。

不得不指出的是，尽管我查阅了大部分绿色智库和绿营著名专家的论文和文章，尚未发现对权力转移的趋势研究。

三、中国大陆对两岸关系的新思考

众所周知，必须将两岸关系研究放到历史的、世界的、未来的大图景下思考，否则可能关注细枝末节，而丢失大形大势。子在川上曰，逝者如斯夫。只有深刻地理解和应对当前世界权力转移的新特点，才能把握两岸关系和平发展健康前行的方向，才能以新的理念和视角分析两岸关系的全面深入的开展，才能为克服困难与障碍提出新的思路、方案与途径。

首先，超越冷战思维和传统思维，认识两岸关系和平发展的独特机遇与挑战。

在大陆方面的认识中，两岸关系和平发展是两岸和平统一之前的阶段。两岸人民经过政治、经济、社会、文化、军事安全等全方位的交流、合作与

---

① 陈亮智："中国崛起对美日、美韩与'美台'同盟关系的影响与挑战：从经济到安全的'双重依赖转移逻辑的分析视野'"，《亚洲研究通讯》，第9期，2011年7月。

② 中评论坛："如何开启两岸海洋战略合作"，2013年8月9日，http：//www.chinareviewnews.com。

融合，为最后达到和平统一打下雄厚扎实的基础。然而，和平发展究竟是怎样的进程，和平统一究竟如何实现，尽管学者包括本人有不少设想和设计，仍然很不清晰。原因之一是我们对于和平发展进程中两岸的内部和外部变迁的趋势认识不足，难以预测；原因之二是两岸关系的进展既有社情民意的客观因素，又是两岸互动促进的主观作用的结果，缺一不可。前一个原因更为根本，如果认识错误则出发点不对，那么主观努力越大，越可能南辕北辙。

如果认识和理解世界新一轮权力转移的特点，有可能超越你死我活的冷战思维和非此即彼的中美选边，产生新的想法。许多人从历史比较出发，推断权力转移必然以战争、征服和武力来完成。而第二次世界大战结束后的历史已经见证了德国和日本的和平崛起。前文中已述及这轮权力转移的多种前所未有的和平因素，促使人们以新思维看待西方国家和新兴国家之间的关系，特别是中美关系。无论怎样强调中美之间的差异和矛盾，应当承认，两国都充分认识到中美关系的重大意义，努力避免权力转移的历史魔咒，建立“新型大国关系”是关键的举措。中国反复重申走和平发展道路，与美国“不冲突，不对抗”，“相互尊重”，“互利共赢”。美国政要多次重申，欢迎和平繁荣强大的中国，希望中国发挥更大的作用。双方在进行互相接近、彼此容纳的尝试，迄今为止基本上在正常和健康的轨道上前进。

从长远来看，权力转移的结果如是“多元无极”，那么世界各国都面临前所未有的挑战，国际体系将出现令人难以想象的变化。美国、中国、印度、日本、韩国、印尼、巴西、德国、俄罗斯、南非、墨西哥、英国、法国等活跃在世界舞台上，那么什么样的机制才能适应和容纳它们？联合国的组织和机制是否将做出重大调整？各个地区组织能否成为更具作用的实体？在中国特别关注的西太平洋、印度洋，建立什么样的安全机制和海洋秩序，才能避免重蹈武力争端的历史覆辙？尤其是非国家行为体将如何影响和改变传统的国家体系，使世界呈现崭新的面貌？如果中国的战略思路仍囿于“取代美国”的思维定势，那将是最大的风险。事先准备和应对新挑战与新变化，占尽先机，立于不败，这才是中国崛起的首要任务。从这个角度看，台湾在中美关系中的地位相对下降，但是台湾对于中国前途与命运的战略地位却显著上升，不仅因为中华民族复兴的标志之一是祖国统一，而且只有两岸携手同心，才能更好地应对未来的挑战与变化。

其次，从更高层次认识文化的作用，推动两岸关系全面深入发展。

从理论上和实践上看，文化对于世界力量转移具有相当大的作用，新兴强国取代既存强国，往往也因为新兴强国具有更先进的文化理念。例如，英国战胜西班牙与荷兰，由于英国的工业革命、新教、资本主义精神、自由保守主义、成熟的均势政策，等等。美国在第二次世界大战后取代英国，由于其反对老殖民主义、推崇清教徒伦理、主张自由平等民主人权价值观，等等。英国和美国的理念当然在对内和对外时不同，因而具有一定的虚伪性，但它们相对于既存强国具有历史的先进性。由于近代以来权力转移都在西方国家中进行，因此人们往往忽略了文化理念的差异及其作用，用“西方列强”一言以蔽之，实际上是肤浅的认识。

然而，这轮权力转移从西方向非西方运动，出现了尽管在文化上有巨大差异，在文化价值观上却达到了史无前例接近的现象。大多数非西方国家学习、吸收和借鉴西方文化价值观中平等、自由、民主、法治、人权等理念，意味着人类的共识具有前所未有的基础。这是几百年来西方的现代化成就向全球扩散的结果，也是不断加速的全球化造成普遍相似的工业文明、科技教育制度和通俗文化的效应。它不仅是权力转移更加和平的促进因素之一，也是中国大陆与台湾和平发展的促进因素之一，能从深层次上减少台湾在中美之间选边的困惑。

当然，从长远来看，非西方文化及其价值观的作用必然会逐渐增长，以弥补西方文化价值观广泛传播中的不足。世所公认，现代个体主义是成功或危机的根源，即对排他利益最大化的理性追求，试图取得宰制性的权力。过分的个人自由会损害他人的利益，过分民主则会破坏群体的合作。这样的现代性显然需要别的价值观加以平衡，否则非常危险。中国哲学有善意或好客的关系主义基因，优先追求相互伤害的最小化与相互兼容的最大化。非洲文化、印度文化等，也可以发扬提炼其优秀文化价值观，贡献给人类，共同形成更加丰富的人类共识。中国大陆与台湾的文化交流，不仅为了增进彼此的理解，而且为了共同弘扬中华文化，贡献人类，立意更高远，志向更宏大，定能吸引更多的两岸精英为之奋斗。

更为重要的是，这轮权力转移的目标如果不是取代既存大国的霸权，又将建构什么样的国际体系和世界体系？中国人在试图回答这个问题时，必须从中华文化的智慧中发现与提炼思想和途径，同时也将其与现存国际体系的合理设计与制度优势结合起来。赵汀阳从中华文化中吸取营养，提出了天下体系概念，以便保证和平，优先供给天下公利。他认为“天下”是物理世界（大地）、心理世界（人民的共通心意）和政治世界（世界制度）的统一体。[①] 我很赞赏他的思考路径。其实，世界发展的趋势与两岸关系发展的趋势在本质上是相近的，当然前者更宏阔，可以包容后者。很多人担心天下体系是乌托邦，难以实现。然而世界进步正是在人类理想的推动下实现。制度的改善与人性的改善需要齐头并进，否则无论什么理想都难以实现。人性的改善十分困难，但仍然可行，即发展更充分的理性。过去的“理性”只讲个人理性，虽能保证稳定和有效的个人行为，但不足以形成稳定和有效的合作行为。因此必须进一步开发理性概念，发展“关系理性”以促成合作行为。在这方面中华文化具有巨大的优势。两岸人民如能共同投身于建构新世界体系的事业中，那么两岸之间的许多难题也可在此过程中逐渐化解或找到解决之道。它对构成两岸人民未来的共同记忆可起至关重要的作用。

最后，充分认识未来主要障碍来自于全球化所加速的社会分化，以及随之而加强的极端民族主义和极端民粹主义，防止和减少其负面效应，使两岸关系得以健康发展。

尽管全球化也遭遇各种曲折，但是目前世界确实进入了超级全球化的状态，信息革命和因特网、手机、电脑等推动了全球化在各个角落的影响，无远勿届。市场经济必然带来贫富不均，全球化为贫富不均加强了外部动力，腐败与不平等更使反抗运动遍及发达国家和发展中国家。正如卡普兰所指出的，信息技术能帮助人们推翻政府，但却无法提供行政权力来维持稳定，结果就是无政府状态。目前最大的挑战是建立有效的反应迅速的制度来治理，否则会面对长期不稳和民族分离主义，而不是民主。[②] 最近几年常见的大规模社会抗议的爆发，凸现出不平等和腐败问题。不论是西方富有经济体，还是新兴强国，都出现这种趋势。尽管各国制度不同，但领导人都面临着反对精英的愤怒情绪。民粹主义可能对经济造成严重影响，造成政治激进化，破坏市场原本脆弱的信念。[③]

两岸都不可避免地遭遇到这股社会思潮的冲击。中国大陆正处于现代化发展的关键时刻，快速经济发展与社会治理制度滞后的矛盾极其尖锐，考验着政府和领导的能力。台湾在社会发展阶段上远超大陆，政府的社会治理和

---

① 赵汀阳：《天下体系　世界制度哲学导论》，中国人民大学出版社，2011 年，第 84 页。

② ［美］罗伯特 · D · 卡普兰：“无政府状态为何大量出现了”，美国战略预测公司网站，2014 年 2 月 5 日。

③ ［英］吉迪恩 · 拉赫曼：“民粹主义让全球精英处于戒备状态”，英国《金融时报》网站，2014 年 1 月 21 日。

民间的社会自治都较成熟，减缓了经济衰退带来的冲击。然而，台湾却承受着民主的代价，蓝绿分裂使得任何决策难以达成共识，即使有共识也无法协力执行。更为严重的是，民进党和某些势力利用民众不满，煽动民粹主义，把某些社会矛盾夸大为“阶级斗争”，制造对立与仇恨。随着两岸经济合作的深入，他们更将“祸水”推到中国大陆，破坏两岸关系的健康发展，以便为逐渐衰落的“台独”张目。这将成为今后两岸关系的最大障碍。

显然，克服障碍不能只讲经济“让利”，再好的经济政策也不可能让所有的人受益和满意，社会的、心理的、思想的问题不可能纯靠经济来解决。因此，今天大陆的对台政策应当更加扩展到增加两岸社会各阶层、各群体之间的交流与合作，使两岸人民心相连，情相通，不断提高互信，为某些势力的离间两岸的行径釜底抽薪。两岸的政府和精英应当深入基层，面向群众，以客观理性的新思想引导人民，使人民在混沌中把握方向，掌握中华民族复兴的命运，在实现长远目标时逐渐克服困难和障碍。

“修昔底德陷阱”还是“新型大国关系”？

——对当前中美关系现状及发展趋势的一些看法

陈东晓

随着中共十八大的顺利召开和中国领导层权力交接的有序完成，以及美国总统奥巴马的连任成功，中美关系如何在承上启下的进程中继续健康发展，成为中美两国以及世人关心的重大议题。中共中央总书记习近平在2012年底奥巴马总统连任后与其互致信函，两国领导人就中美共同建设相互尊重、互利共赢的合作伙伴关系，探索构建新型大国关系达成重要共识。[①] 2012年3月14日，奥巴马总统致电习近平当选中国国家主席，表示中美关系正面临确立未来方向的历史性机遇，希望同中国共同努力，构建基于健康竞争而非战略对抗的新型大国关系。习近平也强调双方要牢牢把握两国关系大方向，推进合作伙伴关系建设，走出一条新型大国关系之路。[②] 与两国政府高调倡导合作构建中美新型大国关系的氛围呈鲜明对比，近期中美两国的舆论则显得比较悲观。所谓中国民企海外商业活动背后的政府操作、中国军事现代化不透明以及人民解放军参与网络黑客攻击等话题继续成为美国媒体的关注焦点。同样，中国媒体似乎对美国重返亚太战略背后的“对华遏制”意图深信不疑，并严厉批评美国强化贸易、投资保护主义等“以邻为壑”的行径，尤其对美国不时干涉和破坏中国领土主权的政策行为深表不满。在两国的学术界，近期关于“中美战略互疑”的讨论再度成为热

① “杨洁篪在十二届全国人大一次会议举行的记者会上就中国外交政策和对外关系答中外记者问”，《人民日报》，2013年3月10日，第3版。

② “习近平同奥巴马通电话强调相互尊重扩大合作走出一条新型大国关系之路”，新华社北京2013年3月14日电。

门，[①] 一些原先对中美关系持谨慎乐观的学者也开始变得悲观，认为中美关系性质自新世纪以来已经开始了某种质的变化，"竞争大于合作"成为中美关系的新范式，[②] 中方也有学者以中美进入"亚冷战"予以呼应。[③] 至于那些长期以来一直持"中美冲突论"的学者更是强调中美两国难以逾越所谓"修昔底德陷阱"。[④] 这使得当前有关中美关系讨论的风向标似乎更加偏向"冲突论"及"悲观论"一边。

笔者并不全然否认中美"冲突论"和"悲观论"所列举的一些现象或事实，也认为中美关系始终包含着"冲突论"甚至"悲观论"所持的某种逻辑。但以中美严重（一些媒体甚至认为是空前地）缺乏战略互信为依据，或以中美之间的竞争大于合作（竞争型共存）的态势来看衰中美关系的发展趋势，则未免过于悲观。因为，当代中美关系的历史和发展进程也告诉我们，要把握中美关系这对当今最复杂的大国关系的现状和态势，必须具备历史的纵深和国内外视野的统筹，必须始终用一种综合、动态和过程的视角，而不是以线性或单向的思维来认识问题，才能减少对中美关系走势的偏颇判断。同样，论及所谓中美之间的战略互信也应该是指中美两国政府和民间基于两国利益格局以及互动进程中培养起来的信任关系。一方面，在世界多极化、经济全球化、社会信息化和文化多样化迅猛发展的今天，中美关系深受相互认知、利益结构、机制管理三方面维度不断演变、互动、磨合的影响。另一方面，中美在实力对比、相互心态及内外环境变化的同时，中美双方相互战略认知不断调整并日趋理性的态势没有根本变化；中美共同利益格局不断拓展，同时利益交互和摩擦也日趋复杂，但双方的"共生利益"所形成的经济利益绑定，应对各种共同威胁时的相互倚重，以及双边安全博弈过程中对"相互战略克制"的需求，都有助于两国利益互动格局避免脱离"竞合"的轨道；中美之间相互磋商、协调、危机管控机制正不断充实、尽管各领域机制发展水平尚不平衡，但中美关系机制化程度与中美关系日趋成熟

---

① 参见王缉思、李侃如：《中美战略互疑：解析与应对》，布鲁金斯学会出版，2012年3月。

② 例如美国学者沈大伟就承认自己原先对中美关系合作大于竞争的认识已发生变化，中美关系已进入竞争大于合作的时代，且相互严重缺乏战略互信。参见 Conceptualizing Future US - China Relations, transcripts of event at Brookings Institution, Sept. 25th, 2012.

③ 参见刘建华："中美'亚冷战'：特征、成因及中国的应对"，《现代国际关系》，2012年第11期，第35—43页。

④ See Aaron L. Friedberg, *A Contest for Supremacy: China, America and the Struggle for Mastery in Asia*, NY: W. W. Norton & Company, 2011.

的大趋势同步的态势没有根本变化。因此，辩证把握中美之间的变与不变的相互关系，是观察和判断中美关系现状和前景的基本方法。

一

中美相互认知既包含决策层的相互战略认知，也包括公众对双边关系的体认。其中，中美决策层之间的相互战略定位最为关键，因为它决定了决策层在国际格局总体判断的基础上对双边关系性质及地位的根本认识。中美决策层对双边关系的战略定位越重要、性质越积极，认知越一致，双边关系的发展就越顺利。反之，则双边关系必然遭遇重大曲折。回顾历史，中美关系正常化以来直到奥巴马政府上台之前，双边关系定位陆续经历了“准战略同盟”、“非敌非友”、“建设性的合作伙伴”、“战略对手”、“利益攸关方”等等或明或隐的定位。观察这些战略定位形成的过程发现，尽管在相当长时间内由于中美力量处于不对称状态，华盛顿一直力图在不断调整对华战略定位中主导中美关系的话语权，并且两国政府和公众对双边关系的定位和性质仍存在不同程度的分歧，但冷战后全球化和相互依存格局的深度发展，尤其新世纪以来“9·11”事件的突发使得美国乃至整个国际社会对世界安全局势的认识发生了巨变，推动中美两国政府更为理性和建设性地界定双边关系的战略定位，实现双边关系在起伏中不断发展。①

2009年奥巴马当选总统后，在中美双方的共同努力下，美方对华战略定位在“美国不视中国为必然对手”、“乐见中国和平崛起”等比较积极的基调上。② 同年奥巴马总统的首次访华，中美两国发表《中美联合声明》，共同明确了中美关系新定位，即一致同意共同致力于建设21世纪积极合作全面的中美关系，并将采取切实行动稳步建立应对共同挑战的伙伴关系。中

---

① 参见陈东晓：“‘复杂性’与中美关联式结构的新变化”，《美国研究》，2006年第二期，第43—44页。

② 即“美国不视中国为必然对手，而是解决全球重大问题的潜在伙伴”、“美国乐见中国的崛起，但必须符合国际法和（现有）规范框架”以及“中国的发展不能破坏亚太稳定和损害美国在亚太的利益，包括美国亚太盟等的安全利益”，参见 Jeffrey A. Bader, *Obama and China's Rise: An Insider's Account of America's Asia Strategy*, Washington DC: Brookings Institution Press, 2012, pp. 69–70.

美关系开局良好。①

但是，一方面，美国在2008年国际金融危机后经济复苏缓慢，国内政治极化、社会分化矛盾加剧，而中国经济"风景这边独好"的发展势头又进一步刺激了美国社会集体焦虑的敏感神经。另一方面，中国方面对于奥巴马上台后外交理念和重点调整的认识也与美方存在一定的认知落差和不适应。导致了双方都对彼此提出了一些不切实际的期待，以及期待落空后的挫折感上升。其中，美方显然对于日益强大后的中国在中美关系中所表现的自信、对捍卫自身核心利益和重大关切的日益坚强的决心缺乏准备。同时中国国内希望中国外交"示强"的部分舆论也进一步促使美方把中美关系中的一些矛盾纠纷归结为中国外交正在"改弦易辙"，美国舆论则从最初鼓吹"中美共治"（G2）迅速滑落到同声斥责"中国傲慢"。期间，又适逢中国周边从朝半岛、到黄海、东海及南海波折不断，为美国乘势加大介入地区纠纷，尤其高调介入南海争端创造条件，中美双方在亚太的外交较劲显著升级。② 这不仅导致了双边关系在2010年前后经历了较大起伏，中美决策层之间的相互认知和战略定位也面临挑战。

直至2011年1月，时任国家主席胡锦涛对美成功进行国事访问，与奥巴马总统就共同努力建设"相互尊重、互利共赢的中美合作伙伴关系"达成重要共识，双方决策层对中美关系的战略定位重新明确。2012年2月，时任国家副主席习近平访美期间，进一步提出中美之间应建立一种"前无古人、但后启来者"的新型合作伙伴关系。同年5月，在第四轮中美战略与经济对话开幕式上，时任国家主席胡锦涛就发展中美新型大国关系提出"创新思维、相互信任、平等互谅、积极行动、厚植友谊"五点构想。③ 奥巴马总统也在书面致辞中响应表示"美国欢迎中国的和平崛起"，"美中两国可以向世界证明，美中关系的未来不会重蹈覆辙"。④ 随着中美两国领导层换届、选举的分别完成，中国决策层在不同场合对美国及国际社会宣示，

① 中华人民共和国外交部政策规划司编：《中国外交2010年版》，世界知识出版社，2010年，第25页。

② Jeffrey A. Bader, *Obama and China's Rise: An Insider's Account of America's Asia Strategy*, Washington DC: Brookings Institution Press, 2012, pp. 48 – 82；袁鹏："关于构建中美新型大国关系的战略思考"，《现代国际关系》，2012年5月，第4页。

③ 胡锦涛："推进互利共赢合作 发展新型大国关系——在第四轮中美战略与经济对话开幕式上的致辞"，《人民日报》，2012年5月4日。

④ "第四轮中美战略与经济对话在京开幕"，《人民日报》，2012年5月4日。

要以尊重为前提、以合作为途径、以共赢为目标，共同努力构建中美新型大国关系。美方领导人也在不同场合公开表示认同两国共同构建新型大国关系的目标，强调不希望两国关系定位在对立冲突上，也不同意所谓正在崛起的大国与守成的大国必将陷入纷争的言论。① 这些公开宣示显示了中美新领导层将构建新型大国关系视为双方共同责任的期待和决心。

中美民众之间的相互认知及对双边关系的好恶变化，则反映了中美关系的社会心理和总体氛围。一般来说，两国公众对双边关系性质、定位越准确理性，对本国政府的双边关系政策越认可，越有利于两国政府相互之间的战略定位和政策制定，同时，双方政策落实的环境也越友好。反之则不利于决策层的政策落实，甚至有可能影响决策层对双边关系的战略认知。

就中美民众近几年对双边关系认知情况来看有几个比较显著的现象。一是，两国民众之间的相互好感呈不同程度的下降趋势，负面观感则有所上升。譬如根据皮尤的资料，中国受访民众 2010 年对美有好感是 61%，2012 年下降到 39%。同期对美持负面印象的则分别由 2010 年的 34% 上升到 2012 年的 51%。美国公众对华好感的比例 2010 年的 49% 下降到 2012 年的 40%，对华持负面观感的则由 2010 年底 36% 上升到 2012 年的 40%。二是，认为中美关系以竞争甚至是对手为主的比例相当高。譬如美国芝加哥全球事务委员会 2012 年公布的数据显示，47% 的美国受访者认为中美主要是对手关系，2012 年 11 月皮尤的一份民调更是显示 66% 美国受访民众认为中国是美国的竞争者。类似的，皮尤数据还显示，中国民众认为中美关系是合作为主的在 2010 春天占 68%，到 2012 年春天下降为 39%。认为中美关系对立为主的人数则由 2010 年春天的 8% 上升到到 2012 年春天的 26%。三是，尽管民众对中美关系中的竞争面有很强的体认，尤其是美国民众，但同时绝大多数的中美受访民众大都强调中美应该强化双边关系，而非相反。根据皮尤 2012 年的对美国公众的民调，88% 的人认为与华建立强劲关系至关重要或比较重要，其重要性置于美国对华政策选项之首（28%）。美国芝加哥外委会 2012 年的调查进一步发现，占 48% 的美国受访民众认为中美仍是合作伙伴，这个比例 2006 年才 41%，尤其是“千禧年一代”的青年人认可中美是合作伙

① 参见“习近平同奥巴马通电话强调相互尊重扩大合作走出一条新型大国关系之路”，新华社北京 2013 年 3 月 14 日电；“杨洁篪在十二届全国人大一次会议举行的记者会上就中国外交政策和对外关系答中外记者问”，《人民日报》2013 年 3 月 10 日，第 3 版；美国国家安全顾问汤玛斯·多尼伦：“2013 年的美国和亚太”，美国白宫网站 3 月 11 日。

伴的比例更高，达到51%。同时，在政策选项上，高达69%的受访人强调应采取合作友好的接触政策同中国打交道，表示要采取措施遏制中国力量上升的比例只占28%。中国公众的情况也大体相似，2011年的皮尤调查显示，中国民众表示中国政府保持与美国的合作占36%，要求扩大合作的比例占28%，两者相加达到64%。2012年，尽管中国民众认为中美之间是合作关系的人数相较2010年下降，但仍明显高于认为中美是对立关系的比例。[①]

上述的分析中可以得出几个初步的结论：首先，中美双方的相互认知，尤其是战略认知虽然几经周折，但总体朝着更加理性和建设性互动的方向的态势没有根本变化。新时期中方提出中美要共同探索构建以"尊重、合作、共赢"为主轴的新型大国关系的定位也得到了美国政府的积极响应，既反映了双方决策层共同认同应努力构建有别于传统的大国兴衰轨迹的新型大国关系的总目标，也反映了双方决策层对于如何探索构建合作互利伙伴关系的政治意志和高度期待，这种正向的战略定位往往能否预防重大的战略误判，从而比较有效地预防两国局部利益矛盾或突发意外升级成为总体关系的紧张甚至危机。

其次，中美两国都面临国内多元利益格局以及多样舆论氛围的共同压力，在对中美关系现状的观感和未来的期待上，两国都存在着不同程度的"官民脱节"、"官媒脱节"的现象，就中美关系高度的复杂性和动态发展的特质而言，这种现象在相当长时间内恐不可避免，这无疑会使得两国政府决策的国内舆论环境会变得更加复杂。但同时应该看到，尽管部分民调显示两国民众都强化了对双边关系中的竞争面的认知，两国大多数民众仍然强调要继续加强中美关系，支持中美合作仍是政策选项之首，这种积极的期待呈现持续上升的趋势，换言之，要求两国政府弱化双边关系，或者用对抗为主的方式处理双边关系远没有成为两国民意的主流。因此，中美两国政府继续通过合作推动双边建立健康稳定关系仍具备强大的社会基础，今后的关键是如何深化两国在事关两国以及具有体系性影响的重大问题上的合作力度，加快两国政府协调合作的成果转化。

最后，也是非常重要的是，未来两国决策层在相互战略定位和相互政策

---

① 以上资料分别采自皮尤研究中心的全球态度项目（Pew Research Center's Global Attitude Project）官方网站以及芝加哥全球事务委员会2012年报告《新世纪的对外政策——2012年芝加哥委员会对美国公众舆论及美国外交政策的调查结果》。

制定时究竟在多大程度上受其国内公众舆论的影响，一是取决于两国决策层的“抗压能力”，即两国决策层对相互关系中已经确立的重大战略定位和决策是否足够自信，从而能避免被两国的负面舆论所左右，二是取决于决策层对国内外客观情势的准确判断，尤其是取决于两国决策层是否具备长远的历史眼光和总揽全局的战略意识，特别是对高度复杂的中美关系而言，只有具备了开拓一条“前无古人，且后启来者”的新型大国关系的政治勇气和智慧，两国领导人才能理性把握双边关系定位，及时进行相互之间的政策调整和协调，避免做出对抗的选择。从以往几年中美两国政府及决策层相互的战略认知互动来看，我们完全没有理由失去信心。

二

自冷战结束以来，关于中美关系发展趋势究竟是“合作型共存”还是“对抗性/冲突型共存”的辩论一直不绝于耳。随着经济全球化乃至安全全球化的深入，人们越来越倾向于认为“竞合型共存”（或称“竞合型共进”）将成为中美互动形态的主轴。“中美竞合型共存/共进”一方面表现为竞争与合作复杂交织、彼此博弈、相互影响，在竞争中合作、在合作中竞争，有合作但受竞争影响，有竞争但受合作的制约。[①] 另一方面，中美“竞合型共存/共进”的关键，按照基辛格的描述，双方互动演进过程中的竞争与合作不但大体保持一种均衡状态，而且中美之间的最主要竞争领域应主要表现为通过经济发展、制度创新、教育投入等发展模式的竞争来获取相对优势，而非主要集中在双方军事和战略层面开展的对抗性（或零和性质）的竞争。[②]

中美关系能否保持这种“竞合型共存/共进”的态势，除了上文中阐述的双方相互认知，尤其是决策层相互之间的战略定位等观念因素外，中美双方的利益互动格局是另一个重要因素，因为双方利益互动的格局，或者对这种利益互动格局的判断，是双方决策层对双边关系战略认知的极其重要的物质和观念基础。

---

① 中国现代国际关系研究院：《国际战略与安全形势评估（2011/2012）》，时事出版社，2012年，第9页。

② Henry Kissinger, *On China*, NY: The Penguin Press, 2011, pp. 525 - 526.

当前随着中美关系中的竞争因素有所突出，人们开始怀疑中美之间是否正日益滑向那种共同利益及合作日益萎缩，各领域竞争成为主轴，利益冲突甚至战略冲突不断上升的局面。换言之，如何看当前中美利益互动格局的现状及发展趋势？

笔者以为，首先，要对中美利益互动格局的复杂性、全面性有一个理性、辩证的认识。四十年来中美关系的利益互动格局发生了空前的变化，中美关系内涵的体量也空前增加，一方面中美关系的全球化特征使得双方利益的交接面和利益的分歧面呈现同步上升的态势，而且中美之间多元利益复杂博弈，多元角色深度参与到双方的决策过程，又必然使得中美关系的互动态势变得更加复杂、动态。另一方面，过去几十年的中美互动的基本特点就是，双方总能在不同的时期找到不同的共同利益推动整个关系的发展，无论是共同应对国际恐怖主义对世界安全的威胁，还是合作抗击国际金融危机和世界经济衰退的影响，双方总能努力保持在共同利益上的合作势头，并努力将分歧管控在一定的范围内。此外，中美作为两个世界上最大的发达国家和发展最快的发展中大国，不同的历史传承、发展阶段、文化特质和政治及意识形态建构，相互竞争面扩大也是中美互动深化后的必然结果，不必大惊小怪。只要双方要将竞争的领域集中在经济发展和社会制度建设等领域，而不是主要在军事和战略领域的对抗，只要双方开展的是有规可依的有序竞争，而不是缺乏规制的恶性竞争或零和对抗，中美之间的竞争就不仅是健康的，而且值得鼓励。目前，中美互动的竞合态势中虽然竞争面有所上升，但合作、竞争及冲突仍总体保持均衡，而且两国新政府已明确承诺要抓住机遇，更加努力地管控和转化中美之间潜在的恶性竞争和零和博弈。

其次，要充分看到中美之间“共生利益”对中美互动格局的长远影响。一是中美在在经济领域的“共生利益”来自经济相互依赖的日益深化，并不断释放出强劲的“中美经济相互绑定”的效应。中美在经贸关系上早已互为第二大贸易伙伴，根据中方的资料，双边贸易从建交初不足25亿美元上升到2011年的4466亿美元，增长了182倍。2012年接近5000亿美元，每天有超过10亿美元的商品和服务在两国之间流动。中国已连续10年成为美国增长最快的出口市场。根据美中贸易全国委员会2012年的统计，美国在华投资达到2500亿美元，其中94%的企业将中国列为其全球首要市场或前五大重点市场，89%的美国在华企业实现盈利，为历年最高。[①] 同时，中国企业对美投资也开始上升。双方在金融上也形成了深度的相互依赖关系，根据美国财政部资料，截至2012年1月，中国拥有美国国债1.16万亿美元，占中国外汇储备总额的36%，占外国总持有美国债的23%，占美国债总额的7.6%。在民间和人文交流领域，现在，每天有大约9000人、每周约200架次客运航班、每年有300多万人来往于太平洋两岸。双方在维护世界经济繁荣稳定方面也日益相互倚重。尽管两国围绕经贸关系的纠纷有所上升，甚至不时出现经贸问题政治化倾向。但未来中美经贸关系继续在竞争合作中不断加强纽带的趋势难以改变。

二是在地区和全球的繁荣、稳定以及应对日益严峻的新安全和非传统安全挑战方面，中美之间的“共生利益”正发挥日益明显的“相互倚重”效应。当今世界，无论是保持世界经济强劲、可持续、均衡发展，共同应对不断深化的国际金融危机的影响，还是开展国际经济治理机制改革，推动建立更加包容均衡的国际经济、金融、贸易体系建设，无论是国际合作反恐，还是共同应对大规模杀伤性武器的扩散，无论是全球能源、粮食、水资源安全，还是应对气候变化，中美之间相互倚重已变得不可或缺，尽管双方的合作潜力还远未发挥出来。但正如美国前国务卿希拉里·克林顿所言，“中国和美国无法解决世界上所有的问题，但如果没有中美的合作，就很难解决任何问题。”戴秉国国务委员也强调中美不要搞“G2”（两国集团），但应该搞“C2”（两国协调）。

三是在双边安全领域，中美“共生利益”还表现在双方正日益面临同样的“权势悖论”现象，从而有助于推动中美双方在双边军事安全领域实施“相互战略克制”。按照一些美国学者的阐述，“中美两国既相互依赖依存又具有潜在的敌对性，所以彼此关系特别脆弱：相互依存使彼此暴露对方，而潜在的冲突又促使各自发展战略能力，从而使防御可能变得徒劳，包括在核、太空和网络领域”。[②] 尽管中美两国的军事力量仍不对称，而且双方在上述领域仍存在诸多原则和理念上的差异。但中美两国在上述安全领域的相互脆弱性客观存在，要求双方在这些领域强化沟通对话和信任措施，实

① 参见美中贸易全国委员会：《中国商业环境调查结果》，2012年。

② David C. Compert and Philip C. Suanders, *The Paradox of Power*, *Sino – American Strategic Restraint in An Age of Vulnerability*, Washington DC: NDU Press, 2011.

施相互克制的紧迫性日益明显。中美在核、太空、网络领域存在的日益严峻的相互脆弱性，进一步说明了中美任何一方都无法谋求所谓“绝对安全”。中美近年来在军事安全领域的交流对话加强，某种程度上也呼应了安全领域“共生利益”所要求的“相互战略克制”的要求。未来中美在包括核、太空、网络等领域应加强对话协商，尽管仍面临许多不确定因素。

总之，中美之间“共生利益”的发展，将有助于在中美之间催生更强劲的利益攸关方意识，使两国政府和民众日益认识到中美之间的高度相互依赖，以及对中美关系“大而不能倒”的社会心理和政策期待，这不仅能有助于减少中美关系的巨幅波动，还会随共生利益的继续发展，成为推动中美合作的动力。

最后，中美两国应当努力克服两国权势变化后对中美利益互动格局的复杂影响。当前，中美围绕“中国的崛起和美国的衰弱”的辩论，无论出于何种目的，比较容易启动中美两国舆论中“中美根本的战略利益将迎头相撞”的假设，它认为一方面美国缺乏成为“老二”的政治文化和社会心理，美国为防止其“一超”地位旁落，比以往更有可能采取一切手段遏制中国的成长；另一方面，这种假设认为中国的战略目标和心态也随着其实力增长而不断变化，最终中国势必不惜以军事扩张手段成为取代美国的新的地区乃至全球霸主。由此两国国家的战略利益存在根本冲突且难以调和。

这种假设，尽管在两国都不乏认同者，但离两国政府的实际政策轨迹以及两国战略思想界的主流认识有很大距离，尤其是对中国政府的对外战略目标、国家核心利益的解读存在巨大误差。就中国方面而言，新近召开的中共十八大就其对外战略目标有完整的解释，概括而言就是为实现全面建成小康社会的国家发展目标，继续始终不渝地走和平发展道路以及互利共赢的开放战略；在国际关系中通过平等互信、包容互鉴、合作共赢的精神维护国际社会的公平正义；在强调坚决捍卫国家主权、安全、发展利益的同时，倡导人类命运共同体意识，在追求本国利益时兼顾他国合理关切，在谋求本国发展中促进各国共同发展。明确排除了中国以弱肉强食、穷兵黩武的方式，或以霸权、扩张形式作为政策选项，并以“推动建立长期稳定健康发展的新型大国关系”向国际社会宣示了中国政府改善和发展同发达国家关系的意志。

从美国方面看，美国固然缺乏成为“老二”的心理准备，但美国的主流意见认为，美国尽管面临巨大的困难，但并非不可克服，美国有能力通过自身的制度创新和产业转型升级能够保持自身的竞争力优势。[①] 换言之，美国总体对自身发展和未来保持着足够自信，而美国思想界对美国内部问题的严肃的反思本身也是美国社会仍具备“机体修复”能力的一种体现。因此，奥巴马政府不断重申美国欢迎中国和平、繁荣崛起，表示要与中国一道构建基于健康竞争而非战略对抗的新型大国关系也是为了体现这种自信。

另外，从双方目前的核心关切和重大利益的互动来看，在涉及中美双边主权、安全、发展领域等重大利益问题上，中美之间尽管存在着一些具体利益、立场的不同，但出于维护双边关系发展的大局，总体上或保持着比较通畅的沟通和相当的政策协调，比如新世纪以来中美在国际反恐领域的合作颇有成效；又比如，在如对台军售等中美双方原则立场有重大分歧的领域，双方也能尽量注意分歧管控，避免使之重新成为中美重大冲突的导火索。此外，中美在共同抗击金融危机和全球经济衰退时的合作也卓有成效。

当然，新世纪以来，随着双方力量的变化和各自战略重点的调整，一些新的重大关切问题涌现，对未来中美利益互动格局形成新的挑战。一是中美两国都将本国经济发展视为工作重心，因此中美未来在经贸领域是否继续保持互利共赢的态势将是影响双方利益互动的最重要因素之一。当前，双边巨大的经贸往来继续给双方带来实际利益的同时，也日益成为中美矛盾摩擦的导火索，尤其容易受到美国内政因素的干扰。经贸问题政治化现象日益突出。两党政治人物围绕中国人民币汇率、市场开放等问题不时发出“敲打中国”的强硬声音。客观上看，美国自金融危机以来，面临高失业、高赤字、高债务和低增长境地，且短期内难以改观。美国正被迫开始痛苦的经济结构转型，通过减少个人消费、扩大出口、通过各种激励措施吸引制造业会流，加之中国产业升级加快和国际竞争力提高，中美围绕市场开放、知识产权保护以及在部分制造业领域的竞争等问题上的纠纷会加剧。近期美国政府及舆论围绕黑客组织窃取美国企业商业机密等问题，对中国点名指责，与美国力图保持其产业竞争优势密切相关。同时更应看到，两国的自然禀赋差异和不同的比较优势仍将使得双方经济在较长时期内总体的互补性大于竞争性。两国加快国内经济结构调整也有助于推进双边经贸关系更加均衡。中国

① 美国政府现政要，以及布热津斯基、约瑟夫·奈、美国纽约时报专栏作家弗利德曼、CNN著名评论人扎卡里亚等都撰文探讨美国力量的变化，尽管对于美国是否衰弱的态势存在不同解释，但都认为美国仍然拥有许多资源和机制的优势，关键是需要改革时弊。

对美国进口和对美投资的增加将有助于加快美国的经济复苏。两国在包括G20、IMF等各种国际经济机制中致力于推动全球经济强劲、平衡和可持续发展的目标，势必为两国经济增长提供更好的外部环境和体制保障。从长远看，中美未来经贸领域的互利共赢格局的存续与否，关键需要双方真正通过加快各自的经济结构，不断提升各自的产业创新和整体竞争力，加快双向投资协议的磋商，在国际公认的规则指导下开展良性竞争，减少国内政治干扰，推动互补、互利、双赢乃至多赢的格局。

二是，中美能否以相互尊重、开放包容的态度共同推进亚太秩序的重构是事关未来双方利益格局的另一重要因素。当前亚太是国际金融危机后世界经济增长的重要引擎，日益成为全球经济和政治的中心区域，也成为主要大国和国家集团战略中心转移的重点地区。亚太正经历冷战后以来新一轮的秩序重构的历史关口，同为亚太重要国家的中美也迎来了携手共建亚太安全秩序的历史机遇。中美在亚太地区利益高度积聚，中美未来在亚太安全领域的互动的结局，首要在于双方能否确立“平等、互利、互信、合作”的新安全观，摒弃陈旧的集团政治、地缘均势等安全观念；重点是能否从亚太各国的共同关切和亚太整体的发展利益出发谋划和推动合作安全、共同安全的包容性框架，而不是片面强化排他的军事同盟或拉帮结派；关键在于能否在地区合作中推行平等参与，协商一致的合作模式，同时发挥大国责任和建设性作用，而不是以大国、强国之力强加自己的观念主张、强行满足自身利益的最大化。

三是，中美如何在有共同目标的领域，特别是涉及双方重大关切的安全领域，能够更迅速和持久地将共同目标和利益转化为双方在政策协调上的具体合作成果，增进双方的信任和信心，从而不断提高双方在复杂利益互动，特别是复杂的战略安全利益互动中的合作习惯，将始终是中美面临的重大课题。

三

双边关系的机制化发展是维护中美关系之间互利合作、健康竞争和相对稳定的重要保障。机制化程度既要看双方处理双边、地区和全球重大议题以及各种具体功能性问题的协商、合作机制的数量是否充分，也要看以及这些机制在处理双边关系矛盾、增进相互信任、提升合作能力的实际效能，更要看两国决策部门，特别是两国领导层对双边关系机制化建设的总体规划和战略把握。总之，中美之间对话合作机制的多寡和完善与否反映了双边关系的稳定和成熟度，机制化程度越高，双边关系的稳定性也越高。

当前，中美之间已形成九十多个，几乎囊括双边关系各个领域的对话机制网络，层级上横跨元首的高层访问、副总理（内阁级）的经济与战略对话直至各司局级工作磋商，内容上涵盖了政治、经贸、安全、军事、人文、科技、教育、执法、反恐等各领域。可以说，双边关系的机制化程度发展之快是过去没有想到的。这既是双边关系中新的利益互动格局的客观要求，更反映了两国政府和决策层对于通过对话磋商和政策协调来推进合作、处理矛盾的意识和能力不断提高。尽管这些机制的发展水平及其有效性仍不平衡，但中美关系机制化管理模式的总体深化大大地增加了双边关系的可预见性，提高了纠纷处置、危机预防和管控的能力则是不争的事实。① 一些美国学者声称“中美对话机制有名无实”不免言过其实。② 同时，为进一步增进中美关系的机制化水平，要在以下几个方面加大力度。

首先，要继续保持两国最高层交流互动的常态化、多样化，充分发挥领导人外交的“战略掌舵”（strategic steering）功能。据统计，自2009年1月以来，胡锦涛主席同奥巴马总统已十二次会晤、七次通话、三十四次通信，吴邦国委员长、温家宝总理多次与奥巴马总统等美领导人会面，拜登副总统、习近平副主席实现了互访。2013年中美领导人会晤计划也在安排之中，包括双边高访、多边峰会等管道。中美两国领导人接触互动的常态化、多样化不仅能够使双方领导层及时了解对方的重大关切，便于双方不断从最高层把握、调整双边关系的进程，而且通过密集的高层互访和峰会外交接触，两国领导人/层相互也能更好地培养工作关系和私人友谊，有助于双方的沟通和建立信任。这在中美复杂的利益博弈、两国内政对双边关系影响干扰明显的大背景下，特别在当前两国领导层换届、选举结束，正积极规划未来两国关系的重要过渡时期，确保中美关系在新一年里“开好头、起好步”尤为

---

① 只要回顾中美围绕危机管理的互动就不难发现，与中美严重缺乏危机沟通和管控管道的上世纪90年代相比，以及中美危机沟通管道初步建立但仍没有熟练运用的本世纪初相比，中美之间对于一些“意外事件”的危机管控能力已经不可同日而语。尽管我们不能完全排除未来中美之间再发生类似于“炸馆”、“撞机”事件的可能性，但发生类似事件的几率已显著降低。

② 例如美国学者沈大伟（David Shamgbaugh）在2012年9月布鲁金斯学会举办的研讨会上指出目前中美两国政府间交流多为“粉饰太平”，处于“失效”状态。参见 Conceptualizing Future US - China Relations，transcripts of event at Brookings Institutes，Sept. 25th，2012.

重要。[①]

二是要继续提升中美战略与经济对话（S&ED）的能力建设，使之继续成为增进中美两国决策和职能部门之间深度沟通、政策协调以及增信释疑的最重要平台。至今已经举行了四次的中美经济与战略对话获得了中美两国高层的普遍认可。其中一个重要的亮点就是双方能根据需要不断创建新机制，或者充实提高现有机制的功能。例如在战略和经济对话机制的战略对话轨道上，两国高级军方代表也参与其中，增加了双方战略安全对话的层级。又比如根据双方在亚太事务中的重大关切和利益互动的新变化，增设了亚太事务磋商平台，分别由中国主管美国及亚太事务的外交部副部长及美国主管亚太事务的助理国务卿主导对话。实践证明，战略与经济对话框架下不断增加的对话平台和充实的对话功能能够进一步延伸双方高层战略规划的具体落实能力。为不断深化中美经济与战略对话功能和实效，双方一是要继续加快对话的成果转化，尤其是事关各自重大关切的议题，避免“口惠实不至”损害对话机制的信誉，例如美方承诺的放宽对华高技术转让限制、改善中国在美投资环境、承认中国市场经济地位，以及保证财政长期可持续等；以及中方承诺的加快推进人民币汇率体制改革，加快中国的金融市场开放，保证技术转让和技术合作中的市场准则等。二是继续在“尊重、互相、对等、互惠”四原则基础上补齐中美两军交流这一“短板”。自去年习近平访美以后，中美两军的高层交往明显提速，实现了中美国防部长互访。美国太平洋舰队总司令、海军部长、中国副总参谋长、海军副司令等高级代表团也在年内开展了互访交流。今后要进一步发挥两军交流对于中美关系发展的特殊作用，“使中美两军交流真正服从、服务于建设中美合作伙伴关系的大局”。三是要不断根据双方利益关切以及两国的国际责任，拓展并丰富双方对话的议题，使得中美在重大的战略、热点乃至分歧问题上体现平等共商的精神。中美作为当前国际重大领域的主要力量，需要在诸如西亚北非变局、伊朗和朝鲜半岛的核发展问题、阿富汗和巴基斯坦的安全稳定、海洋、太空、网络等新公共领域的建章立制、全球粮食、能源、水等核心资源安全、世界经济领域的治理等问题上开展充分的对话，培养并强化平等协商的习惯，这不但有助于向国际社会提供更多的“公共产品”，而且是构建中美战略互信的重要

---

① 乐玉成：“推进下一阶段中美关系要做到‘四好’”，《国际问题研究》2012 年第 6 期，第 7 页。

组成部分。反之，缺乏大国平等共商的习惯，在一些重大而有争议的议题（如叙利亚）上尚未形成共识前便草率摊牌，公开点名指责甚至羞辱对方；或者在一些缺乏国际规制、需要合作及共同协商规则的领域（如网络信息安全）问题上，为维护自身绝对安全，单方面从本国利益出发，抹黑对方，甚至采取可能破坏双边整体关系的制裁措施，不但无助于问题的最终解决，而且也会进一步削弱中美之间的战略互信，为世界增添更大的不确定因素。

再次，要在夯实中美官方对话机制的社会基础方面下更大功夫，尤其要提升两国社会人文和地方交流对中美关系整体发展的正能量。与中美之间众多的政治、经济等官方对话机制相比，中美人文和地方交流由于强调官民并举，更能发挥社会基础的功能，也是未来丰富中美交流对话的重要增长极。中美已建立起友好省州关系 38 对，姐妹城市 176 对。双方每年互派留学生达 10 万人。中国有约 3 亿人掌握或正在学习英文，美国有 1000 多所大学开设汉语专业，4000 多所中小学开设汉语课，20 多万人学习汉语。两国教育机构合作在美设立了 80 多所孔子学院、300 多个孔子课堂。其中，中美人文交流高层磋商机制启动至今，教育、科技、文化、体育、妇女和青年等领域的合作达到历史新高峰，数十项机制成果得到有效落实，成千上万的民众直接受益。特别是美国“十万人留学中国计划”和中国“三个一万”教育项目进展顺利。中国已经成为美国国际学生的第一大来源国，美国则是中国国际学生的第二大来源国。此外，清洁能源和农业科技合作、艺术团体交流、中美妇女领导者交流与对话、中美大学生在华联会开展社会实践活动等都取得诸多成果。未来中美高职院校与小区学院的合作，双方基础础教育领域的“中美教师交流计划”等将成为人文交流的新亮点。① 同样，2011 年 7 月启动的中美省州长论坛则开创中美地方交流的新时代，克服了以往中美两国间的交流主要在中央政府层面，但缺乏各级地方政府尤其是广大民众的参与，无法起到以点带面和全面开花的局限。省州长论坛机制的长期化发展，不但推动了中美地方更直接、务实、有效开展合作，更有助于强化中美地方人民之间的纽带。② 尽管目前美国一些民调显示，仍有大量美国公众认为中

---

① 刘延东：“深化中美人文交流，构建新型大国关系——在第三轮中美人文交流高层磋商会议上的讲话”，2012 年 5 月 4 日，北京，http：//www. mfa. gov. cn/mfa _ chn/zyxw _ 602251/t931022. shtml。

② “首届中美省州长论坛搭建地方交流平台”，新华社综述，2011 年 7 月 15 日，http：//www. gov. cn/jrzg/2011 －07/16/content _ 1907816. htm。

国是美国的竞争者，且认为中国是"不可信赖"也大有人在，① 但不能据此认为中美人文交流和地方交流对推动中美关系没有效果。正好相反，这种悖论反而说明了无论是中美人文交流还是两国地方交流是"细水长流"的进程，不应期待立竿见影或一蹴而就。只有坚持不懈地深化中美人文交流和地方纽带，特别是两国青年人之间的人文交流，培育一种真正的平等、包容、互鉴的多元文化共存共进的精神，强化中美两国关系的社会基础。正如前美国国务卿克林顿在纪念尼克松访华四十周年活动上所言，"两国各个地方、各行各业的公民都在打造和推动着双边关系。发挥他们的才干、创意和能量，将使美中关系更加深入持久，远远超出两国政府单凭自己的力量所能做到的。"②

四

通过检视中美关系互动模式的三个方面可以发现，中美关系发展至今既高度复杂，又不断动态发展。中美两国决策层对中美关系的战略判断和战略定位的认识虽几经反复，但总体朝着理性和符合时代潮流及两国长远利益的方向靠拢，当然这个过程本身需要两国领导层和战略思想界具备不断超越传统的大国兴衰逻辑的大智大勇，包括具备能够抵御短期狭隘的国内政治压力的政治远见和意志。其次，中美双方利益交融和利益分歧同时存在，"竞合"格局仍是中美利益关系的基本形态。中美之间共同利益的交界面与利益的分歧面都呈增加之势，关键就在于中美如何将双方共同的目标转变成为共同的利益，并将共同的利益能迅速转化成双方战略和政策的相向而行，从而保持共同利益不断扩大上升，并使得两国利益的交接面及合作势头始终强于利益的分歧或相互政策的对冲。如此才能保证中美关系向上发展的能量。最后，双方的磋商对话机制在继续发挥增信释疑、管控摩擦以及预防危机的功能的同时，要与时俱进地提高中美对话机制的功效，并不断丰富双方对话的管道和内容，特别是加强两国人文和地方之间的交流纽带，厚植中美关系的社会基础。

---

① 例如根据皮尤2012年11月的一份资料，超过63%的美国受访者认为中国不可信赖。

② 国务卿希拉里·克林顿在纪念尼克松访华40周年活动上的讲话，2012年3月7日，http://www.state.gov/secretary/rm/2012/03/185402.htm。

总之，中美关系“大而不能倒”的重要性和复合型互动的关系模式使得中美关系不会简单地在“中美冲突”或“中美共治”两个极端作巨幅摆动。而未来中美能否摆脱“修昔底德陷阱”，共同构建新型大国关系，则既有赖于中美两国利益交融的程度及两国社会的支持，也需要两国政府不断提高合作、协调的能力，同时更需要两国政治家足够的政治远见和智慧。

中美构建“新型大国关系”与两岸关系和平发展[①]

邵育群

奥巴马政府“重返亚太”政策是美国全球战略调整的重要标志，其在全球范围，特别是亚太地区引起了高度关注。从某种意义上说，中国政府提出中美构建“新型大国关系”是对美国“重返亚太”政策，即美国全球战略调整的一种回应。自2012年3月习近平副主席访美提出中美构建“新型大国关系”以来，两国政府围绕该议题已经进行了若干回合的积极互动。目前，美方在政府层面已基本接受了中方的提议，中美达成共识，双边关系要朝着“新型大国关系”的方向发展。两国学界围绕这个命题也展开了热烈的讨论，其中不乏质疑声，相关讨论对“新型大国关系”的定义、具体内容、实现路径及影响等都提出了有意义的批评。本文认为，中美两国构建“新型大国关系”的努力将对国际关系和亚太地区秩序产生重要影响，也将影响两岸关系的发展；反之，两岸关系和平发展也对中美构建“新型大国关系”产生了影响。

一、美国“重返亚太”：霸权衰落后的全球战略调整

2009年奥巴马政府上任后，继承了小布什政府第二任后期的战略思想，对美国全球战略进行调整，将战略重点转向亚太地区。这是美国对变化中的世界格局、迅速崛起的中国以及其逐渐衰落的霸权力量进行评估后做出的理智战略决定。世界格局出现的新变化是：一批新兴国家迅速崛起，其对全球

① 本文是作者向第十六届“世界新格局与两岸关系——繁荣与和平的新情势”学术研讨会提交的论文，后于2014年5月初进行了修改。

经济和政治事务的影响力与日俱增；这个群体的代表就是中国。虽然从绝对权力来衡量，中美双方的差距仍然很大，但美国已把中国作为唯一的、具有全球影响力的挑战者来看待。中国所在的亚太地区连续多年经济保持较高速度增长，与美国的贸易量居美国对外进出口量排行榜首位，在美国国内经济复苏乏力的情况下，美国政府把亚太作为提振经济的首要外部因素。与此同时，美国也清楚地认识到，当霸权不再具有绝对优势时，应该开始谨慎地使用霸权，防止霸权继续加速衰落。因此，过度地介入世界事务对美国不利，从阿富汗撤军，有限度地干预叙利亚，把战略资源更多地投入亚太地区相对较符合美国的霸权利益。

美国"重返亚太"的政策具体表现在以下方面：首先，经济上，在世贸组织乌拉圭回合多年来停滞不前的情况下，推动"跨太平洋伙伴协议"（TPP），以主导亚太地区经济一体化。根据美国政府的描述，TPP是一个"综合性的、高标准的"协定，它是美国"重返亚太"政策的重要部分，它的影响可能超越美国在亚太的经济利益。自美国将TPP作为主导地区经济合作的抓手以来，日、韩等亚太重要经济体纷纷加入谈判，虽然目前并不清楚谈判能否克服重重困难于2013年年底前完成，但毫无疑问，这一谈判过程及最终的结果已经并将对亚太地区经济合作产生重大影响。同时，TPP也引起了部分地区国家的不安。例如，东盟就担心其可能失去地区经济合作进程中的中心地位，被边缘化，因此全力投入以东盟为中心的"区域全面经济伙伴关系"（RCEP）谈判。未来，TPP和RCEP这两种分别以"北北合作"和"南南合作"为主导的跨太平洋合作方式，谁走得更快，谁就有可能主导未来的世界贸易秩序。①

其次，在安全上，强化亚太双边同盟体系。美国要求同盟国承担更多的责任，同时扩大与地区重要国家如印度、新加坡等国的合作，在不投入更多资源（甚至减少资源）的情况下扩大其在安全议题上的影响力。自二战后，美国就在亚太地区建立了一套"辐轴"（hubs and spokes）安全体系，目前，该体系仍是美国主导的地区安全架构的基础。美国政府表示，在总体国防预算减少的情况下，将保持在亚太的驻军，并新增在澳大利亚和新加坡的军事部署。除了强调美军的机动性和部署范围更广之外，美国也正在通过安全援

---

① 暨佩娟："区域全面经济伙伴关系（RCEP）首轮谈判举行"，厦门大学东南亚研究中心网站，2013年5月2日。http：//nanyang. xmu. edu. cn/Article/ShowArticle. asp？ArticleID＝1098。

助、合作反恐、反毒、反叛乱行动等帮助其盟国提高独立的安全能力。[①] 美国一方面强调其对盟国的安全承诺没有变；另一方面由于国内经济复苏乏力，又要求盟国提供更多资金支持，这也引起了日、韩等盟国的担心。[②] 此外，美国还加强了与一些“战略关键国家”（strategic key states），如印度、印度尼西亚、越南和新西兰的合作，试图通过这些合作弥补其传统的盟友体系所不能覆盖的地区安全问题。安全问题是美国“重返亚太”的一个重要抓手，“重返亚太”的军事内容也是地区国家最先感受到的。美国利用钓鱼岛问题、南海问题等大打“安全牌”，不仅引起中国的不满，也令地区国家感到不安。美国看到这种情况后，在军事态势上有所收缩。

第三，在外交上，美国加大了对地区多边机制的投入，也积极回应了中方提出的“新型大国关系”命题，进而稳定了美中关系。奥巴马政府认为，地区机制为美国提供了一个塑造地区安全和经济发展的机会，美国应该在诸如海洋安全、防扩散、贸易投资自由化等一系列议题的讨论中占据中心位置；更加重要的是，地区国家，特别是东南亚国家领导人，总体上希望美国通过地区多边机制来介入东亚事务。[③] 因此，美国更加积极地参加了东盟地区论坛（ARF）和东亚峰会（EAS），但最近的一次东亚峰会，奥巴马总统因联邦政府关门而受牵扯，未能赴会，使其之前的外交努力打折不少。除了投入到地区多边机制中，美国为稳定美中关系的努力也是其“重返亚太”政策外交领域的一部分。美国政府经过一段时间后，终于接受了中方提出的“新型大国关系”命题，并在此背景下，开始推动两军对话与交流。美国试图借构建“新型大国关系”，把中国引入其主导的地区安全架构；同时也防止因美中关系的过度紧张而引发地区国家的恐慌，造成地区的不稳定。

二、中方提议与美国构建“新型大国关系”：对美国全球战略调整的回应

关于中方提出与美国构建“新型大国关系”的背景，国内外学者有一

① Pivot to the Pacific? The Obama Administration's “Rebalancing” Towards Asia, CRS report, March 28, 2012. p. 11 – 12. www. fas. org/sgp/crs/natsec/R42448. pdf.

② Pivot to the Pacific? The Obama Administration's “Rebalancing” Towards Asia, CRS report, March 28, 2012. p. 7. www. fas. org/sgp/crs/natsec/R42448. pdf.

③ Pivot to the Pacific? The Obama Administration's “Rebalancing” Towards Asia, CRS report, March 28, 2012. p. 17. www. fas. org/sgp/crs/natsec/R42448. pdf.

些分析，其中袁鹏的观点最具代表性。他认为，2009 年奥巴马总统上台后，中美关系“高开高走”，但双方彼此都存在战略误判，直至 2010 年双边关系发生大起大落。尽管这很难说明美国对华战略发生根本性转变，更不意味着中国对美外交方针和原则出现重大变化，但第三方因素的频繁干扰和媒体的大力炒作，则容易使人得出“中美开始走上全面战略较量”的结论。正因如此，中美双方都需要尽快对局势做出相对理性的评估，以正本清源、重建信任。2011 年 1 月胡锦涛主席对美国展开正式国事访问，正是为使双边关系止跌回暖、重回正轨的政治努力。此后，中美关系复归平静，直至 2011 年 11 月奥巴马总统访问亚洲首次参加东亚峰会、克林顿国务卿访问缅甸、美国决定在澳大利亚达尔文港以轮换方式部署海军陆战队以及 TPP 的启动，围绕美国战略重心东移、中美亚太共处的内容再度占据各大媒体显要位置，中美关系有再度陷入紧张状态之势。在这一背景下，2012 年 2 月习近平副主席展开访美行程，进一步提出中美要构建一种“前无古人，但后启来者”的新型合作伙伴关系。①

由于美国“重返亚太”政策是其全球战略调整的重要标志，因此，中方对“重返亚太”政策作出的反应实际上也是对美国全球战略调整作出的反应。“新型大国关系”是一种“前无古人，但后启来者”的关系，也就是一种不同于历史上屡见不鲜的崛起大国与现存大国间发生战争或冲突的关系。因此这种关系的构建虽然重点在亚太地区（正如中方反复强调“亚太是中美构建‘新型大国关系’的试验田”），但其内容却涵盖全球，即中美两个大国的互动是在全球层面展开的，双方关系发展的影响力也遍布全球。

具体而言，中美构建“新型大国关系”能否成功取决于以下几个方面：

首先，双方能否在国际格局变动过程中加强合作，对一些国际机制的过时之处进行改革，在一些全新领域共同建立新的机制，或制定新的规则。当前很多全球问题将各个主权国家紧密连接在一起，共同治理是必经之途。但全球治理面临着几个挑战：一是主权国家权力大小出现变化，各国的影响力已不同于以前；二是治理机制不再适应实际要求，或老化，或弱化；三是参与治理的行为体大大增加，治理过程极其复杂。全球治理面临范式调整的挑战，虽然主权国家不再是唯一的行为体，但其仍是最重要的行为体，应该发挥最重要的作用。这一领域为中美提供了合作的可能，如果双方能抓住机

① 袁鹏：“关于构建中美新型大国关系的战略思考”，《现代国际关系》，2012 年第 5 期。

会，在诸如网络、太空等领域共同创制规则，并由此增进互信，则是双赢的结果；否则就是双输的结局。

其次，双方能否就亚太地区安全架构达成最低共识。当前以美国“辐轴”安全体系为基础的亚太地区安全架构显然已经无法适应现实的要求，未来地区安全架构的走向值得关注。美国“重返亚太”政策试图在双边联盟基础上，通过与一些地区重要国家的安全合作，以及地区多边防务合作（如东盟防长扩大会议 ADMM Plus 等）机制，使之成为地区安全架构的主要框架。由于该框架没有放弃二战后建立的针对第三方的双边联盟体系，其针对中国的含义仍然清晰可见。中国所提倡的“新安全观”，强调以平等合作而不是实力对抗解决问题。它主张通过对话解决分歧，以和平谈判的方式解决争端，不论是多边、双边机制，还是民间或“二轨”对话都可以作为磋商谈判的平台。目前，地区安全中的一些问题，特别是二战遗留下来的问题，其解决都直接牵涉到地区安全架构的变化。中美既要在具体问题上建立对话沟通渠道，建立危机防范机制，又要在地区安全架构这样的战略议题上保持定期沟通，如果双方能够达成最低共识，即既了解对方对未来的预期，又能保证两个预期不互相冲突，那么双方才能实现“不冲突、不对抗”的基本目标。

三、中美构建“新型大国关系”与两岸关系和平发展之间的互相影响

首先，中美构建“新型大国关系”为两岸关系和平发展创造了较为稳定的大环境。中国大陆、台湾和美国三方的关系被视作一组不均衡的“三角”关系，其中，台湾是最为弱势的一方，中美关系的任何风吹草动都会引起台湾的警觉，中美关系如趋向紧张，台湾就有必须“选边站”的担忧，这对两岸关系的发展不利。目前，中美构建“新型大国关系”的努力总体上稳定了双边关系的发展，为两岸关系和平发展创造了较为稳定的大环境，并逐步走向深入。同时，由于两岸关系进入和平发展阶段，中美之间因为台湾发生武力冲突的可能性降至很低，这也符合中美构建“新型大国关系”中“不冲突、不对抗”的原则，因此，台湾的传统安全担忧有所减缓。美国虽然对“两岸民间政治对话”、“台湾经济过度依赖大陆”、“大陆抗议美国对台军售”等议题或有顾虑，或有担忧，但两岸关系和平发展总体上符

合美国的利益，美国政府在不同的场合和层级表示了欢迎。2014 年 3、4 月间，台湾爆发“太阳花学运”，民进党趁机挑事，以期谋得其政治利益。“330 抗争”发生后，美国方面，从“美国在台协会”重要领导人士、国务院相关官员、智库学者到美台商会等相继表态，或批评反服贸学运的正当性，或质疑民进党是否在幕后进行操弄。虽然民进党方面对外始终宣称这是国民党的宣传手段，但毫无疑问的，美方应已意识到，“太阳花学运”如果蔓延失控，将危及两岸关系的稳定，当然也就会冲击美国的亚太安全利益。① 由此可见，美国认同美中两国构建“新型大国关系”，认为其符合美国在台海乃至整个亚太地区的利益，这为两岸关系和平发展提供了较为和谐的外部环境。

其次，中美构建“新型大国关系”进一步打压了“台独”的生存空间，为两岸关系和平发展奠定了更加牢固的基础。陈水扁时期，美国已经用行动证明“法理台独”不符合其利益，美国不会为其背书。在中美构建“新型大国关系”的背景下，美国的这一政策立场将更加清晰，这直接限制了台湾岛内极端“台独”势力的发展空间，也迫使民进党必须在大陆政策上往中间靠。2013 年下半年，民进党受到两岸关系发展总体形势、2014 和 2016 的两场岛内选举及其党内政治斗争的影响，举办了一系列的“华山论剑”会议，对其“对中政策”进行辩论。虽然各方评估这次系列会议“只求辩论形式，而无辩论结果，更难达成某种共识”,② 但有一点是可以肯定的，即民进党在大环境的制约下，根本不可能重拾“法理台独”，即使相关政策辩论重形式大于内容，更多地着眼于选举，但这种转变已经并将继续对台湾民意和政党政治产生影响，这无疑为两岸关系和平发展奠定了更加牢固的基础。

第三，中美两国在全球和地区层面竞争与合作同时加强，其竞争面加强给两岸关系和平发展带来了复杂甚至是负面的影响。中美构建“新型大国关系”既是两国领导人为双边关系发展定下的目标，其本身也是一个艰难的过程。目前，随着两国共同利益的扩大和综合国力差距的逐渐缩小，双方的合作与竞争同时加强，这使得两国构建“新型大国关系”的过程异常复

---

① “‘太阳花学运’后民进党面临三重危机”，中国台湾网，2014 年 4 月 10 日，http://www.taiwan.cn/plzhx/hxshp/zhzh/201404/t20140410_5988850.htm。

② “一场场跳不出‘台独’漩涡的口水战”，中国台湾网，2013 年 8 月 2 日，http://www.taiwan.cn/plzhx/hxshp/zhzh/201308/t20130802_4536248.htm。

杂，而竞争面加强对两岸关系和平发展也带来了复杂甚至是负面的影响。在经济上，中国面临着如何对待TPP的问题。TPP是面向未来的、高标准的贸易规则，美国如能推动完成TPP谈判并获得国会支持，将大大强化其对亚太地区乃至整个世界的贸易领导权。中国面对正在进行的TPP谈判，态度已经从开始的警惕逐渐转变为开放，李克强总理在2014年4月举行的博鳌论坛上表示，“中国对‘跨太平洋战略经济伙伴关系协定’（TPP）持开放态度，只要有利于世界贸易的发展，有利于公平开放的贸易环境，中方乐见其成”。[①] 同时，李克强也表示，“RCEP（区域全面经济伙伴关系协定）和TPP（跨太平洋战略经济伙伴关系协定）可以并行不悖、相互促进。中方愿与各方一道，积极推动RCEP谈判进程，力争在2015年达成协议。”此外，他还提议，可考虑启动亚太自贸区（FTAAP）的可行性研究，以实现亚太地区贸易投资利益最大化。[②] 由此可见，中美在推动亚太地区经济一体化的进程中竞争关系明显。台湾地区领导人马英九表示，加入TPP是其政府的首要优先领域，“我希望美国将同我们一道作出这样的努力”。[③] 由于马英九的上述表述很大程度上是对岛内担心台湾经济过度依赖大陆的回应，且台湾参与地区经济合作又牵涉到其国际空间的敏感问题，因此，中美两国关于TPP和RCEP的竞争、台湾参加地区经济合作以及两岸经济关系的进一步发展三个议题紧密地缠绕在一起，影响复杂。在安全上，为了强化其“亚太再平衡”战略，美国政府在钓鱼岛和南海问题上站在其盟国一边，不顾是非曲直，要实现对其盟国的安全承诺。在钓鱼岛问题上，“台日渔权协议”可获得解决，美国亦展现其影响力。美日的观点均认为渔汛期开始，台湾渔船进入钓鱼岛海域捕鱼，台湾海巡署的船只以及大陆船舰进入海域护渔，必引致冲突，所以日本改变战略，过去迟迟不愿在谈判上作出让步的日本因而作出了重大决定，奥巴马政府有了“从台北看天下”的观点，对于支持台日渔权谈判也转趋积极，台日终得“圆满结果”。[④] 在南海问题上，2014年

① “李克强：中国对TPP持开放态度”，搜狐财经，2014年4月10日，http://business.sohu.com/20140410/n398018719.shtml。

② “李克强：RCEP和TPP可并行不悖、相互促进”，中国新闻网，2014年4月10日，http://www.chinanews.com/gn/2014/04-10/6048467.shtml。

③ “马英九让美国帮助台湾加入TPP”，中国商务部中国世界贸易组织研究会，2014年4月11日，http://cwto.mofcom.gov.cn/article/d/201404/20140400546649.shtml。

④ “江素惠：日台签渔业协定，美国展现影响力”，环球网，2013年4月12日，http://opinion.huanqiu.com/opinion_china/2013-04/3825022.html。

2 月 5 日，美国分管亚太事务的助理国务卿拉塞尔在国会作证时说，“国际社会欢迎中国澄清或调整其九段线的主张，使其与国际海洋法相符合”。[①] 2 月 6 日，美国前国安会亚洲事务高级主任贝德在布鲁金斯学会网站上发表了文章，提出美国应该与南海问题声索国和东盟其他国家，如新加坡、泰国等一起行动，要求它们公开以国际法之名拒绝中国的“九段线”主张。贝德甚至还提到了台湾，认为美国应就台湾澄清其关于九段线的立场与台湾进行协商，使其主张与《国际海洋法公约》保持一致。[②] 两岸在安全领域的互信本来基础就很薄弱，美国在钓鱼岛和南海问题上的做法无疑进一步破坏了本已脆弱的互信，对两岸关系和平发展造成了非常负面的影响。

最后，两岸关系和平发展有助于中美构建“新型大国关系”的努力。中美构建“新型大国关系”的目标之一是“不冲突、不对抗”。在两岸关系高度紧张的年代里，台湾问题始终是中美发生冲突的最大引爆点，但在两岸关系和平发展的阶段，中美不再那么担心因台湾问题发生军事冲突。虽然美国对台军售等干扰两岸关系正常发展的问题仍然存在，但它们已不再具有破坏中美关系发展大局的能量了。

---

① Daniel Russel, Maritime Disputes in East Asia, Testimony before the House Committee on Foreign Affairs Subcommittee on Asia and the Pacific, Feb. 5, 2014. http://www.state.gov/p/eap/rls/rm/2014/02/221293.htm.

② Jeffrey Bader, The U.S. and China's Nine - Dash Line: Ending the Ambiguity, Feb. 6, 2014. http://www.brookings.edu/research/opinions/2014/02/06 - us-china-nine-dash-line-bader.

美国重返亚太与两岸关系和平发展

严安林　张　建

近几年，美国总统奥巴马和国务卿希拉里不断在多个场合宣传其新的亚太政策。奥巴马宣称，美国是一个太平洋国家，亚太地区是美国未来的战略重点地区。尽管美国总体上在削减国防预算，但美国将在亚太地区的存在和任务看作最优先事项。① 2011 年希拉里在《外交政策》杂志上发表文章《美国的太平洋世纪》，全面、系统地阐述了美国的新亚太政策，强调今后 10 年美国外交方略最重要的使命之一是大幅增加对亚太地区外交、经济、战略和其他方面的投入；并指出，亚太地区已经成为全球政治的关键驱动力，利用亚洲的增长和活力是美国的经济和战略利益核心，也是奥巴马总统确定的一项首要任务；亚洲开放的市场为美国进行投资、贸易及获取尖端技术提供了前所未有的机遇；美国国内的复苏将取决于出口以及美国公司开发亚洲广阔且不断增长消费群的能力。②

一、美国“重返亚太”战略的背景

冷战后一段时期内，美国在经济、军事、外交、技术、文化等方面的实力居于全球主导地位，奠定了美国霸权国的地位。21 世纪的第一个十年，国际形势发生了重大变革。国际权势正从西方向东方转移，而亚太地区将是未来的国际权力重心。谁在这一地区的领导并发挥战略性引导作用，谁便将成为真正的全球领导者。

---

① Speech by US President Barack Obama to Australian Parliament, November 16, 2011, http://www.americanrhetoric.com/speeches/barackobama/barackobamaaustralianparliament.htm.

② U. S. State Secretary Hillary Clinton, The Pacific Century of the United States, *Foreign Policy*, U. S. , November 2011, p. 6.

（一）维持美国霸权的需要

过去十年美国“蹉跎岁月”，不但没有充分利用这十年巩固霸权地位，反而被“反恐”战争拖累、受金融危机冲击，其整体实力今非昔比。为了主导亚太格局，因应伊拉克与阿富汗战争结束后美国全球战略的重新部署，其全球战略由全面战略走向重点战略，全面布局走向重点布局。布热津斯基地缘政治思想的核心即维持美国的霸权地位和对全球的领导权。进入21世纪后，随着新兴国家的崛起和美国力量的式微，全球权力发生变革，权力核心正在从西方向东方转移，美国霸权遭到削弱。加之全球金融危机的冲击和美国制度性危机的显现，美国霸权疲态尽显。随着亚太地区力量在世界的崛起，特别是以中国和印度为主力量的增强，美国的全球战略重点也正逐步转向亚太，试图将亚太地区纳入美国主导的国际体系，重塑亚太地区的新秩序，确保美国在亚太地区的领导权，进而维持美国的霸权地位。美国从多个方面调整霸权战略，通过局部收缩、重点投放、扭转颓势，以维持对世界事务的领导权。奥巴马在《国家安全战略报告》中指出，必须在国内建设美国力量源泉和国外塑造应对挑战的国际秩序，实现“重振美国和领导世界”的战略目标。布热津斯基在《战略憧憬》一书中就指出，美国六大不断增长的威胁或“负资产”包括不断增长并不可持续的国家债务、有缺陷的金融体系、扩大的社会不公、陈旧的基础设施、公众的忽视和僵化的党派政治。但他也指出美国仍然具有六大优质资产来维持霸权，即总体经济实力、创新潜力、人口动力、灵活的流动性、地缘基础和民主吸引力。

（二）重振美国经济的需要

振兴美国经济是维持美国全球领导地位的核心任务。正如布热津斯基所言，美国未来几十年的核心挑战在于复兴自身的力量。2008年以来，美国饱受金融危机、债务危机的严重冲击。经济疲软与失业率高居不下，已经严重影响美国内外政策的实施。如为了削减债务，多年来首次降低了军事费用。而经济因素也将是影响奥巴马能否连任的最关键因素。亚太地区对当前美国经济复苏、创造就业具有关键作用。亚太地区是当今全球经济最富活力和发展前景的地区，自称为“太平洋大国”的美国十大贸易伙伴当中有六个位于亚太地区，美国对亚太地区的出口速度超过对世界其他所有地区。美国的出口倍增计划以及强力推动的跨太平洋战略经济伙伴都要依赖于亚太地区。但由于中国经济的稳定强劲增长，亚太地区出现了“经济上靠中国”的态势。目前，中国已经是日本、韩国、东盟、澳大利亚、印度等亚太主要经济体的最大贸易伙伴，而亚太地区以美国为主要贸易伙伴的主要国家只剩下了美国的两个邻国，即加拿大和墨西哥。美国不但要依靠亚太来复兴经济，还试图借助跨太平洋战略经济伙伴关系，将所谓的法治、透明、开放等自由贸易理念推行到整个亚太地区，主导亚太地区的经贸格局。2011 年 10 月，奥巴马在夏威夷举办的亚太经济合作组织第十九次领导人非正式会议上指出，亚太地区对当前美国经济复苏、创造就业具有关键作用，美国将与亚太地区经济体在经济、贸易和安全等方面开展合作。他强调，没有一个地区比亚太地区更为重要，美国希望与亚太地区伙伴在多个方面开展合作，确保环太平洋地区的就业、经济增长、繁荣和安全。

（三）牵制中国崛起的需要

国际权力重心的东移和中国的崛起是美国重新布局亚太的最重要考量。美国深知，未来能挑战美国地位的只有中国。因此平衡中国崛起势力，牵制中国发展空间也成为美国的重要战略憧憬。近年来，随着中国的快速发展，中国的全球影响力得到增强。面对中国的日益强大，美国多方施动，试图在政治上将中国纳入美国主导的国际体系，经济上与中国争夺主导权，军事上压制、防范中国，外交上则在中国周边不断打入棋子，对中国的发展形成全面的“围堵”之势。其最终目标就是拖延中国的发展，避免中国对美国霸权形成威胁和挑战。进入 21 世纪以来，亚太地区国际关系中出现了一种新的领导模式，即“双领导体制”。在国际经济、贸易和金融领域中，中国逐步提升了地位，并开始扮演重要的领导角色，而美国则由于 2008 年金融危机在经济上陷入了困境。但在军事、安全和政治领域中，美国仍然保持着霸权地位。亚太地区“双领导体制”的出现是当今国际体系中权力转移的重要一步。①

---

① 赵全胜：“中美关系和亚太地区的‘双领导体制’”，《美国研究》2012 年第 1 期，第 7—26 页。关于亚太地区经济和安全主导权分离现象的分析还可参见王光厚、徐萍：“亚太地区‘权力转移’的基本态势”，《太平洋学报》2012 年第 1 期，第 47—54 页。

二、美国新亚太战略的主要凭借

美国通过运筹战略盟友、输出价值观念等“存量”资产来巩固地位，进而把握先机在亚太地区通过“前沿部署外交”、创造多边机制舞台等措施发挥战略引领作用并利用战略资源在亚太地区率先“建章立制”，为维持其全球领导地位广布支点。同时，美国试图在亚太地区发挥战略领导作用，转变其衰落的趋势也是题中应有之意。时下，美国强势“重返亚太”，试图建立有利于美国的地缘政治关系，主导亚太地缘格局的变化，最大限度地维护美国的地缘政治利益。政治上，美国政要频繁访问亚太，参加包括东亚峰会在内的地区国际机制以介入东亚事务，高调宣示美国将在亚太重塑领导力和支配力；经济上，美国强力推动跨太平洋战略经济伙伴关系，试图主导亚太经贸格局，并利用亚洲的增长和活力，实现美国的经济利益布局；外交上，美国开展“前沿部署外交”、“巧实力”外交，并动用全方位的外交资源，积极向亚太地区投放；安全上，美国积极巩固同盟关系，亚太地区部署军事力量，并介入南海争端等亚太地区的安全事务。其特色主要表现在：

首先，美国新亚太战略具有“顶层设计”。事实上，美国历届政府都会根据国际形势变化对全球战略进行不同程度的调整。虽然各届政府调整全球战略的侧重和举措有所差异，但谋求对世界的主导权和领导权则是共同的战略目标。2009 年奥巴马上台后即确定了“重返亚太”的战略，并以美国首任“太平洋总统”自居。奥巴马深知未来世界权力的重心在亚太，因此出于地缘战略和地缘政治的考量，采取西退东进的全球战略调整，从全球反恐战争中脱身，适时、快速选取战略切入点，把美国的全球战略重心与核心转向亚太，提升其主导亚太领导权、规制权和话语权的能力，重塑其全球领袖的角色和地位。美国不光有战略层面的“顶层设计”，而且做起事来还“雷厉风行”。美国采取“海空一体战”、“前沿部署外交”、跨太平洋伙伴关系（TPP）等高层级手段，加强美国在亚太地区的军事存在、外交布局和经贸影响，拉拢与争取亚太地区中小国家，破坏已有的格局，强推由其主导的格局，让亚太国家切身感受到美国真的“回来了”。上述一系列行为正是美国以实际行动践行新亚太战略的表现。希拉里的《美国的太平洋世纪》是美国新的亚太战略的基本思路，提出了六条基本方针：一是加强双边军事同盟；二是深入开展和中国在内的新兴大国的关系；三是参加地区多边组织；

四是扩展贸易投资；五是发展军事存在；六是促进民主与人权。

其次，美国新亚太战略具有盟友的支持。在亚太地区，美国拥有日本、韩国、澳大利亚、菲律宾和泰国五大重要盟国。虽然美国与盟国之间在某些问题上间或有些许龃龉，但这些国家忌惮中国的崛起，希望美国力量介入，以牵制、平衡中国的力量和影响，在这方面美国与盟友的目标是一致的。美国在未来十年将加大对亚太地区外交、经济、战略和其他方面的投入，并将亚太地区定位为美国战略利益核心所在。同时，美国还不时向盟友发出美国会成为制约中国经济和军事影响力的平衡力量的信息，并试图以盟国为基础，构建跨太平洋体系。这些无疑是对亚太盟国的保证和鼓舞，令这些追随者吃了“定心丸”，坚定了他们唯美国马首是瞻、联美制华的信心。美国不但重视亚太盟国的作用，巩固美国主导的军事同盟体系，借助盟友的支持重塑美国的“太平洋世纪”，而且还加强同地区大国印度、越南、印度尼西亚的安全伙伴关系，希望他们成为牵扯中国的“马前卒”，为美国赢得时间。由于过去美国对亚太的忽视，一度使一些国家极度不满。如今，美国全方位“重返亚太”，使那些顾忌于中国的国家似乎看到了希望，争相对美国投怀送抱。2012 年以来，美国为菲律宾、越南“撑腰”，支持这两个国家频繁在南海问题上向中国挑衅即是鲜明例证。

第三，美国经济具有潜在的自我修复能力。虽然当前美国受 2008 年金融危机的深层影响，经济发展低迷、失业率居高不下并导致一些深层次的制度性危机，但美国作为一个总量巨大的资本主义经济体系，仍然拥有全球其他国家所无法比拟的巨大资源和调动资源的能力，而这些资源正是美国经济体系修复和完善的重要凭借，何况美国仍然是世界唯一超级大国和世界第一大经济体。历史上，关于美国衰落的提法一次次被证明是伪命题。20 世纪 30 年代的大萧条、70 年代的滞涨、80 年代的股市泡沫等危机，都没有出现美国衰落的结果，相反，美国资本主义体系经过不断的自我修复和完善，似乎焕发了新的生机，获得多次发展的契机。当前，美国仍具备极大的创新力和发展的灵活性，美国经济也还具备自我修复的巨大潜力。如果美国摆脱当下的经济困局，势必在亚太地区投放更多的经济、外交、军事等资源，再加上美国在亚太地区还有巨大的软实力资源，其耕耘亚太、经营亚太的效果自不待言。

第四，美国对华牵制多举措并举。美国主要是从战略、政治、军事安全等层面对中国进行“防范”。一是政治上，美对中国大陆既“防范”又“交往”，在“防范”战略中“交往”，在“交往”中坚持“防范”政策；二是外交上，对区域内国家与地区进行全方位的“穿梭外交”、“前进部署外交”，并通过重要的区域性合作组织机制，发挥与维持其领导力。三是军事上，美无意在西太平洋地区组织“集体安全体制”，而是采取两种方式“防范”——既与日、韩、菲、泰及澳等传统盟国采用双边军事关系方式结盟，强力“防范”中国大陆军事力量在西太平洋地区崛起，又通过持续强化第一岛链及第二岛链军事力量，包括调整在日本、韩国的驻军人数、在澳大利亚北部部署兵力等，考量点主要是应对中国大陆海军力量在未来十年内持续强化，突破第一岛链走向第二岛链。2012 年年初，美国新出台的《维持美国的全球领导地位：21 世纪国防的优先任务》军事战略报告中，暗示美国将缩减陆军规模，并减少在欧洲的军事存在，转而加强在亚太地区的军事存在，以维护亚太地区的“安全与繁荣”。美国国防部长帕内塔在 2012 年 6 月 3 日闭幕的第十一届香格里拉对话暨亚洲安全会议上更是宣布，美国要在 2020 年之前将美国 60% 的海空军实力部署到亚太地区。美国在二战后因为冷战的需要，把军事战略重心放在欧洲。冷战结束后一直没有机会调整军事战略重心，现在将军事战略重心从欧洲移至亚太地区，对美国而言是“重返亚洲”。四是经济上，为了落实奥巴马提出的“国家出口倡议”，不仅将出口倍增计划的目标瞄准东亚地区的中国大陆、韩国及日本，以拉抬美国经济，增加就业人口。积极推进跨太平洋战略经济伙伴协定，目的是以 TPP 为平台，发挥美在亚太经济中领导地位。如果中国大陆长期拒绝加入 TPP，则以 TPP 为舞台形成“经济联盟”与中国大陆分庭抗礼，如果中国大陆愿意参加 TPP 谈判，则以此吸纳与消化中国大陆经济。

当然，美国“重返亚太”也面临很多制约因素。《华尔街日报》指出，在美国军费不足的情况下美国将重心转向亚洲是一种不可持续的战略。美国“重返亚太”基本上存在着三个矛盾：一是美国领导世界的全球战略目标与自身实际战略力量之间的矛盾或者落差；国际经济与金融危机，首先是美国的经济危机，导致美国经济力量的下降是一个事实；二是美国现有战略力量比重的相对下降与非美国系统战略力量相对上升之间的矛盾；三是美国可支配战略力量与需要处理问题所需力量之间的矛盾。同时，美国所面对的传统与非传统安全挑战越来越多，也受到美国国内因素的更多牵制，包括美国国内经济持续的低迷，新孤立主义抬头。另外，美国“重返亚太”战略也受到一些亚太地区国家的“两边下注”政策的牵制。一是这些国家首鼠两端，经济上依赖中国，但安全上仰赖美国，要他们牺牲与中国的经济关系来做美国对抗中国的“马前卒”实在也是心不甘、情不愿，所以并不希望中、美真正地发生冲突。由于美国的亚太政策实施的核心手段是依靠盟国，让其亚太盟国分担责任，而无论是日本还是东南亚国家对于与中国的态度是“既期待又怕受伤害”，尤其是经济上对中国大陆的依赖难以改变；二是在美国与中国大陆两方之间，基于其国家利益，当然是希望左右逢源，“希望从中美平衡与相互制衡的关系中谋取自身最大利益”。①

毋庸置疑，基于中国和美国两个国家在经济上的体量、军事上的重量以及对全球事务的影响等因素，中美关系已经是世界上最重要的双边关系，而不是“之一”。中国国家副主席习近平曾提出，中美关系的本质是互利共赢。在新时期，中美要有效管控分歧，推动中美关系健康稳定发展。美国国务卿希拉里·克林顿在《美国的太平洋世纪》中指出，与中国的关系是美国有史以来必须管理，且最具挑战性和影响最大的双边关系之一，需要进行审慎、稳定和动态的管理。她强调，美中关系的发展没有指导手册可循，然而利益攸关，不容失败。中美两国在亚太地区的良性互动，将不但事关两国关系的健康发展，而且事关亚太地区的和平与稳定。既然如此，那如何管控中美战略分歧，经营中美关系呢？未来中美之间是合作还是对抗、是协调还是冲突，是管控分歧还是激化矛盾，将直接取决于两国在亚太地缘政治格局演变中利益的博弈。而两国在其他地区和议题上的互动也都将围绕中美在亚太地区的互动开展或者延伸。

三、美国“重返亚太”对两岸关系的影响

美国的对台政策在国内还存在很多争论，主流派主张维持现行的美国对台政策，保守派则主张把“中国威胁论”与美国对台政策结合起来，强调台湾对美国的战略价值。② 也有学者认为，美国已将对台政策上升至其全球战略、对华战略和应对中国崛起的亚太战略的重要组成部分。鉴于中国实力的进一步提升，台湾对美国的战略价值主要表现在“军事滞缓”、“侦察前

① 社评：“2012年将是中美关系关键年”，（台湾）《旺报》，2011年12月30日，A2。

② 陶文钊：“近来美国智库关于美国对台政策的争论”，《现代国际关系》2012年第2期，第1—7页。

哨”和“联盟催化剂”三方面作用。① 2011 年 10 月 4 日，美国负责亚太事务的助理国务卿坎贝尔在众议院外事委员会听证会上指出，与台湾建立一个更加强健和多样的关系已成为美国亚太战略调整的重要组成部分，这将推进美国在该地区的众多经济和安全利益。

由于台湾问题仍然是中美关系中最敏感的问题，奥巴马政府根据其全球战略和对华战略，特别是在美国“重返亚太”战略背景下来调整两岸政策，将对台海两岸关系和中美关系产生重要影响。

首先，美国新亚太战略的实施，进一步强化了台湾的角色定位，对两岸关系和平发展将是一个挑战。虽然美国国内出现“放弃台湾”的声音，但这无碍美国将对台战略作为其“重返亚太”的重要一环。美国以对台军售阻滞中国的战略突破是美国亚太战略的重要步骤，而以台湾问题为契机重整美国的亚太联盟则是美国亚太战略调整的另一重要内容。② 美国希望通过强化美台关系来平衡两岸之间的和平发展，台湾当局也有通过强化台美关系来平衡两岸关系发展，避免被民进党指责为“倾中”的意图。美国强化美台实质关系，包括发展与深化以售台武器为核心的美台军事关系、深化美台经贸联系、通过免签证及高层人员互访提升社会与人员往来、支持台湾参与部分国际活动。台湾地区领导人马英九连任后，两岸关系和平发展的大趋势应可保证，但不排除两岸关系突变的风险。而美国并不希望两岸签署和平协议，美国重返亚太强化台湾在其战略中的地位和作用，将对两岸和平发展的趋势产生干扰。并且美国试图在两岸发展过程中发挥其影响，主导两岸议题的发展。另外，美国重返亚太在经济上主打 TPP，也将对两岸经济议题产生影响。对于美国推出的 TPP，台湾已经表示了对加入 TPP 的兴趣，并打算在八年内加入 TPP，避免台湾在区域经济发展中被边缘化。而这可能冲击两岸的 ECFA 议程。

其次，美已经暗示台方在与中国大陆战略关系中需要“选边站”。台湾外事部门负责人杨进添称：美国国务卿希拉里在夏威夷的演讲已经明确提到，台湾是美国在“亚洲重要的安全、经济伙伴”，双方的关系在过去几年中取得了长足的进步。③ 美乐见海峡两岸和平发展，特别是在经济与人员往

---

① 阮建平：“美国对台军售与亚太安全战略调整”，《和平与发展》，2011 年第 6 期，第 37 页。

② 阮建平：“美国对台军售与亚太安全战略调整”，《和平与发展》，2011 年第 6 期，第 37 页。

③ 苏芳禾：“杨进添：美国认为台湾是亚洲重要伙伴”，http：//www. chinareviews. com 2011 - 12 - 14。

来层面，但美在意两岸在安全、政治层面交往密切化，要求台方与中国大陆保持适度距离，甚至对两岸签署文化交流协议都表示“关心”。而美与中国大陆战略关系由“战略合作”为主偏向“战略防范”为主，这是台海和平发展所面临最大的国际环境，从而马英九连任后必须考虑美对台的战略与安全需求。美依然将台视为“安全盟友”，两岸在政治、安全与军事上又存在分歧，因此，战略与安全上“靠美”仍是台湾第一选择，但经济上将持续“依赖”中国大陆。“政经分离”路线是台湾最有利的政策选择，所以马英九的内外政策将继续采取“经济上靠大陆，安全上靠美国”的既定政策，在两岸和平与对美关系上力求“平衡”的政策策略。所以，台湾学者提出台湾未来发展战略是与美国“亲而不密”，对大陆“和而不统”。因为台湾靠大陆赚钱，靠美国保护。“台湾仍然是美国立国精神的价值同盟，是中国大陆政治体制改革的催化剂，是西太平洋战略航道的枢纽，是解放军反介入战线部署中的空窗。”①

第三，两岸关系和平发展的局势与东亚、亚太地区整体形势之间的关联度更大，尤其是受到美国“重返亚太”战略及其实施的影响更加直接。台海形势作为亚太地区形势的一个重要组成部分，当然与亚太地区整体形势不可分割，但事实上，由于两岸关系形势发展特殊性，两岸执政当局都认同与坚持“九二共识”的共同政治基础，两岸关系和平发展在亚太地区形势的发展中“一枝独秀”。所以，“两岸和解可以为亚太地区提供一个安全和稳定的和平环境”，“事实证明，马政府没有因为‘和陆’政策而影响到台湾和美国的实质关系”。马英九执政期间，“台湾在传统安全和非传统安全面，一直都采取与美国合作的立场”。② 壮大台湾、连结亚太、布局全球是台湾经济发展的主轴，都有赖于稳定的海峡两岸关系与和平的中美关系。而2012年后台海形势发展态势，将受到美国重返亚太战略的实施、中美关系发展程度及亚太地区形势演变等更多的影响与牵制。毕竟，台湾与美国的经济依存度还是不小。三十年前，台湾对美出口占所有出口一半以上。2010年台美双边贸易总额568亿美元，较2009年成长36.3%，其中包括出口314亿美元，成长33.6%，进口253亿美元，成长39.8%。2010年美国对台投资216亿美元，占所有台湾外资2成。台湾是美国第9大贸易伙伴、第

① 黄介正：“我国也要讲‘核心利益’”，（台湾）《联合报》，2011年9月12日，A4。

② 赵春山：“台美关系更上层楼”，（台湾）《中国时报》，2011年12月23日，A18。

13 大出口市场及第 9 大进口来源，是美国农产品的第 6 大出口市场。①

第四，两岸关系的发展将受中美在亚太的互动影响。对于中国而言，中国将亚太地区作为安身立命之所和实现和平发展的重要地缘战略依托。亚太地区是否具有一个和平的安全环境，直接决定着中国未来的发展方向和发展路径。中国主要的经济、政治、外交、安全等资源主要集中投放在亚太地区。对于美国则将亚太地区视为实现“美国的太平洋世纪”和未来十年外交方略最重要的场所。亚太地区集中了日本、韩国、澳大利亚、菲律宾和泰国等美国主要的安全合作伙伴。与此同时，亚太地区也是中美两国利益交集、交叉、交融最集中的地区。包括军事互信、对台军售、贸易摩擦、市场准入、知识产权、货币汇率等结构性矛盾将在中长期内影响两国的良性互动。台湾问题是中美在亚太互动的重要内容，如果中美不能实现良性互动，美国一味采取各种手段遏制中国、打压中国，并将台湾问题作为制衡中国的一张牌，根据其需要来打这张牌，将使中美关系大幅波动，势必影响两岸关系的和平发展。

---

① 庆正：“马英九：美台共同开发大陆市场”，（台湾）《旺报》，2011 年 9 月 15 日，A14。

海峡两岸海洋合作的基础、实践路径及障碍性因素

严安林

海洋资源是近年来越来越为人类所倚重的丰富资源，包括东海、南海等在内的海洋合作，则是海峡两岸关系中已经显现，且将日益凸显的重要合作议题。两岸在海洋资源的保育、维护与开发上，具有广泛的合作前景，将逐渐成为两岸关系和平发展的重要内容，也将是巩固与深化两岸关系和平发展内涵的契合点与重要抓手。

一、两岸开展海洋合作的必要性与可行性

海峡两岸开展海洋合作，既是全球与亚太海洋形势发展的需要，也是两岸关系和平发展的需要。两岸开展海洋合作，既有两岸同属于一个中国的客观政治基础，也具有广阔的合作前景。

（一）两岸开展海洋合作的必要性

1. 全球海洋形势发展的需要与海洋意识的提升

随着陆上资源开发的日渐匮乏，海洋资源成为人类生存与发展的重要凭借，尤其是科技的发展使人们对海洋资源的开发与利用更加便捷，海洋在国家与国际战略中的地位迅速提高，包括部分原先陆权意识强烈的国家也开始提高海洋意识，将发展的目光转向海洋。这样，各国对海洋资源的占有甚至争夺也就开始加剧，岛屿尤其成为各方必争之地。中国周边各国对海域的主权争执与资源争夺日益加剧，作为中国的传统、主权水域——东海与南海等，因为蕴涵丰富的矿产、石油、油气等各种资源，也成为多方采取措施进行控制与加紧开发的对象。日本具有较领先的海洋意识，故而一直对东海海

域采取各种“圈地”行动，越南、马来西亚、文莱及菲律宾，都在逐步蚕食中国在南海的岛屿及其海域。菲律宾数百年来从未提出对黄岩岛的主权要求，在海洋意识上升后居然也开始提出其主权主张。南海中的 53 个岛礁，42 个被其他国家占领。各方围绕海洋及其岛屿的斗争性质，已经由海洋权益之争上升为海洋战略的博弈。包括美国等区域外大国的介入，使其东海、南海问题的意图逐渐明朗化与公开化，也向海峡两岸提出了开展海洋合作的紧迫性课题。①

2. 日本“国有化”钓鱼岛催生两岸加强保钓合作

日本领土面积只排在世界第 61 位，却拥有 6852 个岛屿，它的周边海域，即包括领海和作为“经济领海”的专属经济区在内的可支配海域面积却达到 447 万平方公里，是其领土面积的 12 倍，位居世界第 6 位。日本的海洋国家意识决定了它对于海洋领土是寸土必争的。近几年来，日本一直在企图加强对钓鱼岛及其附属岛屿的实际控制，包括加强海上保安厅力量配备、加紧推进“离岛法制化”建议。特别是 2012 年 4 月以来，推动进行所谓“购买”钓鱼岛政策，至 9 月 10 日，日本政府正式决定以 20. 5 亿日元购买钓鱼岛等 3 个岛屿。日本政府“国有化”钓鱼岛的政策行为，是对中国主权与领土的严重侵犯，是对中华民族民族感情的严重伤害，从而遭到了两岸中国人的共同反对与同声谴责，在两岸四地与华人世界掀起了有史以来第 3 场轰轰烈烈的保钓运动。尽管日本的民族主义近期略有消退，日本民众也开始反思“购岛”风波对日本经济的影响。但可以预期，台海两岸与日本围绕钓鱼岛问题的斗争将是一个漫长的过程，因此需要两岸采取一系列的联合行动，方可发挥“一加一大于二”的作用，才符合“台湾人在内的所有中国人的愿望”。②

3. 东海与南海的海洋资源是两岸中国人共同的祖产

中国拥有 960 万平方公里的国土，有 7500 多个岛屿，岛屿岸线 16000 公里，总面积 8 万平方公里，中国有 387 万平方公里的领海及专属经济区，排名全球的第 9 位。这是两岸中国人的共同资产，也是中华民族祖先留下来的共同财富。既然是祖产，所以两岸在东海、南海主权范围的宣示上，即两

① 崔萍、金苏源：“海峡两岸南海政策的历史考察”，《现代台湾研究》，2014 年第 4 期，第 14 页。

② 李明：“马英九东海和平倡议与彭佳屿讲话”，（台湾）《海峡评论》，2012 年第 10 期，第 24 页。

岸在主权利益上是重叠的，在维权议题上也有共识。基于民族大义两岸都需要进行海洋合作。因为两岸都是中华民族的一分子，有共同的民族责任，维护中国的主权、领土完整与海洋权益，是两岸中国人、中华民族共同的历史责任。马英九2012年在接受香港《亚洲周刊》专访时表示，4年前，台方就在钓鱼岛附近海域进行了多次的护渔行动，过去4年有13次与日本海上保安厅的对峙情形，“不是只纯粹保护我们的渔民，更重要的是，必须保护我们渔民长年来在当地捕鱼的权利”。①

4. 两岸有共同的海洋利益

两岸之间的政治立场固然不同，但是两岸在捍卫中华民族领土与主权上的立场应当，也完全可以达成一致。无论是在东海还是南海，日本、越南与菲律宾等近年来的一系列做法及事态发展，已经严重侵犯与损害了中华民族的领土主权与海洋权益，同时也对东亚地区的和平稳定造成了严重的损害。而未来，无论是南海还是东海，都不能排除争端处于“冲突和摩擦的边缘上徘徊”的状态。② 从而两岸采取一致的、共同的立场至为紧迫。

5. 两岸加强海洋合作有利于台湾的安全

无论是东海还是南海，发展态势趋向于紧张还是缓和，皆攸关台湾地区的安全利益保证。通过两岸海洋合作，不仅有助于两岸经济等共同利益的最大化，而且将有利于台湾地区的安全与稳定。

（二）两岸海洋合作的可行性

1. 两岸在捍卫国家主权和领土完整上的坚强决心和政策主张相似

两岸在捍卫国家主权与领土完整上的决心都相当坚定，中国大陆强调不惹事，但也不怕事。在事关主权和领土完整的大是大非问题上，绝不做无原则的退让；台方强调“寸土不让”。两岸都主张钓鱼岛是中国固有的领土，都主张南海中的南沙群岛、西沙群岛、中沙群岛和东沙群岛属于中国固有领土。大陆提出了“主权归我（中国），搁置争议，共同开发”的解决争议的建议；台湾方面提出了“主权在我、搁置争议、和平互惠、共同开发”的主张。2012年11月马英九接受《亚洲周刊》专访时表示：要“既捍卫主

---

① 邱立本、童清峰：“独家专访马英九”，（香港）《亚洲周刊》，2012年11月18日，第46期。

② “思想者论坛——东海南海争端发展与中国的战略应对”，（香港）《中国评论》，2012年9月号，第68页。

权，也维护渔权”，基本政策是：“捍卫主权、渔权，和平处理争议，共同开发资源。”[①] 但两岸海洋合作客观上存在问题，正如台湾《新生报》社论所指出：“虽然两岸目前已基本实现三通，但双方的经贸合作实质上主要以陆地与空中为主，环绕两岸的广大海洋，双方迄今尚无有实质的合作。”两岸在东海、南海的“海域的合作是空荡荡的”。[②]

2. 两岸海洋合作具有共同的、广泛的民意基础

台湾民调显示，绝大多数民众支持两岸合作保钓，支持两岸在维护海洋权益方面携手合作，行使和捍卫中国海洋主权的“任何行动都会得到岛内民众、不分蓝绿阵营的支持”。[③] 大陆的民意更是如此，马英九团队 2012 年 9 月 24 日在钓鱼岛附近海域的护渔表现，大陆民众大都给予了肯定。两岸任何一方在行使管理权的面临外力因素挑战时，另一方应有责任与义务提供帮助与协助，以共同维护中国主权的完整。

3. 东海与南海紧张局势的凸显为两岸海洋合作提供了新的机遇

随着东海、南海等地区维权形势的严峻化与复杂化，两岸在维护中华民族领土与海洋权益方面，不仅确实存在急迫性，且因为主张相同、政策相似、利益相连，从而出现了开展海洋合作的历史性机遇。

4. 两岸关系和平发展为两岸海洋合作创造条件、奠定基础

2008 年以来，两岸关系出现了历史性和平发展的新局面，两岸在经济、文化、社会等领域的交流蓬勃发展，两会协商制度化、大量协议成果的产生与协商经验，两岸政治互信的建立与巩固，都为两岸之间的海洋合作创造了条件，提供了基础。邱毅甚至认为马英九所谓两岸“不联手”的定义只是因为缺乏军事互信，在军事上不联手，同时，“也会引起台湾内部更大的政治困难”，而在矿权、渔权及非军事合作层面应有空间。[④]

5. 两岸综合实力的上升为海洋合作提供物质支撑

2010 年中国大陆经济总量超越日本，成为仅次于美国的全球第二。大陆与台湾的外汇储备分别是 3.2 万亿美元与 3940 多亿美元，居世界第一与第四。有了这样的实力，在维护海洋权益方面有了物质保障。特别是中共十

---

① 邱立本、童清峰：“独家专访马英九”，（香港）《亚洲周刊》，2012 年 11 月 18 日，第 46 期。

② 社论：“将九二共识的效益极大化”，（台湾）《新生报》，2012 年 10 月 31 日，第 2 版。

③ 郭健青：“两岸共同捍卫主权和领土完整”，《现代台湾研究》，2012 年第 4 期，社论页。

④ “思想者论坛——两岸能否在南海东海携手合作”，（香港）《中国评论》月刊，2012 年 11 月号，第 77 页。

八大报告提出了“提高海洋资源开发能力，发展海洋经济，保护海洋生态环境，坚决维护国家海洋权益，建设海洋强国”的主张，[①] 可以视作是发展海洋经济、开展两岸海洋合作的“集结号”。有学者认为黄岩岛对峙是中国大陆在维护南海主权问题上的转折点，也是南海地缘战略情势的转折点。蔡增家认为这次钓鱼岛事件“最大的一个问题是改变现状之争”，“日本实际上一直控制着钓鱼台，它改变的是国内所有权的移转。改变现状的是大陆”。大陆海监船、渔政船的巡视动作“就是要建立其军事实力在钓鱼台海域的常态化”，“大陆利用这个机会把钓鱼台的现状改变了”。[②]

二、两岸海洋合作的实践路径

台湾的张亚中教授对两岸之间的海洋合作提出了：“政治默契、民事互助、经济合作”的基本路径。[③] 应该说这是比较全面的合作模式。两岸海洋合作似可由以下实践路径开始。

（一）两岸海洋合作模式：从民间到官方，从默契到互动

两岸之间的海洋合作是否也可以从民间开始，第一步是由民间开始合作，民间先行，包括学术界的合作。第二步是官方介入。官方之间的合作需要由默契开始，由默契产生彼此之间的互动关系。如双方两岸是否可以共同护渔、轮流护渔？在维权行动方面应有心照不宣的配合，如可以考虑划定双方的维权责任区、逐步建立分区值班或轮流值班制度，核心则是一定要体现两岸在有关争端海域的力量存在。

由于马英九执政团队认为中国大陆与日本在钓鱼岛及东海可能发生武装对峙，会使台湾陷入不必要的“国防紧张”状态，“破坏”既有势力平衡与和平情势。基于维护与巩固两岸政治互信的需要，大陆对保钓的基本政策目标，如“正视现实、承认争议、重建共识、共同管控、和平解决”等也可透过适当管道让马英九团队知晓。

---

① 胡锦涛：《坚定不移沿着中国特色社会主义道路前进，为全面建成小康社会而奋斗——在中国共产党第十八次全国代表大会上的报告》，人民出版社，2012 年 11 月，第 40 页。

② 卢虹、王超群、张芷雁记录：“日本酒醒了，钓鱼台冲突可控”，（台湾）《旺报》，2012 年 11 月 2 日，A8 版。

③ “思想者论坛——两岸海洋事务合作前景”，（香港）《中国评论》，2012 年 10 月号，第 75 页。

两岸官方合作的可行方式则是建立钓鱼岛问题或者南海问题的两岸沟通机制。条件成熟时在既有的“经合会”机制下成立“两岸东海钓鱼台及南海经贸合作委员会”，“将 ECFA 这个载体延伸到东海钓鱼台及南海区域”。①如果初期有困难，也可先以二轨方式进行。

（二）两岸海洋合作范围之一：渔业与经贸合作

考虑由两岸渔业协会牵头，协商包括钓鱼岛在内的东海与南海渔业合作会谈，探讨建立渔业合作机制，使之成为两岸经贸合作的组成部分。李英明提出：“在九二共识的基础上，以 ECFA 为载体，将东海及钓鱼台相关海域纳入两岸经贸旅游观光的合作范畴之内，其中要者如共同探勘开发海洋资源、人道救援、生态旅游等。”②

（三）两岸海洋合作范围之二：科研合作

考虑由两岸的科研单位联合进行海洋科学研究，如海洋生物、渔业资源、油气矿业资源、气候变迁、生态保育、水文资源等的合作调查。条件成熟后设立海洋保护区，对渔业资源进行保护与使用。

（四）两岸海洋合作范围之三：能源合作

1993 年 4 月在新加坡举行的“汪辜会谈”中，汪道涵提出了“两岸经济交流合作”的八个具体问题，其中的第七点就是有关两岸合作开发能源、资源问题与第八点是两岸合作开发台湾海峡与东海无争议地区的石油资源问题。

（五）两岸海洋合作范围之四：非传统安全问题

两岸扩大目前的近海海上救助到东海、南海等远海甚至民事安全、共同打击海盗等，进而探讨建立海上安全与打击犯罪合作交流机制。

（六）两岸海洋合作范围之五：协商两岸海洋合作框架协议

两岸海洋合作科研视作是两岸政治合作的“试验田”。两岸尝试协商研

---

① 李英明：“钓岛争端升温，两岸须加强互信”，（台湾）《旺报》，2013 年 2 月 6 日，C3 版。

② 李英明：“建构钓鱼台三边谈判格局”，（台湾）《旺报》，2012 年 10 月 18 日，C6 版。

究并签署东海与南海相关海域的渔业合作协议的可行性，内容包括的共同海域的渔业资源的维护与保育、作业安全互助、渔业交流等，其作用不仅可以起到共同宣示主权的意涵，而且也是实质化解两岸民间在海上捕鱼存在的可能摩擦。王高成提出两岸联合举办“南海论坛”，两岸权威智库开展系列东海与南海海洋合作二轨会议应该是完全可以做得到的。

三、影响两岸海洋合作的可能因素

催生两岸开展海洋合作的基础与有利因素确实不少，使两岸开展海洋合作的前景大有可为，尽管如此，也需要客观看到影响与制约两岸开展海洋合作的负面因素也不少。只有这样，才能充分发挥有利因素，排除不利因素，以推动两岸的海洋合作走上健康轨道。

（一）外部不利因素

进入21世纪以来，东海与南海的局势发生深刻变化。周边国家与域外势力纷纷调整其战略及对南海的政策。东海、南海地区成为各方战略博弈的新舞台。这既是两岸必须开展海洋合作的大背景，也是两岸开展海洋合作的负面环境。

1. 美国因素

美国因素是两岸开展海洋合作的最大障碍。首先，东海、南海海洋矛盾爆发的最大背景与气候就是美国重返亚太战略的推动与实施。美国重返亚太战略的初衷，就是美国要维持在西太平洋的领导地位。其中美国的南海战略是其亚太战略极其重要的组成部分。因为美国举足轻重的地位，从长远来讲，美国的战略目的是要保持其在西太平洋的优势地位，压缩中国的战略发展空间，防止中国大陆在亚太特别是东亚地区一家独大局面的出现。它既要强化美国对亚太的实际影响力，又由于美国自身经济等问题无法大幅度投入资源与能力。这样，利用东海、南海纷争，挑起事端，便是美国介入的机会。“防范与遏制中国在南海地区日益增长的影响力，已成为美国近期和今后一个时期的战略目标”。[①] 2009年之前，南海地区尽管存在领土与岛屿争端，但是总体局势一直平稳。2010年美国国务卿希拉里在东盟地区论坛中

① 张海文：“南海局势及其相关背景分析”，（香港）《领导者》，第16页。

高谈南海“航行自由”并宣称美国在南海有国家利益后，南海局势即发生转折，开始波涛汹涌。

其次，美国基于维系其在亚太地区领导地位的考虑，频频纵容日本、越南与菲律宾等国家展开与中国的岛屿争夺。其中在钓鱼岛问题上，美国改变过去对钓鱼岛是否纳入《美日安保》体系采取的模糊做法，直接、公开提出钓鱼岛属于《美日安保》体系范畴。美国在东海与南海所采取的是“貌似中立”、实质上是“带有干预性的积极介入”的政策，让“美国在南海问题上的插手在很大程度上是扮演了平衡中国（大陆）的角色”。[①] 美国的南海政策意图有限度地激化南海争端，恶化中国与南海争端国之间的关系，搅乱南海地区和平稳定的局势，为中国制造困境，从而达到制约中国发展的目的。

再次，美国施压台湾不得与大陆联手。美国间接与直接要求台湾方面在钓鱼岛问题的争议中不能与中国大陆相呼应，防止两岸联手保钓。应该说这是台湾方面公开提出不与大陆联手保钓的主要原因。郑剑认为：“美国的重返亚洲战略，是以遏制和应对中国崛起为主要目标、离间周边关系为基本手法、组织军事经济政治围堵圈为行动样式的新战略。”[②] 在此战略下，美国既在背后支持日本利用钓鱼岛问题挑战中国大陆的战略底线与战略忍耐度，又施压台湾方面不能与大陆联手。丁树范认为：“美国因素会对台湾形成很大的限制”，因为台湾“在政治及安全上仍然高度依赖美国”。[③] “对于南海问题，两岸不能合作的最大因素是美国”，“美国绝对不愿见到两岸联手，共同维护主权，形成对美国战略部署的挑战”，“美国持反对态度，是两岸难以联手的关键”。[④] 因为台湾在安全、政治、经济及军事等领域均有赖于美国。

第四，中国周边海洋局势的变化特点是多点（黄海、东海、南海），同步（即在时间与程序上）、联动（即东海与南海，日本、菲律宾及越南等）及多边化与国际化态势，其中不仅美国是“影武者”，而且菲律宾与越南等在外交上也是相互借力，军事上联合军演等。因此，美国因素是东海与南海

---

① “思想者论坛——东海南海争端发展与中国的战略应对”，（香港）《中国评论》，2012 年 9 月号，第 67 页。

② 郑剑：“海峡两岸南海合作路线图”，（香港）《中国评论》，2012 年 9 月号，第 19 页。

③ “思想者论坛——两岸海洋事务合作前景”，（香港）《中国评论》，2012 年 10 月号，第 70 页。

④ 江素惠：“美国是两岸南海合作最大制约”，（香港）《东方日报》，2012 年 11 月 4 日。

形势带来更多的不确定因素。

2. 日本因素

东海争端主要包括东海油气资源的开发、海洋划界以及钓鱼岛纷争。日本对钓鱼岛的目的是加强对钓鱼岛的实际控制。20 世纪 90 年代中后期开始日本加快了对钓鱼岛的实际控制步伐。郑海麟认为，在钓鱼岛问题上，日本玩的是“一中一台”政策：对中国大陆强调不存在领土争议的“持论依据”是钓鱼岛是“台湾的附属岛屿”。而对台湾方面，则是坚持“只谈渔权，不谈主权”，最终达到其所主张的“实际控制即拥有主权”的目的。① 日本甚至以渔权谈判为诱饵，采取分化与离间两岸合作的手段。

3. 东南亚相关国家

东南亚相关国家出于其国家利益考虑，当然不乐见两岸开展海洋合作。但受到地缘战略环境的制约，台湾方面事实上也不愿意与东南亚国家交恶。从而在两岸的海洋合作上顾虑较多。

（二）台湾内部政治环境与因素

1. 台湾社会的“亲日情结”

日本与台湾社会民间往来密切，台湾对日本保持友好的社会基础雄厚，这从日本“311”大地震中台湾对日本的民间捐助最多可见一斑。正是这雄厚的“亲日情结”，让台湾不少人对钓鱼岛主权的争议并不关心，北部的渔民固然在意钓鱼岛的主权归属，但中南部的农民似乎认为钓鱼岛与他们没有关系。所以，李登辉敢于多次强调钓鱼岛属于日本。《自由时报》甚至认为两岸联合保钓对台湾不利，会对台湾的渔权、安全以及与美国等的关系有“危害”。

2. 民进党在钓鱼岛问题上对马英九的牵制

作为台湾最大的反对党，民进党在钓鱼岛等问题上的立场，对马英九团队的保钓及两岸海洋合作形成制约，正如李明教授所言：因为“蓝绿阵营对抗的影响，由于缺乏朝野共识而削弱了自己的力量”②。民进党之所以冷漠以对保钓，原因在：一是“台独”立场使然。民进党一直没有放弃“台

① 郑海麟：“钓鱼台与两岸和平协议”，（台湾）《中国时报》，2012 年 11 月 10 日，A19 版。

② 李明：“马英九东海和平倡议与彭佳屿讲话”，（台湾）《海峡评论》，2012 年第 10 期，第 24 页。

独”的基本立场，因为主张“台独”、坚持“台独”意识形态，民进党无法自圆其说地阐明其在金门、马祖、南海太平岛包括钓鱼岛的主权归属主张，甚至放弃该坚持的主张。因为中国大陆一直强调钓鱼岛是中国的领土，从而民进党感觉台湾怎么能与中国大陆立场一致呢？也担心“两岸联手会不会同属一中”，[1] 殊不知，中国大陆的立场是：钓鱼岛属于台湾的宜兰县头城镇。两岸在钓鱼岛主权归属上的立场其实是一致的。二是民进党内的“亲美情结”与“媚日情结”作祟。为了实现“台独”美梦，民进党在对外政策上主张依靠美国与日本来对抗反对“台独”的中国大陆，从而在对日政策主张上采取“亲美”与“媚日”的政策行为。民进党明了是在美国的怂恿与纵容下，日本政府及右翼势力在不断挑战与升级钓鱼岛的主权争议，明了即使是“打狗也要看主人”，所以，举凡与日本有关者，民进党就难以说“不”，不敢说“不”，不能说“不”，所以在钓鱼岛问题的争议上，社会与媒体只见民进党对马英九与国民党的冷嘲热讽，不见民进党捍卫主权的主张，包括对李登辉一直在强调的所谓台湾对钓鱼岛只有渔权没有主权的谬论，也不见民进党人士给予更正。民进党的做法为的就是不能得罪美国，为的就是要给日本好感，要维系民进党与日本的友好关系，即使牺牲钓鱼岛也在所不惜。三是严重的蓝绿对立思维与“逢马必反”惯性使然。基于反对国民党的需要，基于反对马英九的需要，基于马英九曾经是“保钓”青年的缘故，国民党主张自然是民进党人不能贸然赞成与支持的，马英九任何做法都是民进党不能认同与肯定的，所以，对马英九的“东海和平倡议”民进党不能给予掌声，对马英九登上彭佳屿要去宣示对钓鱼岛主权，苏贞昌甚至批评马英九是“自我阿 Q”，为的就是污名化马英九，让马英九的施政没有任何效果，让马英九团队的社会支持度不断下跌，这样就符合了民进党在 2014 年“七合一”选举中打败国民党的期待与目标，最终在 2016 年挑战国民党成功。其思维的本质是：在民进党及其人士的眼中，民进党的政党利益高于台湾利益，民进党一己之私的利益高于全体台湾民众的利益。四是本土化潮流下民进党及部分人士的短视与盲视。在本土化潮流与选举政治驱使下，民进党及部分人士的眼中没有两岸关系发展潮流，更谈不上明了世界与全球趋势，有的只是选票，其所追求的除了选票就是选票，除了要掌握政权

---

① “思想者论坛——两岸能否在南海东海携手合作”，（香港）《中国评论》，2012 年 11 月号，第 78 页。

外，就是执政至上。因为钓鱼岛上没有民进党需要的选票，没有民进党能够捞取的选票，所以，民进党不关注、不关心钓鱼岛也属必然，也是民进党人士的正常思维了。

3. 马英九当局基于维系台日关系的需要

马英九个人理念是认为钓鱼岛属于台湾的宜兰县，并被日本误解为“反日”，但马英九自出任台湾地区领导人以来，一直强化台日关系，深怕因为钓鱼岛争议影响与日本关系，从而是在政策主张与实际行动上都小心谨慎，唯恐得罪日本。马英九团队从而对两岸海洋合作顾虑重重，瞻前顾后，“不愿因此问题而损害台日之间的友好关系”。[①]

（三）两岸之间的政治障碍

两岸之间的政治问题不少，包括政治互信不足。兰宁利认为：“台湾短期内还不可能与中国大陆联手，因为没有政治互信。”[②] 因为两岸之间客观存在的政治互信的不足，从而台湾有关部门认为大陆提出联合保钓是“别有用心”、“分化台湾”。香港保钓船于2012年9月15日登岛，两岸四方旗帜被带上钓鱼岛，就有人认为是大陆有意的“统战阴谋”。其实应该看到大陆在保钓政策上的转变：希望与期待台湾扮演角色，发挥积极性的作用。因为政治互信不足，台方也担心两岸联手而被指控“矮化”台湾的地位，包括“怕北京借此机会占小便宜，给台北穿小鞋，更怕美国、日本的可能压力，台北各方面的顾忌不能说是一无所本”。[③]

① 汤绍成：“当前两岸关系的外部环境”，（香港）《中国评论》，2012年9月号，第42页。

② “思想者论坛——两岸能否在南海东海携手合作”，（香港）《中国评论》，2012年11月号，第73页。

③ “思想者论坛——两岸能否在南海东海携手合作”，（香港）《中国评论》，2012年11月号，第78页。

台海两岸如何在钓鱼岛问题上形成合力

吴寄南

从上一世纪70年代初以来，台湾海峡两岸与日本之间围绕钓鱼岛主权归属问题始终没有停止过对立与较量。进入新世纪以后，这一热点问题呈日益升温之势。2008年以来接踵发生的两起撞船事件堪称其象征。第一起事件发生在2008年6月10日。日本海上保安厅的巡视船在钓鱼岛海域撞沉台湾海钓船“联合”号，还扣押了“联合”号的船长。两年后的2010年9月7日，日本海上保安厅巡逻船在同一海域拦截中国大陆渔船“闽晋渔”5179船时发生碰撞事件，日方将大陆船长拘留了十七天之久，声称要按照日本国内法进行审判。这两起事件最终都以日本暂时退让而告一段落。但是，种种迹象表明，围绕钓鱼岛主权归属的争端在未来相当长一段时期内依然是东亚地区一颗随时可能引爆的“定时炸弹”。

一、台海两岸与日本之间有关钓鱼岛争端的三大焦点

钓鱼岛问题开始受到全球瞩目是在上一世纪70年代初。1971年1月30日，中国留美学生和海外华侨在纽约等地举行的保钓游行犹如一声春雷，唤起了台湾两岸对日本图谋圈占钓鱼岛问题的关注。这场保钓运动延续四十年，并逐渐由海外传至台湾、香港和中国大陆地区，将它称为现代的“五四”运动一点也不过分。

近四十年来，台湾海峡两岸与日本间无论是学术界、传媒界，还是政界、官界，也无论是在国际场合面对面的交锋，还是纸上论战、隔空喊话，有关钓鱼岛主权归属的争端此伏彼起，绵延不断。归结起来主要有三大焦点：

（一）钓鱼岛是不是日本断言的“无主地”？

现存的大量历史文献无可辩驳地表明钓鱼岛是中国人首先发现、命名、开发和利用的。

钓鱼岛位于东海大陆架上，总面积约 6.3 平方公里，由钓鱼屿、黄尾屿、赤尾屿、南小岛、北小岛等八个岛礁构成。从地质构造来看，它位于从中国大陆向西延伸的东海大陆架上，是台湾的附属岛屿，与日本的石垣岛之间隔着一道平均水深 2900 米的冲绳海沟。

中国古代文献中最早有钓鱼岛记载的可追溯到明朝永乐元年（1403 年）问世的《顺风相送》。在这本书里，作者详细记录了由福建驶往琉球航线上的诸多岛屿，其中就有钓鱼屿。日本声称钓鱼岛是所谓日本固有领土，由冲绳县管辖。但冲绳县早先是独立的琉球王国，1878 年才被日本并吞。从明太祖起，历代琉球国王都接受中国皇帝的册封，并常年向中国纳贡。明、清两代，朝廷派往琉球的册封使分别有十九批和八批。现存最早的册封使述职报告是明嘉靖十三年陈侃写的《使琉球录》。书中如此记载：“五月朔，予等至广石……五日始发舟，不越数舍而止，海角尚浅。至八日，出海口，方一望汪洋矣。九日，隐隐见一小山，乃小琉球也。十日，南风甚讯，舟行如飞。然顺流而下，亦不甚动。过平嘉山、过钓鱼屿、过黄毛屿、过赤屿，目不暇接，一昼夜兼三日之程。夷舟帆小，不能及，相失在后。十一日夕，见古米山，乃属琉球者。”① 明朝以后，钓鱼岛诸岛不仅是由福州至琉球的航路标志，在各种航海图志中均有罗盘方位和航行距离的详细标注，它们也是中国近海防御体系的重要环节。明嘉靖年间，倭寇猖獗，浙江总督胡宗宪受命剿灭倭寇。其幕僚郑若曾编撰的《筹海图编》，钓鱼岛群岛的钓鱼屿和赤屿等岛屿分别列入福建罗源县定海所和宁德县两大防区。

在日文文献中，最早记载钓鱼岛的是德川时代著名地理学家林子平撰写的《三国通览图说》（1785 年）。书中提及琉球王国管辖有三十六岛，但是，三十六岛中不包括钓鱼岛的任何一个岛屿。② 然而，日本在 1878 年并吞琉球后即企图将钓鱼岛据为己有。1884 年，福冈出身的一位日本商人古

---

① 陈侃：《使琉球录》，《国家图书馆藏琉球资料汇编》，上册，北京图书馆出版社，2000 年，第 27 页。

② ［日］村田忠禧：《尖阁列岛、钓鱼岛争议——对 21 世纪人们智慧的考验》，日本侨报社，2004 年，第 17 页。

贺辰四郎自称“发现”了钓鱼岛。冲绳县知事遂上书内务省要求在岛上建立界碑。内务省不敢擅自批准申请，将公文转给了外务省。1885 年 10 月 21 日，外务大臣井上馨如此答复内务大臣山县有朋：“清国对各岛已有命名。近时清国报纸刊登我政府占据台湾附近清国所属岛屿之传言，对我国怀有猜疑，屡促我政府注意。此时公然建立国界标志，势必招致清国猜疑。……至于建立国界标志着手开拓一事，当以俟诸他日为宜。”① 1890 年和 1893 年，地方当局两次提出建碑申请，日本政府均予以拒绝。1895 年 1 月 14 日，日本在甲午战争中已稳操胜券，内务省与外务省均认为“今昔情况已殊”，可以不必顾虑清廷态度，将钓鱼岛并入日本版图。于是，内阁会议便做出决议将钓鱼岛纳入冲绳县管辖范围并在岛上竖立界碑。同年 4 月 17 日中日双方签订马关条约，明确将台湾全岛及所有附属各岛屿“永远让于日本”。

显然，如果钓鱼岛真是“无主地”，那 1885 年就可以去实行占领，根本不需要顾虑中国的态度。正如横滨国立大学村田忠禧所指出的：“作为历史事实，被日本称为尖阁列岛的岛屿本来是属于中国的，并不是属于琉球的岛屿。日本在 1895 年占有了这些地方，是借甲午战争胜利之际进行的趁火打劫，决不是堂堂正正的领有行为。”②

（二）东海海域是否如日本政府所宣称的不存在领土争端

日本政府近年来一直强调东海地区根本不存在领土问题，称日本拥有钓鱼岛（尖阁列岛）的领土主权，不需要同任何国家讨论其领土地位。最近发表的 2011 年《防卫白皮书》也只强调日本的北方四岛被俄罗斯占据，竹岛由韩国占领，只字不提钓鱼岛的争端。这实际上是一种把头埋在沙堆里，闭眼不看现实的“鸵鸟”政策。

中日双方在第二次世界大战结束后相当长一段时间里，的确没有就钓鱼岛问题有过龃龉。日本的国定教科书没有提及所谓的尖阁列岛，而台湾海峡两岸也没有就钓鱼岛主权归属问题与日本交涉。1968 年底，联合国的一份调查报告透露了钓鱼岛周围海域蕴藏有大量的石油天然气资源，其规模堪与伊拉克相匹敌。这一发现使得钓鱼岛的归属问题骤然上升为全球瞩目的热点。台湾水产研究所率先在岛上竖旗立碑，美国占领下的琉球当局也匆匆忙

① ［日］《日本外交文书》，第 18 卷，日本国际联合协会，1951 年，第 575 页。
② ［日］村田忠禧。同前书，第 46 页。

忙在钓鱼岛竖起八重山郡所有的界碑。台海两岸当局分别在1971年6月和12月发表声明，表明对钓鱼岛拥有主权的立场。1972年5月，美国将琉球连同钓鱼岛的行政权一并移交给日本时，台海两岸同时表示谴责。中华人民共和国驻联合国代表黄华专门致信联合国秘书长瓦尔德海姆，强调美日两国政府拿中国的领土钓鱼岛私相授受完全是非法的、无效的。近四十年来，台海两岸一天也没有松动过在钓鱼岛问题上的立场，并分别通过立法将钓鱼岛列入领海范围或明确其行政隶属。

其实，就连日本最大的盟国美国也不认同日本所谓东海海域不存在领土问题的主张。1971年4月，钓鱼岛争端初露端倪，美国国务院便警告美国的石油公司不要在中日间有争议的东海海域从事石油勘探。随后，美国国务院明确表态："美国已经将它从日本那里接受的这些岛屿的管理权归还给日本，绝没有损害任何潜在要求。在日本将这些岛屿的管理权移交给美国之前，美国无法增加日本原来所拥有的合法权力，美国在归还这些权力时，也无法减少其他权力要求人的权力。美国没有对尖阁列岛作任何主张，并认为任何有关这些岛屿的所有权的冲突应该由有关方面自己去解决。"① 2010年9月，就在中国大陆与日本围绕钓鱼岛撞船风波发生激烈冲突时，美国一面声称日美安保条约适用于日本施政下的钓鱼岛，一面仍坚持美国对钓鱼岛主权争端不持立场，这一问题应由有关各方协商解决。在同年10月举行的东盟扩大的防长会议期间，日本防卫大臣北泽俊美广泛游说与会各国，声称尖阁列岛是日本的领土。但是，没有一个国家附和北泽的主张。

（三）在钓鱼岛问题上究竟有没有过"搁置争议"的共识

正是从东海不存在领土问题这一虚拟的前提出发，近年来日本的政要屡屡否认中日间曾经在钓鱼岛问题上达成过搁置争议的共识。

其实，中日两国在1972年围绕邦交正常化的交涉过程中曾不止一次地触及钓鱼岛问题。1972年7月28日，周恩来总理在会见作为日本首相田中角荣特使的公明党委员长竹入义胜时明确告诉对方，田中这次来访可以不谈钓鱼岛问题，以后让学者来谈。同年9月29日，两国签署《联合声明》

---

① U. S Senate Committee on Foreign Relations, Agreement with Japan Concerning the Ryukyu Islands and the Daito Ialandes: Hearing before the Senate Committee on Foreign Relations, 92nd Cong 1st sess (Washington, D. C, 1971), p. 91.

后，田中角荣在下榻的国宾馆门口向送行的周恩来询问钓鱼岛问题怎么处理。周恩来再次明确表示，这一问题等到适当的时候再讨论。

1978 年 8 月 12 日，中日两国签署和平友好条约。同年 10 月，时任副总理的邓小平赴东京出席条约的换文仪式。行前，双方曾达成默契，在正式会谈中不涉及钓鱼岛问题。然而，在 10 月 25 日举行的记者招待会上还是有人提出这一问题。邓小平说："'尖阁列岛'，我们叫钓鱼岛，这个名字我们叫法不同，双方有着不同的看法。实现中日邦交正常化时，我们双方约定不涉及这个问题。这次谈中日和平友好条约的时候，双方也约定不涉及这个问题。倒是有些人想在这个问题上挑一些刺，来障碍中日关系的发展。我们认为两国政府避开这个问题是明智的。这样的问题放一下不要紧，等十年也没有关系。我们这一代人缺少智慧，谈这个问题达不成一致意见。下一代人肯定比我们聪明，一定会找到彼此都能接受的方法。"① 邓小平讲话博得全场热烈的掌声。

1978 年 10 月的这次记者招待会以后，邓小平曾经不止一次地强调这一立场。"搁置争议"的共识成为中日双方处理钓鱼岛争端的基本方针。1979 年 5 月，日本海上保安厅曾派船到钓鱼岛设置直升飞机机场，但在中方交涉后很快予以撤除。1990 年 10 月，由于日本右翼团体非法在钓鱼岛修建灯塔，招致全球华人强烈谴责。随后，日本又出动巡视船拦截前往钓鱼岛海域的台湾船舶。中国外交部就此对日本进行了严正交涉。为平息事态，海部首相谴责了右翼团体的举措，内阁官房长官阪本三十次则在记者招待会上表态说他赞成中国领导人邓小平在 1978 年所做的阐述，钓鱼岛主权问题应该留给后代去决定。② 1996 年 1 月，桥本龙太郎出任首相后，中日双方再次就"搁置钓鱼岛争端、互不谋求改变现状"交换了意见。1997 年签署的《中日渔业协议》也规定双方在这一海域分别对本国的渔船实施管辖。

尽管日本政府利用右翼团体打头阵，逐步强化其对钓鱼岛的实际控制，在阪本三十次表态以后也几乎没有哪一位政要公开表明赞同邓小平"搁置争议"的方针，但从日本政府严控日方人士登岛以及 2004 年中方人士登岛后迅即遣送出境的做法来看，它对这些事件可能在双边关系上引发的风波还

---

① 田桓主编：《战后中日关系文献集（1971—1995）》，中国社会科学出版社，1997 年版，第 249 页。

② "Spokesman Favors Leaving Senkaku Island", Kyodo News International, 23 October 1990.

是非常在意的。

二、钓鱼岛争端急剧升温的深层背景

钓鱼岛问题在进入新世纪以后急剧升温。首先是日本改变了由右翼团体打头阵的迂回做法，政府机构越来越多地走上前台。2004 年 3 月，来自香港、大陆的“保钓”团体成员登陆钓鱼岛，日本政府出动警察予以逮捕并驱逐出境；2005 年 2 月，日本政府宣布将右翼团体非法设立在钓鱼岛的灯塔“收归国有”；2010 年 7 月，日本政府将日本列岛周围的二十五个离岛登记为“国家财产”，将其作为测算大陆架面积的据点。耐人寻味的是，日本与俄罗斯、韩国有争议的北方四岛和竹岛据说由于“无法调查”而被排除在外，钓鱼岛却赫然在列。其次是围绕钓鱼岛的对立由口水仗趋向直接冲撞和暴力化。2008 年 6 月和 2010 年 9 月的两次撞船事件就是例证。更引人注目的是日本政府试图改变游戏规则，蓄意制造对钓鱼岛实行“司法管辖”的判例。这也是中国大陆在“闽晋渔”5179 号事件中被迫采取强烈反制措施的“导火线”。

钓鱼岛争端缘何如此急剧升温呢？综合各方面的分析，大致可以有如下三点判断：

第一，这是日本扩张海上领土、圈占海洋资源，导致它与中国等周边邻国关系渐趋紧张的必然结果。

近年来，随着世界人口的迅速增长，资源匮乏的矛盾日益突出，加上人类开发和利用海洋资源能力的提高，导致世界范围内出现了一场“蓝色圈地运动”。日本作为一个四面环海而陆地资源极其匮乏的国家，更是采取了积极进取和持续扩张的姿态，加紧对周边领海、专属经济区的实施占有和管辖。

早在 2003 年 11 月，日本执政的自民党就成立了由参议员武见敬三牵头的“海洋权益问题工作小组”，就如何维护日本的海洋权益问题进行政策磋商和舆论引导。翌年 9 月，该小组升格为“海洋权益特别委员会”，2006 年 4 月 24 日再次改组为“海洋政策特别委员会”。2007 年 4 月 3 日和 4 月 28 日，《关于设定与海洋构筑物有关的安全水域的法律》和《海洋基本法》相继在众议院全体会议和参议院全体会议上获得通过。《关于设定与海洋构筑物安全有关的水域的法律》规定，未经国土交通大臣许可，任何船舶一律禁止进入日本海洋构筑物周边五百米的安全区域。该法案通过后，日本的企业或团体在试挖油田受到外国船舰、飞机阻拦时，海上保安厅可据此采取驱赶行动。根据《海洋基本法》，政府有义务提出完备的法律体系与财政措施，并成立一个“综合海洋政策本部”。海洋政策的指挥部为内阁官房，本部长（总指挥）由首相担任，其他的内阁阁员都是成员，另外还需新设一名负责海洋政策的大臣。“综合海洋政策本部”的任务是制订“海洋基本计划”等中长期的海洋政策方针，并在与海洋有关的行政方面进行协调。① 显然，这两部法律的出台标志着日本将运用一切手段维护其海洋权益，日本要打造海洋强国的图谋可以说是昭然若揭。

随着这些构想、法律的陆续出台，日本在海洋问题上“三箭齐发”，发动了一轮咄咄逼人的攻势：一是在东海油气资源开发问题上向中国发难。2004 年 5 月，日本经济产业大臣中川昭一声称中国大陆在东海海域有争议的“中间线”西侧开发的“春晓”油气田等“抽”走了属于日本一侧的油气资源，要求中国大陆停止开采、交出全部勘探资料。② 在遭到中方拒绝后，日本经济产业省先是在 2004 年 7 月下令在有争议的“中间线”日本一侧海域进行地质勘探，继而在 2005 年 7 月给“帝国石油公司”颁发在东海争议海域进行试开采的许可证，导致东海油气开发问题骤然成为中日两国间随时可能爆发肢体冲突的“热点”。其二是加紧在冲之鸟岛设置人工构筑物，以此作为圈占专属经济区的依据。冲之鸟岛距东京一千七百公里，涨潮时岩礁总面积只有数平方米，根本不具备人类生存的条件。按《联合国海洋法》第一百二十一条第三款的规定，这类岛屿不能拥有单独的专属经济区。日本却无理要求将冲之鸟岛周围划出二百海里专属经济区，凭空增加约四十万平方公里“海洋国土”。其三就是在钓鱼岛周边加紧驱赶台海两岸正常作业的渔船，强化其对钓鱼岛的实际控制。

在日本新一轮的“海洋圈地”运动中钓鱼岛具有极其重要的战略意义。1. 钓鱼岛周围海域蕴藏着丰富的油气资源和渔业资源。对确保日本未来能源和蛋白质供应至关重要。2. 日本掌握钓鱼岛就可以与中国大陆就划分东

① ［日］众议院，2007 年 4 月 27 日，法律第 33 号。见众议院网页：http：//www. shugiin. go. jp/index. nsf/html/index _ housei. htm。

② 中国大陆与日本在东海划界问题上存在尖锐分歧。中国大陆主张按照“大陆架自然延伸”原则，以水深 2900 米的冲绳海沟为界；日方则提出所谓的“中间线”原则，多占 30 万平方公里的海域。“中间线”原则既不是国际社会普遍认同的，也与《联合国海洋法公约》相抵触。

海大陆架进行交涉，否则将不得不面对中方要求以冲绳海沟作为划分大陆架和专属经济区的压力。3. 钓鱼岛也是日本防止中国海军舰艇突破第一岛链、确保日本列岛战略安全的天然屏障。正是出于这样的考虑。日本政府近年来陆续为位于鹿儿岛的海上保安厅第十管区、位于石垣岛的第十一管区增配了多艘大吨位、高度武装的巡视船，在钓鱼岛海域驱赶来自中国大陆和台湾的渔船时越来越具有暴力性和挑衅性。2008 年 6 月和 2010 年的两次撞船事件就是在这样的背景下发生的。

第二，这是在亚洲出现“两强并立”局面后，日本试图牵制中国、与中国进行政治较量的必然结果。

长期以来，日本作为世界第二经济大国和亚洲最大的发达国家，一直有强烈的大国情结和亚洲领导人意识。但是，随着中国大陆实行改革开放、综合国力迅速上升，日本越来越感觉到它在亚洲的地位受到来自中国的巨大威胁。首先，由于中国的迅速崛起，从 80 年代到 90 年代初东亚地区以日本为“领头雁”的“雁行结构”趋于解体，日本在东亚经济中的领导地位已不复存在；其次，美国在诸如朝核问题、伊核问题等常常撇开日本与中国磋商，一些智囊人物甚至提出中美实行共治的“G2”构想，致使日本精英层中产生了强烈的失落感。第三，中国、印度等新兴大国参加的“二十国峰会”取代日本作为亚洲唯一代表出席的“八国首脑会议”成为讨论世界经济问题的主要论坛，日本昔日的“亚洲代表”光环迅速褪色。亚洲历史上第一次出现“两强并立”的局面，不能不给中日关系带来一些微妙的变化。在中国大陆改革开放初期，日本出于扩张自身经济势力的考虑，在帮助中国大陆兴建基础设施方面一度提供过不少援助，它对来自中国的批评也大多持宽容的态度。而随着中国与日本力量消长的变化，日本朝野上下对中国的疑虑日益上升。既担心中国可能对日本过去的侵略行径进行“秋后算账”，也担心强大起来的中国重新将自己贬为附庸。

事实上，在进入新世纪后，日本在经济上利用中国的同时，在政治上、军事上对中国的牵制与防范越来越明显。小泉纯一郎担任日本首相期间，不顾中国的一再交涉和抗议，多次参拜供奉有东条英机等甲级战犯的靖国神社，导致两国关系陷入低谷。小泉之所以如此铤而走险，很大程度上是不愿意给人们留下中国施加压力就让步的印象。用一些日本学者的话来说，靖国神社问题实际已成为两国“战略意志”的一场“对决”。在海洋问题上也同样如此。中国大陆从 1992 年起在东海先后开发“平湖”、“天外天”等油气田，因为是在日本单方面划定的“中间线”西侧，日本一直没有吭声。唯独到了 2004 年、2005 年，日本一些政要突然开始拿东海油气资源开发问题说事，以根本不存在的“吸管效应”为由无理要求中国大陆停止开发，造成两国在开发东海油气资源问题上的严重对立。在钓鱼岛问题上，日本觉得中国的海上执法船越来越多地进入钓鱼岛周围海域宣示主权，它单方面对钓鱼岛进行实际控制的局面有可能被打破。于是就采取强硬对抗的方针，增配大型巡视船，将单纯驱赶非日本船舶的做法改变为动辄抓捕、扣押的高压做法，旨在迫使中国大陆接受其实际控制钓鱼岛进而法律管辖钓鱼岛的事实。

第三，这也是民主党执政团队中“少壮派”集团推行冲撞路线、实行“外交冒险”的必然结果。

2009 年 9 月，民主党取代自民党掌控日本的最高权力。这是半个多世纪来日本政坛一次真正意义上的政权更迭，是日本国内人心思变、人心思新的结果。但是，民主党毕竟缺乏执政经验，又无法驾驭庞大的官僚队伍，这就导致它执政后在内政外交上接连出错，陷入困境。民主党政权的第一任首相鸠山由纪夫致力于构筑“对等的日美关系”，密切与中韩等亚洲近邻的睦邻关系，引起美国强烈不满，在普天间基地转移问题上蓄意设卡，导致鸠山执政不到 10 个月就被迫下台。继任的菅直人急于修复日美同盟关系，除了在冲绳普天间基地转移问题上维持原定方案、迁就美国外，还重用党内“少壮派”势力代表的前原诚司集团，致使日本的外交格局再次出现了小泉时代对美倾斜、对华强硬的失衡局面。

前原诚司未必对中国有很深的成见，但他作为日本政坛“新国防族”的掌门人之一，在外交、安保政策上一贯持强硬立场。2004 年 7 月，小泉下令将登陆钓鱼岛的中国公民驱逐出境时，前原诚司曾对此进行猛烈抨击，主张应按照日本的国内法进行审讯。他在 2005 年 9 月出任民主党代表后，主张日本应该行使“集体自卫权”，并称中国大陆是日本的“现实威胁”。此次钓鱼岛撞船事件发生时，前原身为指挥海上保安厅的国土交通大臣，亲自下令逮捕船长，扣押审讯，显然是这次事件的始作俑者。菅直人第二次改组内阁时，前原改任外务大臣，更是用在野党时期惯用的冲撞路线来应对这场风波，企图迫使中方接受日本对涉事船长行使司法管辖权的事实。如果能形成判例的话，前原自然是日本外交的最大功臣。而即便做不成，也可乘机抹黑中国大陆，用所谓的“中国威胁论”震慑其政治对手，特别是让冲绳居民接受普天间基地在冲绳县内转移的方案。正是在前原的强势主导下，中日双方间的沟通日趋困难，对立越益加深。前原等人的“外交冒险”最终宣告破产。然而，中日关系却因此由“盛夏”跌回“严冬”。两国间的战略互信、经贸合作和国民感情都遭到了极大的伤害。

需要指出的是，美国在钓鱼岛问题上的态度相当吊诡。一方面，美国作为日本的盟国，有义务在日本管辖的地区遭到武力攻击时出手相助。另一方面，美国不愿也不敢彻底得罪中国，为几个荒无人烟的小岛与中国打一仗。正是因为如此，美国在钓鱼岛问题上一向小心谨慎地避免介入。1972 年 2 月，时任总统安全助理的基辛格参与制定的一份档案明确提出，让钓鱼岛问题沉寂下来最符合美国利益。钓鱼岛适用日美安保条约是美国一贯的说辞。但它在正式表态时从来都没有忘记加上一句：美国对钓鱼岛的归属问题不持立场，希望争端各方谈判解决。2010 年 9 月，中日钓鱼岛撞船事件发生后，美国国务卿希拉里对来访的日本外务大臣前原诚司表示，钓鱼岛适用于日美安保条约。国防部长盖茨也声称，一旦冲突升级，美国将会履行防卫盟友的义务。同年 12 月，日美两国在毗邻钓鱼岛的九州岛大分县海域举行了以夺取被占岛屿的两栖军事演习、其所作所为，显然是给日本民主党执政团队中“少壮派”集团的对华挑衅行为撑腰。与此同时，恰恰是美国总统奥巴马在会见菅直人首相时直截了当地要求日本立即释放中方船长，并敦促日方通过对话处理撞船事件所引发的外交风波。说到底，美国希望将钓鱼岛问题置于一种适度紧张而又可以控制的状态，实现自身利益的最大化。

三、台海两岸在钓鱼岛问题上应该密切协调，共同发力

综上所述，钓鱼岛争端由来已久，而随着形势的发展，它很可能是未来东亚地区一颗随时可能引爆的“定时炸弹”。那么，有没有可能使这一争端逐步降温，最终找到有关各方都能接受的、有利于缓和紧张局势的解决方案呢？

（一）钓鱼岛问题的当事各方谁都不会轻易让步

最简单明了的解决方法是争端的一方宣布放弃，自动退出。但这是绝对不可能的。

对日本而言，钓鱼岛是它与邻国的领土纠纷中唯一掌握着实际控制权的岛屿群。朝野政党在钓鱼岛归属问题上也早已形成共识。虽然日本在 2010

年9月钓鱼岛撞船事件后被迫释放了扣押十余日的中国大陆船长，未能达到通过审讯昭显其司法管辖权的意图，但它绝不会轻易从这一立场上后退。首先，日本在事件后明显加强了对国际社会的文宣攻势，包括将东海问题与南海争端挂钩，制造所谓中国大陆蓄意进行海上扩张的舆论。其次，日本海上保安厅在事件后将最新型的巡视船调派到钓鱼岛水域增强其执法力度，而海空自卫队也在“动态防御”的方针指导下，加强对包括钓鱼岛在内东海海域的军事投入，作为与台海两岸进行海上博弈的实力支撑。值得注意的是，2010年9月，日方是以“保留处分”的名义释放大陆船长的。这实际是为日后秋后算账预埋伏笔。果不其然，2011年4月、6月，冲绳检察审议会对已被释放的中国船长作出了“应当起诉”的决定。根据日本的法律，地方检察当局必须进行强制起诉，向中国提出引渡要求，甚至进行缺席审判。结果可能引发中日双方间一场旷日持久的“口水战”。

那么，中国大陆会不会放弃在钓鱼岛问题上与日本周旋呢？答案也是否定的。钓鱼岛争端就其重要性而言，丝毫不逊于中国大陆与越南、菲律宾、马来西亚和文莱等国围绕南沙诸岛的争端。改革开放初期，中国大陆在资金、技术上对日本依赖甚殷。但即使在这一时期，中国大陆也始终未在钓鱼岛问题上松过口。在中国大陆综合国力显著提高，尤其是与日本在GDP总额对比上出现所谓“世纪大逆转”的今天，更没有理由对日本屈服和退让。再说，大陆内部的民意压力也今非昔比。如今，大陆有4亿多“网民”，其中一半左右经常利用博客、微博等网络工具发表意见、宣泄主张，这是促使中国大陆在钓鱼岛问题上坚持原则的体制内压力。未来中国大陆在钓鱼岛问题上将会在打“口水仗”的同时，警惕和坚决反对任何将日方实际管辖权固定化、永久化甚至升格为军事占领的图谋。如果一定要说有“红线”的话，无非是这几条：1. 在钓鱼岛周围海域单方面钻井采油；2. 在钓鱼岛建立新的永久性建筑；3. 向钓鱼岛派遣常驻人员；4. 在钓鱼岛驻扎自卫队。中国大陆在外交交涉的同时，将不惜使用实力手段予以排除。这是中国大陆绝对不能退让的战略底线。

（二）搁置争议依然是现阶段处理钓鱼岛问题的最佳选择

领土争端是两国关系中最敏感最容易激发民族主义情绪的问题。迄今为止，在解决国与国之间围绕领土归属的争端中，无非是武力解决、法律解决、政治解决这三条途径。

武力解决似乎是最痛快淋漓的，但却是最不牢靠的。近代史上，德法两国围绕阿尔萨斯·洛林地区的归属问题断断续续打了一百多年仗，多次易手，结怨也越来越深。中日两国绝不能重蹈覆辙。中国大陆眼下正面对百年未遇的良好发展机遇，在钓鱼岛问题上不会轻启战端。但如果日本错估形势，仗着有美国撑腰而派兵进驻钓鱼岛，或者单方面钻井采油的话，中国大陆也只好横下心来，奉陪到底。战端一开，美国不会袖手旁观，而中国也不会畏缩后退。这场冲突不仅对中日双方而且对整个东亚地区都是一场空前的灾难。

法律解决也不是现实的途径。国际法院的裁决具有“零和游戏”的特征，一方所得即一方所失。中日两国谁都想赢这场官司，都认为自己有充足的历史和法律的依据，但同时彼此都清楚仲裁结果往往会受国际法官的个人好恶和价值取向左右。所以，到目前为止中日任何一方都没有将钓鱼岛问题提交国际法院仲裁的意愿。而只要有一方拒绝，国际法院就无法采取行动。国际法院的裁决对中小国家也许是有约束力的，但中日这两个拥有举足轻重影响的大国就不会轻易接受国际法院的仲裁。

政治解决就是通过外交谈判达到解决争端的途径。迄今为止，中国陆续与 13 个邻国通过谈判解决了边境划界问题。除印度外，已经没有任何一个国家与中国存在陆地边境纠纷。海洋争端比较复杂，但也不是没有解决可能性的。例如，将钓鱼岛列为中日共管的“特别行政区”，由两国或多国、多方共同开发；或者是规定钓鱼岛作为不拥有领海和专属经济区的特别岛屿，将这一片海域“公海化”，实行国际合作开发。但万变不离其宗，说到底还是已故邓小平早已提出的“搁置争议”的方针。这是避免争端各方在钓鱼岛问题上迎头相撞、陷入双输的最佳选择。邓小平提出这一建议已经三个“十年”过去了。既然两国的政治家还没有想出更好的方案，何不将这个问题再搁置个十年、二十年呢?!

（三）两岸现在可以做些什么?

目前，台海两岸虽然出现了和平发展的新局面，但彼此间缺乏政治互信，连起码的终止敌对状态、缔结和平协议都不可能，更遑论在钓鱼岛问题上采取共同步骤。日本一些媒体所渲染的“噩梦”似是杞人之忧。但这并不排斥两岸有识之士和海事部门在钓鱼岛问题上加强沟通和协调。

第一，两岸史学家、法学家和海洋学家加强合作，厘清钓鱼岛问题的历史真相。首先是要表明中方最先发现和有效管理过钓鱼岛，戳穿日方所谓发现“无主地”的谎言；其次，从海底结构来看，钓鱼岛位于中国大陆架上，是台湾的附属岛屿，与琉球群岛隔着冲绳海沟，三是要将日本执法机构违反国际法、粗暴拦截大陆台湾船只、罔顾人命安全的事实公诸于世。

第二，在国际社会广泛开展游说攻势，造成遏制日本扩张海上领土的舆论压力。第一步，应迫使日本松动在东海不存在领土问题的“鸵鸟”政策；其次，要约束日方在处理渔业纠纷时不得单方面启动其国内法程序；在此基础上，可以考虑合作研究有关钓鱼岛争议海域的暂行行为准则，作为彼此与日本交涉的基础。

第三，探讨两岸海事部门如何保护两岸渔民合法利益的途径和手段。中国大陆的渔政、海监船队和台湾方面的海巡署船队已多次进入钓鱼岛周围海域护渔和宣示主权。未来可考虑双方互相保护在这一海域正常作业的大陆、台湾渔船的合法权益，打破日方片面、非法进行实际控制的局面。

第三编

台湾政治与港台关系

选择性创伤的代际传递：二二八现象的当代政治分析

杨　剑

1947年发生的二二八事件是中国近现代史上的一道伤痕，也是台湾社会的一道历史伤痕。六十多年过去，每一年的2月28日仍会触动台湾社会敏感的神经。有关历史研究，前人之述备矣。[①] 关于二二八问题的争论大部分集中于历史真相，台湾许多人士花费了很多精力探究。台湾从二十年前开始就推动解决二二八的历史问题，公布真相，平反冤案，为的是消弭台湾社会的省籍冲突。但现实却是"二二八平反了，但不意省籍冲突益烈，二二八竟变成了新省籍冲突的帮凶"。[②] 实际情况表明，台湾社会至今没有因为了解而谅解，没有因为谅解而和解，二二八已经成为台湾以至两岸之间当代政治的一部分。

本文把目光从历史转向当代，以选择性创伤理论为思考线索，从二二八为什么会变成新省籍冲突帮凶和两岸关系的阻碍出发，来观察二二八事件对于当代"台独"运动的特殊作用，并研究当二二八事件被"台独"势力视为选择性创伤时，它的代际传递是如何进行的。

一、选择性创伤与二二八的当代政治

选择性创伤学说是美国弗吉尼亚大学沃尔坎（VamIk D. Volkan）教授

① 参见才家瑞："台湾的二二八研究述评"，《台湾研究集刊》，2004年第4期。

② 王晓波：《二二八真相》，海峡学术出版社，2002年，第5页。

在进行群体（large group）精神分析时运用的一个理论工具。[1] 在其研究过程中，他试图从精神分析的角度理解敌对势力之间的关系。他研究过阿拉伯人与以色列人的矛盾、纳粹德国的种族清洗、塞尔维亚人与克罗地亚人的冲突以及有宗教背景的国际恐怖组织的动员过程。我们借沃尔坎的理论来观察当今“台独”运动假借二二八进行当代政治运动，则可以透视“台独”运动的虚妄和病态。

1. 选择性创伤和选择性荣耀

选择性创伤的代际传递是沃尔坎一项特色鲜明的研究。选择性创伤（chosen trauma）指的是群体成员对于其祖先被“敌人”所迫害这样的历史创伤拥有的共同心理表征（mental representation），包括与历史创伤相关的英雄和受难者形象。据沃尔坎解释，选择性创伤是由某一群体在历史上被“他群”有意伤害却又不能伸张的情绪积压而成，可以引起群体屈辱心理表征的共鸣。在相当长的历史时期，受害群体承受着巨大的损失、哀痛和耻辱，难以主张和坚持自己的权利，也无法从耻辱与哀痛中得到解脱，最终他们会在心中将受虐理想化，或者产生与社会不相适应的暴虐倾向。[2] 他的结论是，选择性创伤往往在历史事件发生数十年之后被创建起来，变成持久的群体认同标识。如果被政治或宗教领袖利用，选择性创伤将引发新的社会悲剧。从二二八事件发生至今相当长的时间里台湾社会所呈现的状况与沃尔坎的描述有很高程度的相似性。

沃尔坎发现，一些受害者群体的领袖较多地使用选择性创伤而非选择性荣耀来进行社会动员。选择性荣耀最常见的表现就是举办集体仪式去纪念历史英雄，通过举办仪式或父母与孩子间互动实现了历史荣耀的代际传递，激发群体成员之间胜利和成功的心理共鸣。选择性荣耀使特定群体的孩子们建立起相互间的联系，其群体自尊得到提升。与选择性荣耀相比，选择性创伤对保持群体认同的作用更加复杂。选择性创伤有更强的情感“放大器”作

---

① 沃尔坎出生于塞浦路斯岛，来到美国后首先学习精神分析专业。在成为一名精神分析专家之后，他开始涉足社会问题和国际关系研究，并创办了心灵与人类互动研究中心。从 1988 年开始，他先后写作了《拥有敌人和盟友都是需要：从诊断实践到国际关系》、《血脉：从族群骄傲到族群恐怖主义》、《精神分析与外交：合作的潜力与合作的障碍》、《由创伤建构的社会与心理关怀：预防治疗概念的延展》、《盲目的信任：危机和恐怖时代的大群体及其领袖》、《以认同名义的杀戮：对血腥冲突的研究》、《潜意识视角下的第三帝国：代际传递及其后果》等著作。

② Vamlk D. Volkan，Large-group Pschodynamics and Massive Violence，*Ciência & Saúde Coletiva*，11（2）：2006，P. 307.

用。创伤之后难以平复所构成的压力使群体领袖对创伤的理解十分强烈且偏执，并将一些特定的心理需要转变成不切实际的政治任务。之后他们会有意识或无意识地传递对后代完成这些任务的希望和期待。[①]

2. 历史真相和权利的肆意扩大

悲剧性的历史事件过往多年后，社会方方面面都会要求还原事实真相。社会成员要求真相的动机各不相同。受难者家属要求平反昭雪，广大成员希望通过还原真相来弥合社会伤痕，而一些别有用心的政治人物要求寻求真相的目的则在于刺激创伤，培植仇恨。

根据沃尔坎的研究，政治人物在操作选择性创伤进行代际传递时，有两个明显特征：其一是对历史创伤的需要超过对历史真相的需要；其二是肆意扩大权利。某些政治人物会“选择性地”剥去历史事件的其他因素，而将其中有助于激发复仇情绪的因素和逻辑绝对化和神圣化。李登辉在其执政期间下令组建“行政院研究二二八事件小组”，并发布了《二二八事件研究报告》。[②] 该报告对于历史文件记载的外省同胞被掠杀的史料不予采用或“一概从略”，将事件朝着“台湾人的历史创伤”这个方向去塑造。[③] 与此同时李登辉大谈“生为台湾人的悲哀”，制造外省人欺负本省人的舆论。总之，追寻事件的原本实情对于要达到某种政治目的的人物而言已无意义；有意义的是激发情绪，使群体成员偏执地理解创伤，并将完成复仇变成一种心理压迫，最终形成一种现实的政治力量。

受害者群体在获得社会优势后易于扩大对自我权利的赋予（exaggerated entitlement）。[④] 领袖们通过其宣传或布道，让其追随者觉得他们共同的祖先受到过“他群”的伤害和羞辱，因此今天无论他们怎么滥用权利，或以极

---

① Vamlk D. Volkan, “Large-group Identity, International Relations and Psychoanalysis”, Paper given at “Deutsche Psy-choanalytische Gesellschaft e. V. (DGP) Meeting” Gasteig Cultural Center, Rosenheimer Platz. May 23, 2008. http: //vamikvolkan. com/Large-group – Identity% 2C – International – Relations – and – Psychoanalysis. php.

② 二二八事件研究小组：《二二八事件研究报告》，时报文化出版企业有限公司，1994 年。

③ 参见李敖：《评李登辉指示“二二八事件”研究报告》，《李登辉的真面目》，桂冠图书股份有限公司，1995 年，第 255—350 页。

④ 在心理诊断实践中肆意扩大的权利（exaggerated entitlement）指的是某社会个体因其在幼年时曾无辜受到伤害，因此他（她）始终觉得自己被赋予一些随意言行的特权。沃尔坎将此概念引入群体研究，这个概念变成了一个群体因为其先祖曾被“他群”加害或被羞辱因此认为本群体可以有言行上极大的特权，尤其是针对“他群”的后代而言。http: //vamikvolkan. com/Chosen – Trauma, – the – Political – Ideology – of – Entitlement – and – Violence. php。

端的方式进行报复，都不为过。台湾街头抗争中出现“中国猪滚回去!”的口号和陈水扁的贪污则是不同层级人物肆意扩大权利的表现。[①] 肆意扩大权利催生了这一过程中的信念系统（belief system），它促使该群体确信他们有权拥有希望拥有的一切权利，包括非理性的政治诉求。肆意扩大权利对社会最大的伤害就是领袖利用选择性创伤来开展情绪化的非理性政治运动。在台湾，今日“台独”势力利用二二八传播的“台独”理念在事件发生的当初并不存在，而是后来的政治领袖为了当下的政治需要臆想出来的。因此说，借历史性创伤推动台湾“独立”运动这个非理性的政治目标，是“台独”领袖们肆意扩大权利最危险的举动。正如台湾《联合报》社论中所讲的那样，“对二二八事件影响最大却亦是最扭曲的版本，则是‘台独’版或民进党版。此版二二八论述的主体是：二二八→反国民党→反外省人→反中国→所以要‘台独’。将二二八与‘台独’联结，就史实论，根本是杜撰伪造，在现实上亦无逻辑可言。在二二八当年，‘台独’绝非主题；如今纪念二二八，亦不必然就应主张‘台独’”。[②]

3. 敌意凝聚和代际传递

许多具有受虐偏执的政治领袖致力于将选择性创伤进行代际传递，他们最难接受的是民众对“历史”的淡忘和敌意的退却。当新一代社会成员对于族群间关系有非仇恨的理解时，领袖们会通过各式各样的方法去强化敌意和创伤感。

领袖们通过“形象塑造—心理表征—代际传递”三个过程将受伤害形象灌输给下一代，帮助其形成符合期待的自我表征（self representation）。下一代的认同感是选择性创伤代际传递的必要条件，领袖们认为只有多次激发选择性创伤才能凝聚新的敌意，创伤的代际传递才不致因生老病死而衰减。代际传递需要敌意和仇恨的对象。世界上很多宗教领袖通过举行宗教仪式，直接或间接地发表仇恨言论，去激发一个与选择性创伤紧密联系的政治理念。在领袖们的激发下，成员们开始感觉到历史创伤似乎就在昨天发生，被

---

① 石之瑜教授在“‘台独’没有真，陈水扁哪有假”一文中指出“台独”贪腐就是一种权利的滥觞。他写道，“就算一般人的标准里认为陈水扁贪污了，对‘台独’而言，也不算是贪污，因为一般人讲的贪污，是贪了‘中华民国’的钱，而对‘台独’而言，掏空‘中华民国’是‘台独’的目标，一般人看来是贪污，‘台独’不但感觉不了，还会觉得必须分一杯羹才算对‘台独’有贡献。既然‘台独’的心态里不存在对‘中华民国’的贪污，陈水扁不可能算真的贪污”。http://www.chinareviewnews.com/crn-webapp/doc/docDetailCNML.jsp?docid=100730312。

② （台湾）《联合报》，2009年2月27日。

虐杀的似乎不是先辈而是本人，由此就会产生针对当前“敌对”群体的大规模暴力行为。这样的暴力行为和随之而来的恐惧当然会导致敌对群体间新的伤害，引发“暴力循环”（cycle of violence）。[①] 台湾选举时出现的暴力循环，背后都有“台独”政治领袖利用选择性创伤进行政治操作的黑手。将选择性创伤转变为某种政治运动的驱动力不可避免要遭遇时空上的矛盾：某个时过境迁的历史创伤事件现在被重新激发并以复仇式的宣泄来表达时，极可能变成对他群的冒犯和侵害。

社会需要和解，历史创伤需要时间来平复。沃尔坎教授在观察中发现，当一些有宿怨的群体间展开和解对话时，以受害者自居的团体代表会将选择性创伤的情绪投射到今日谈判之中，非理性的抵触往往使得谈判陷于僵局。观察近些年海峡两岸一些事务性谈判，“台独”政治领袖无不进行情绪化的抵触，往往使两岸谈判延迟。

二、“台独”政治领袖与选择性创伤的代际传递

以沃尔坎的理论观察台湾政治领袖利用历史创伤进行敌意的代际传递，对我们理解今日台湾政治很有帮助。“台独”领袖关于二二八的言行与沃尔坎的研究高度吻合。当二二八事件过去几十年后，善良的人们希望台湾社会能透过还原历史抚平伤痛，避免悲剧的重演。而掌握了政权的李登辉、陈水扁等人，片面演绎历史悲剧，不断渲染悲情，通过挑起受难者家属的伤痛，在台湾社会中和两岸中国人之间制造仇恨以赢取政治筹码与利益。他们以发掘真相为名的所为所言，远离了二二八的真相和本质。台湾社会为此付出的代价是族群关系不和以及社会严重对立。

2007 年 2 月，台湾《联合报》一项民意调查显示，[②] 对于二二八事件，78% 的受访民众主张抛开历史包袱，9% 的人觉得还有必要凸显此一历史教训；即使是二二八事件的受难者家属，也有 75% 的人希望让伤痛过去，仅有 17% 的人主张继续追究；抱怨台湾族群对立越来越严重的人也从前一年

---

① 参见 http：//vamikvolkan. com/Chosen – Trauma， – the – Political – Ideology – of – Entitlement – and – Violence. php。

② 《联合报》的调查是以台湾地区住宅电话为母体作尾数两位随机抽样。这次调查于 2007 年 2 月 14 日至 15 日晚间进行，成功访问了 868 位成年人，另有 355 人拒访；在 95% 的信心水准下，抽样误差在正负三点三个百分点以内。

的39%增加为51%，仅有12%认为族群对立有改善。列举台湾族群对立的原因，70%的民众归咎于政治人物刻意操作，其中46%认为民进党应该为族群对立负最大责任，11%怪责国民党，39%无意见。由此可见，台湾主流民意还是希望抛开历史包袱，连二二八受难者家属中的绝大部分都主张让伤痛过去。而“台独”政治领袖不仅不顺应民意去实现族群和解，反而把这种和解主张视作操弄选择性创伤的一种障碍。

在弥漫着历史悲情的社会中，政治领袖能够对社会政治进程产生重大影响。他们既可以领导群体和“他群”和平共处，也可能点燃群体的情绪，制造冲突。沃尔坎将领袖们分为“修复式”（repara-tive）领袖和“摧毁式”（destructive）领袖两类。① 前者能够在不攻击报复“他群”的情况下，巩固本群体之认同；后者则是通过摧毁性的手段建立并增强新的认同感。摧毁式领袖主要通过以下四个步骤进行政治动员：（1）激活选择性创伤，引发群体共同的创伤感；（2）增强“我群”意识；（3）竭力辱骂和贬低敌人；（4）激发有权进行过分复仇的态度和肆意扩大权利的政治心理。由此，群体成员就会感到有权利且必须摧毁“当前的敌人”，甚至参与文化和种族清洗，清理来自可恨的、鄙俗的“他群”污染。“台独”领袖们的四个步骤与上述归纳十分相似：首先激发二二八历史创伤，进行族群政治动员；随后，建立所谓的台湾主体意识；与此同时，贬低中国，与中国区隔，对怀有中国情怀的台湾居民进行辱骂；再就是策划带有复仇性质的暴力循环，利用民众情绪进行台湾“独立”运动的动员。“台独”领袖们进行的受虐偏执式和摧毁式的政治动员在当代台湾政治中比比皆是。李登辉不是二二八的受害者，也不是受害者家属，他本是国民党提拔本省才俊计划的受益者。掌握政权之后他却利用二二八事件激发起的选择性创伤，将自己打扮成本省人的领袖，阻止两岸关系改善，欲带领台湾社会脱离中国，走向“独立”。1994年4月，李登辉与司马辽太郎见面，大谈“生为台湾人的悲哀”，他说“在讨论台湾政策或是国家统一问题之前，先研究一下何谓台湾。如果还是像以前一样持有统治台湾人民的想法，必会引起类似二二八事件的”。“摩西以及人民今后都有得拼的。总而言之，已经出发了。对！一想到牺牲许多台湾人的

---

① Vamlk D. Volkan，"Some Psychoanalytic Views on Narcissistic Leaders and their Roles in Large-group Processes"，January 12，2007 version. http：//vamikvolkan. com/Some – Psychoanalytic – Views – On – Narcissistic – Leaders – and – Their – Roles – in – Large – group – Processes. php.

二二八事件，‘出埃及记’就是一个结论”。①

陈水扁在担任台北市长期间就开始兴建二二八的纪念碑、纪念馆和主题公园。2000年陈水扁以民进党候选人身份当选台湾地区领导人。他肆意扩大权利不仅表现在操弄族群政治上，也体现在对社会财富的疯狂掠夺上，最后导致弊案缠身。2007年二二八纪念日来临，陈水扁再次利用选择性创伤来夸大社会矛盾，激发愤怒，并企图给他营私舞弊的行为一个政治合理的逻辑。他将“二二八事件”的意义定为：“一个外来的独裁政权对自由民主的全面否定，一个党国威权体制对基本人权的彻底戕害。”② 陈水扁言论的逻辑在于：“外来政权”是制造悲剧的“他群”，必须铲除。

吕秀莲在二二八纪念馆开馆仪式上，对事件的历史根源作出她的个人阐释。③ 她的动员逻辑很符合沃尔坎归纳的几个步骤：一是把祖国收复台湾视为外来政权对台湾的再次侵略。她说“台湾400年来，受到异族侮辱的每一段历史都同样悲惨。从荷兰、葡萄牙、西班牙殖民时代，再到日本侵犯台湾，抵抗相当惨烈，所以二二八事件的本质是外来政权以武力接收台湾时遭遇的反抗与镇压”。④ 二是否定民国政府接收台湾的国际法依据。她说，“所有日本应放弃的战略地盘须由麦克阿瑟指定的盟军代表接收”，“中国南京方面擅自接收台湾，违反国际公法”。三是二二八事件源自台湾的高水平文化与中国政府接管人员低文化之间的冲突。她说，“因为日本50年殖民建设台湾，已经形成了台湾社会与中国军队之间文化、生活水平严重的差异，因而引起冲突”。四是认为中国给台湾带来屈辱和伤害。她说，台湾人在日本放弃台湾时怀着欢迎的心情期待中国成为祖国，结果却“遭来如此多的侮辱与糟蹋”。五是将二二八事件归咎于“中国大陆的国共斗争波及台湾”。她说，二二八事件的悲剧所在就是台湾成为中国国共两党斗争的牺牲品。其逻辑是，今日国民党和共产党的两岸主张，无论是“战”还是“和”，在吕秀莲看来都是“他群”的主张，都可能再次损害台湾。“只有对内铲除国民党，对外拒绝共产党，才是台湾未来的走向”。

---

① “生为台湾人的悲哀——李登辉与日本司马辽太郎对谈全文”，（台湾）《自立晚报》，1994年4月30日。

② 2007年2月26日《东森新闻报》报道。

③ “二二八纪念馆正式揭碑　扁吕苏对外猛开炮”，星岛环球网，http：//www. stnn. cc/hk _ taiwan/200702/t20070228 _477795. html。

④ “二二八纪念馆正式揭碑　扁吕苏对外猛开炮”，星岛环球网，http：//www. stnn. cc/hk _ taiwan/200702/t20070228 _477795. html。

"台独"领袖认为，只要把选择性创伤传递给新生世代，就能强化认同上的危机意识，进而阻止台湾逐步走向两岸统一的步伐。2004 年的百万人"牵手护台湾"的活动，在组织者看来，"已让二二八从过去的政治禁忌与悲情的负面形象中，转化为'对抗霸权中国威胁'、'台湾主体意识再觉醒'的族群团结象征。此后需要一次一次的动员和传承，需要台湾主体意识的再次集结"。①

三、在代际传递中树立当前敌意

根据沃尔坎的研究，要使选择性创伤成为群体标识和政治的驱动力，除了需要被动员者的呼应外，还需追讨罪责承担者，需要当前的敌意。一些政治领袖最担心缺少激情的支持者，担心敌意随着时间推移而消退，担心选择性创伤的代际传递出现衰减。因此政治领袖往往会在社会出现和解气氛时，不惜制造新的事件和抗争去激发当前的敌意。

当今日"台独"领袖开始在台湾政坛活跃时，二二八已经过去几十年了，族群之间的实际界限已不再明显，而且青年人的关注点在全球化的趋势下更加分散，于是二二八悲情的激发和代际传递就变成"台独"领袖们自认的历史使命。他们制造新敌意和延续创伤感受的具体做法可分为三类：其一，对他群的领袖进行贬低和夸大罪责，激发他群的反弹，进而引起本族群的防卫意识；其二，不许他人对被歪曲的历史进行质疑，并利用这种质疑掀起新的敌意，将质疑者视为新敌意的目标对象；其三，利用和解代表的出现主动制造冲突，引发新的敌意。例证如下：

例一，贬低他群领袖，激发新的敌意。陈水扁一再将蒋介石锁定为二二八事件的元凶，直接目的就是激发外省人及其后代的反弹。2007 年陈水扁在二二八的研讨会上说，"唯有厘清施暴者与加害者所扮演的角色与所负的责任，才有可能还原事实的真相，还给所有受难者及其家属一个历史的公道"。② 他确认蒋介石为二二八事件的元凶，应追究法律责任。平心而论，二二八事件发生之时，身兼国民党总裁和全中国领袖的蒋介石难辞其咎，但他不是事件的直接指使者。不过，陈水扁要的不是法律结果，而是政治结

① 参见 http：//www. 228. org. tw/activity. aspx？ &page = 3&。

② "中央社"2007 年 2 月 26 日台北讯。

果。他不谋求在任内将蒋介石定罪，而是期待引发新的社会冲突，树立新的敌意。陈水扁深知在台湾有一批对蒋氏父子怀有特殊情感的民众。对蒋的贬低和侮辱会使他们奋起“反抗”，这样本省民众会在“反抗对反抗”的冲突中树立新的敌意。陈水扁在转型正义的幌子下，宣布政府将“中正纪念堂”更名为“台湾民主纪念馆”，拆除台湾各地蒋介石纪念馆和铜像。民进党籍“立委”王幸男则更进一步，他向台“立法院”提交了“二二八事件及戒严时期违法责任追究条例草案”。草案第四条竟然要求被告的配偶及三等亲等血亲出庭，可谓现代版的“株连九族”条例草案。这些动作的确引发外省籍民众的反弹，中正广场上的冲突就是这个逻辑中的事件。这些反弹所引发的族群对立正好催生了“台独”进行代际传递所需的当前的敌意。

例二，利用来自他群的质疑激发新的敌意。2012 年初，郝柏村投书媒体，认为高中教科书中关于二二八事件死伤人数过万的历史叙述并不正确。[①] 李登辉和陈水扁执政二十年对台湾社会最大的毒害就是在教育文化上的“去中国化”运动。中学教科书关于历史事件的描述就是一种代际传递的渠道，不实的历史描述和情绪传递会对社会肌体造成进一步的伤害。郝柏村是基于历史责任感才投书媒体表达看法的。“台独”领袖和“台独”团体迅速抓住郝柏村投书这一机会建立新的敌意。首先，“台独”团体表现出“受害者绝不接受批评和质疑”的态度，试图剥夺别人讨论历史事实的权利。第二，迅速将郝柏村作为“敌对他群”的代表加以“鞭挞”。《自由时报》称：“马英九上任以来，除了政治经济快速向中国倾斜，文化教育也积极联结中国，举凡增加文言文、中国史的比例，以及郝柏村主张的改正中学的史地课本，无不是为了洗台湾人民的脑，让台湾人民遗忘台湾拥有独立主权，让台湾人民遗忘自己是台湾的主人，以利台湾人民永远被中华民国统治，终极被‘一个中国’统治。唯其如此，今年二二八纪念活动，特别值得关注参与，让我们在行动中牢记历史、抵抗遗忘。”[②] 该社论不忘谩骂本省籍的国民党荣誉主席吴伯雄，指出吴伯雄伯父吴鸿麒也是二二八事件的受

---

① 根据相关书籍和报告，关于二二八事件死伤人数有多种版本，如《白崇禧报告书》称死伤共 1860 人，《纽约时报》1947 年 3 月 14 日电报死伤 2200 人，保安司令部《二二八事变调查报告》称死伤 6300 人，“行政院”研究二二八事件小组《二二八事件研究报告》称死伤 1.8 万 ~2.8 万人，辜宽敏《台湾青年》称死伤 5 万人，史明《台湾人四百年史》称死伤十几万人。

② 社论：“二二八——牢记历史抵抗遗忘”，（台湾）《自由时报》http：//www.libertytimes.com.tw/2012/new/feb/22/today-s1.htm。

害者，而吴伯雄“为屠杀亲人的外来政权效劳”。随后一些本土社团紧急动员，走上街头声讨、抗议郝柏村。郝柏村原本为了纠正对历史的曲解，但不经意间又落入“台独”领袖树立新敌意的逻辑之中。

例三，借和解和谈代表的出场制造冲突，树立新的敌意。根据沃尔坎的观察，在和解进程启动时，在受害者群体面前会出现和解的对话者。正常情况之下，受害者群体一方面期待对方代表能真诚道歉和赔偿，另一方面又有意借这个机会再次宣泄一下情绪。但那些处心积虑的政治领袖会利用这种场景激发仇恨情绪，树立新的敌意。面对对方代表的一再道歉，极端的政治领袖会不断提高政治要价，阻挠和解进程。那些貌似义愤填膺的领袖，其实十分希望对方代表的反驳、拒绝甚至情绪失控，借此能够创造有利于代际传递的新敌意。

马英九生于1950年，照理应与二二八事件毫无瓜葛，但他作为国民党主席也“概括承受”国民党统治时期的历史包袱。十多年来他为了二二八事件与白色恐怖不断道歉，祈求受难者及家属原谅。2009年马英九在当选后的第一个二二八纪念日，参加了高雄、台北两场纪念集会。活动中，“台独”团体向马英九丢鞋子抗议，马英九仍行礼如仪，尽力表现耐性与善意。马英九对于历史的悲剧，采取的是坚定的和解路线。以个人谦卑的态度赢得社会对和解的肯定，赢得二二八事件最直接受害人家属的接受和认可。[①] 从本研究的主线观察，马英九坚定和解的路线使“台独”领袖和“台独”团体操作二二八以树立新敌意的做法失去了支点，也从正面鼓励了台湾社会寻求安定与和解的力量。当然马英九的坚定和解路线，一定要配合对“台独”执政多年“去中国化”过程的拨乱反正。否则这种和解政策只能是仅存“和”意，却缺乏“解”的能力，台湾社会将会逐渐走向疏离中国的道路。

二二八事件中本省群众没有与中国共产党发生矛盾。然而今日“台独”领袖刻意将历史伤痛进行新的嫁接，将选择性创伤的仇恨之火引向希望通过和平方式实现统一的大陆一方。马英九执政后，海协会和海基会终于有了再次直接协商的机会。2008年陈云林会长终于可以踏上台湾的土地展开两岸

---

① 如二二八事件受难者后代廖继斌肯定马英九多年来的付出。他指出，他们这些二二八遗族，怎么会不恨国民党？但是马英九长期与他们互动，也很诚恳的做出道歉。他非常赞成马英九提出“后二二八新论述”，诉求“国家”公权力应该节制。不论谁当权，不能再用“国家”经费、刊物，去作伤害分化家属工具，才能堵住台湾社会乱源。见 http：//www. chinareviewnews. com/crn-webapp/doc/docDetailCNML. jsp? docid = 100535141。

和谈。“独派”领袖将陈云林的代表团视作“欺辱台湾人”的代表，竭尽各种手段暴力阻断陈云林的行程。在陈云林到达台湾之前，海协会副会长张铭清在台南参访时被民进党激进分子用拳脚打倒在地。“台湾北社”号召“全民蛋洗陈云林”，准备以鸡蛋投掷海协会代表团。数百名民进党支持者在11月5日晚包围了吴伯雄宴请陈云林的饭店。陈云林等人被围困将近7个小时后才得以离开。失去理智的抗议者在代表团的行走线路上投掷石块、矿泉水瓶，造成了警察和抗议者之间的冲突，多人在冲突中流血、受伤。时任民进党主席的蔡英文向游行群众发表谈话，说她为抗议者的行动“感到骄傲”。正是从这次暴力活动起，台湾媒体将蔡英文称呼为“暴力小英”。

以上几个案例来看，“台独”领袖和“台独”团体并不是要真正寻找制造悲剧的责任人，而是试图建立“中国”在二二八事件上的残暴形象。实际上是要没有经历过那段历史的台湾青年去继承所谓“二二八受中国残害的悲情”，让仇恨延续并转移到与二二八没有直接关系的大陆，最终走上分离两岸的“台独”之路。

四、从二二八基金会的运作看代际传递

台湾的二二八事件纪念基金会由台湾当局设立，以“财团法人”性质接受当局委托处理二二八事件。“二二八事件处理及补偿条例”于1995年公布。同年台“内政部”拟订“二二八事件纪念基金会组织章程”。基金会作为处理二二八事件的机构，其主要任务为“处理二二八事件补偿事宜，并使国民了解事件真相，抚平历史伤痛，促进族群融和”。① 可见最初参与二二八事件纪念基金会设立的人们其主要目的还是抚平历史伤痛，促进社会和谐。但在2000年民进党执政后，该基金会的董事会将选择性创伤的代际传递作为首要任务。正如基金会网站声称的那样：“二二八纪念基金会初期工作重点在于赔偿、纪念活动与抚慰，2000年政党轮替后积极朝向真相探讨以及历史、教育、文化的方向转型，并建立国际交流平台，实践台湾转型正义，传承二二八历史任务。”② 目的和任务都有了本质性的转变。

该基金会年年都在校园中搞教育活动，推进代际传递。以2005年暑期

① 引自台湾“二二八事件处理及补偿条例”第一条。

② 财团法人二二八基金会网站，http：//www.228.org.tw/activityinfo.aspx？v=D3C5BBCF8E60CF3D。

“二二八大专营活动”为例，组织者深入大专院校开展活动，目的在于使“每位同学经过丰富内容的课程洗礼，个个化为二二八历史教育的种子，深耕台湾每一片土地……”① 基金会还专门设计了供中小学使用的“二二八和平周教学手册”。编写者写道：“我们期待，经由二二八和平周的教学活动，再一次形塑台湾人对土地与人民的认同，抛弃怀想大国的虚矫身段，谦虚且自信地让灵魂回到祖国台湾的怀抱，回到自由与民主的普世价值中来，并且勇敢地抵抗强权，维护台湾的主体性地位。”② 编写者要孩子们接受的结论是，“二二八事件的惨烈牺牲，终于使台湾人认清不能当家做主的悲哀。……毕竟‘唐山’已远，祖国梦寒，台湾人必须自我成长，自己做自己命运的主人，才能摆脱一再被凌辱、被出卖、恶性循环的历史命运”。③ 教材激发的不是和解的理念而是受虐偏执的意识形态。在组织者精心设计下，围绕选择性创伤的代际传递充斥了教材和课件的每一个环节。

2006 年该基金会举办了“追思二二八，展望新国家”活动来推动代际传递。该基金会直言不讳地说明举办活动的缘由和目的。缘由就是（1）台湾移民一向不重视历史；（2）优渥的生活环境及政治禁忌阻碍了二二八历史创伤的传承。举办方对民众不重视“历史记忆”的现状十分不满，对台湾社会“淡忘”二二八历史非常忧心。举办者声称，“当今台湾生活的优渥，更排挤了偏属悲情的二二八。忧心无法传承二二八的疑虑，便在受难世代的内心中滋生”。④ 举办活动的目的就是，首先是让“台湾主体意识的再次集结”；其次是“厘清错误历史回归社会公平正义”；最重要的目的则是“守护台湾迈向崭新国度”。他们直接呼吁“了解二二八历史真相及传承，以二二八经验守护台湾，建构台湾主体意识，进而展望建立台湾新国家”。⑤

在二二八事件纪念基金会举办的“有图有真相”摄影展中，组织者期望新世代能透过图像的直观性和现场感接受历史创伤的代际传递。由于有限的图片随着国民党档案的开放已经呈现在世人面前，再要寻找影片和录音资料几乎是不可能。因此组织者还“很有创意地”将已经确定的世界白色恐怖事件与二二八有一个归类和联想的效果，在举办展览的同时放映《恐怖

① 财团法人二二八基金会网站，http：//www. 228. org. tw/activity. aspx？ &page = 3&。

② 财团法人二二八基金会网站，http：//www. 228. org. tw/activity. aspx？ &page = 3&。

③ 财团法人二二八基金会网站，http：//www. 228. org. tw/activity. aspx？ &page = 3&。

④ 财团法人二二八基金会网站，http：//www. 228. org. tw/activityinfo. aspx？ v = D3C5BBCF8E60CF3D。

⑤ 财团法人二二八基金会网站，http：//www. 228. org. tw/activityinfo. aspx？ v = D3C5BBCF8E60CF3D。

代言人》（关于德国纳粹罪行）和《长夜将尽》（关于南非种族歧视）等电影，坐实白色恐怖。① 这些行为都有肆意扩大权利的影子在其中。在他们看来资料缺乏不是他们的错，只要有利于选择性创伤的代际传递，多一点“创意”也理所当然。

因为还没有形成足以实现“台独”的社会动力，“台独”领袖进行所谓的二二八历史创伤的代际传递，可以说是力所不逮，远没有达成。但是对于那些矢志中国统一的人们来说，“台独”势力已经走得太远，已严重瓦解了台湾社会统一的动力，阻碍了两岸同胞的进一步和解和融合。下面一段文字是一个接受了代际传递的台湾青年的网络文字，阅读者无法怀疑这段文字写作者情感的真实性，因此这段文字更加令人痛心和忧心。

> 二二八，每一代台湾人都背负着这数字，一代接着一代。但是台湾人宁愿把这数字背后的意义，像鸵鸟心态的逃避，宁愿把它放在一旁不去理睬。如果说，历史最重要的因素之一是共同记忆，2 月 28 日对每个台湾人更加非常重要。在 2 月 28 日的时候，台湾人相约站出来，放弃族群之间的隔阂，牵着手，建立一个只属于给台湾人的空间，建立一个只给台湾英灵真正安息的空间。
>
> 大声的喊出二二八，大声的喊出台湾人的二二八，只有大声的喊出来，正面去面对二二八，台湾才是一个完整的台湾……②

五、结　语

对于“台独”领袖们来说，代际传递是经过特殊设计的，任务是递进式的，对象也是可以替代和转换的。在民进党取得政权之前，代际传递的目的是要将占据人口多数的本省人与占据人口少数的外省人对立起来，依靠多数的选票获得政权和民众情绪化的支持。民进党将选举定义为结束外来政权之战。纪念二二八就成为绿营最有效的选举动员。而对于有着历史包袱的国

---

① 二二八事件纪念馆网站，http：//museum. 228. org. tw/info. aspx? v = CF7F90DCBCD5718D。

② 何诗敏：“2003，台湾英灵谁祭念?”，http：//www. jolan. idv. tw/index. php? itemid = 29&catid = 10。

民党来说，每年二二八都需要道歉以清洗历史“原罪”。2000 年之后，“台独”领袖的任务开始有新的变化。在继续巩固支持率的基础上，要将“我群”进一步扩大，扩大到所有居住于台湾的民众。他们可以舍弃无法改造且已老矣的外省第一代，努力改造外省第二代，竭力融化外省籍第三代。在扩大“我群”的基础上塑造一个共同走向“台独”的全体，同时将二二八创伤的敌人转变成海峡对岸的“中国”，拒绝来自对岸的统一呼唤。

然而台湾岛内政治和两岸政治的发展并没有按照“台独”领袖的设计发展。首先，“台独”运动并没有铲除国民党，也没有将国民党削弱到无法执政的地步。2008 年国民党再次执政。马英九坚定和解路线也使得分裂族群树立新仇恨的做法失去了社会广泛的支持。与十几年前相比，这种激发仇恨的做法出现了边际效应递减的现象。其二，2005 年以后，国共领导层共同推动两岸关系和平发展。2008 年之后不仅实现了两岸三通，实现了两岸经贸关系正常化，同时也为地区和平做出了贡献。两岸关系和平发展，使得两岸民众之间和当局之间相互的认识也更为温和理性。相互间的敌意大大下降，接受度得到提升。

总而言之，无论是台湾岛内还是两岸关系的变化，都使得围绕二二八选择性创伤的代际传递遭遇巨大障碍。“台独”领袖将二二八的悲剧嫁接到对中国的仇恨，不仅缺乏历史的逻辑，而且也缺乏现实的基础。历史经验告诉我们，选择性创伤所形成的意识形态往往会持续相当长的时间，随着历史环境的变化时而衰减，时而兴起。对于“台独”势力在两岸结构性矛盾寻找缝隙以重新启发二二八悲情的努力不能掉以轻心。未来围绕两岸关系的政治定位，两岸国际场合的互动等高政治的问题，一方视为是国家主权完整性的原则问题，一方视为对自己的尊重与和解诚意的问题，这种相互的碰撞会在民众中间产生愤然的情绪，容易被“台独”领袖利用在两岸同胞之间制造敌意，再次将台湾引向“独立”之路。

表象与实质：探析台湾蓝绿矛盾的深层原因

童立群

蓝绿二元对立及其矛盾斗争是台湾政治和社会的一大特点。蓝绿阵营各自拥有稳定的支持者和群众基础，在国家认同、意识形态、台湾未来等发展路线的各个问题上呈现出高度对立甚至对抗的局面。2004 年“两颗子弹”事件以后，蓝绿对立的现象更加明显，每逢选举就会出现蓝绿阵营激烈冲突的场面，而“立法院”内蓝绿的漫骂和流血事件等则将蓝绿矛盾常态化和暴力化。

一、矛盾性质——权力之争是蓝绿矛盾发展的实质

蓝绿矛盾的实质是权力之争。这种竞争和冲突是推动岛内政治格局演变的内在矛盾。若台湾的政治生态没有根本性变革，蓝绿矛盾将长期存在。作为台湾政坛两个势均力敌的政治主体，蓝绿阵营为争夺公共权力展开激烈竞争，这种竞争集中体现在选举中。近十年来，台湾社会政治主要是围绕选举这一中心议题在运转。只要有选举，不论大小，都是全社会关注的焦点，社会舆论几乎都围绕着选举进行。为了能在选举中胜出，蓝绿阵营都会使出浑身解数，提出自己的施政纲领，动员各自支持者投票，以最大可能保证当选。过于频繁的选举使得蓝绿矛盾始终处于焦灼状态，也造成了台湾政坛“只有蓝绿、不分是非”的独特现象。尽管蓝绿阵营内部派系林立、纷争不已，但在选举中蓝绿矛盾阵线分明，“一个台湾，两个世界，成天恶斗，没

完没了”。[①] 从表面上看，台湾蓝绿阵营围绕民生、统“独”、族群等议题展开激烈斗争，然而在本质上，难以调和的权力争夺和理念冲突才是台湾蓝绿阵营竞逐的核心。形式虽变，手法没变；游戏规则变了，争权夺利的实质没变。尽管也有人呼吁：“内部矛盾与敌我对峙，是界线分明的两个政治范畴，政党之间的竞争，是属于台湾社会内部的矛盾，蓝绿两党的长期竞逐，是争取政治资源的对手，绝对不是你死我活的对敌。”[②] 但台湾政治发展的实际是：由于权力被赋予至高无上的地位，选票被看作是一切政策主张立足的中心所在，台湾的任何执政党都着重“防弊重于兴利、对立优于是非、选票先于专业”的考虑，[③] 从而蓝绿权力之争被极端化、尖锐化。

二、矛盾关系——“纯粹竞争性”关系导致蓝绿矛盾始终无法调和

如果说对权力和政治资源的争夺符合大多数西方政党政治体制的共性，那么“纯粹竞争性”关系则是蓝绿矛盾区别于这个共性的最大特性。事实上，在西方民主体制中，政党之间虽然为争夺国家公共权力而展开的竞争，往往惊心动魄、扣人心弦、充满悬念，甚至不失某种惨烈，但是各政党间仍有广泛合作的一面，特别是在社会出现重大突发性事件、面临前所未有的危机面前，表现得尤为明显。例如，2011 年 3 月 11 日，日本东北和关东地区发生了里氏 9.0 级强烈地震，使得日本政坛出现了难得一见的“政治休战”。通常在选举告一段落、政局相对稳定的情况下，成熟的民主体制都会出现政党既竞争又合作的局面，也被称之为“互竞性”政党间的合作。[④]

台湾社会由于蓝绿势力的互动缺失了合作的一面，而表现为“非典型”的政治民主体制。一般说来，选举实现和完成了公共权力的分配，议会则是各政治势力展开“公共政策之争”的主要场所，这符合“选举式民主”的共同特征。但人们往往看到，在台湾社会，无论是在选举期间还是“立法

---

① 庄慧良：“只见颜色不见台湾，激烈竞争导致媒体唯利是图［EB/OL］”，联合早报网，2010 年 11 月 28 日，http：//www. zaobao. com/special/feature/pages/feature101128. shtml。

② 陈芳明：“台湾人，对外不对内”，（台湾）《联合报》，2011 - 7 - 16（A4）。

③ 社论：“韩国能，台湾何以不能”，（台湾）《工商时报》，2011 - 5 - 28。

④ 高兆明、王峰：“政党伦理：多元社会中的政党、政党关系”，《南京师范大学学报》（社会科学版），2008，（1）。

院”的政策辩论中，蓝绿阵营完全没有合作的衔接点，双方是“只能为敌不能为友”的纯粹竞争性关系，不管真假、对错、好坏就一味反对。这种极端化、泛政治化的现象把蓝绿阵营的权力之争推向极度的对抗和紧张状态，其结果只能是导致台湾社会分裂为两大集团，互相厮杀，造成社会无序与纷争。

蓝绿矛盾“纯粹竞争性”关系的特点，不合乎宪政社会的本质规定，其发展趋势应是被矫正或否定。蓝绿之间是零和关系，一方的政治前途寓于另一方的失败之中。马英九在上任之初，试图做“蓝绿和解”的尝试，力图实践“全民总统”的理念，并将其作为执政的重要目标之一，在人事安排与布局上便力争任用“绿色人物”，但其这些作为不仅引起了国民党和泛蓝支持者的强烈不满，也没有争取到绿营政治人物的理解与选民的支持，反而让自己陷入行政团队、国民党中央及“立法院”等相互矛盾日益尖锐的被动境地。即使是偶尔出现了蓝绿“合作”的现象，也只能算作某些政客的投机行为和政治交易。赖幸媛在出任“陆委会”主委后被迫宣布离开“台联党”的事例就“生动地刻画了台湾现今的政治实态”：蓝绿难以和解。所以有台湾媒体称：“没有人会阻止你寻求蓝绿和解与对话的任何崇高意图，但是很抱歉，结果并不会改变任何事。”①

三、矛盾主体——分裂的选民政治认同与蓝绿矛盾互为因果、交织发展

作为蓝绿矛盾的主体和参与者，两大阵营支持者分裂的选民认同既来源于蓝绿矛盾存在和发酵的社会背景，又反过来为蓝绿对立提供了环境和机会。台湾民众政治心理非常复杂，在很多关键性问题上远没有达成共识，分裂的政治认同给蓝绿的政治操作提供了空间，蓝绿矛盾的加剧又造成民众心理的进一步紊乱，政治认同进一步分裂，在这样的一个恶性循环中不断发展，使得蓝绿矛盾成为台湾政治社会中一个难解的结。台湾“泛紫联盟”召集人简锡堦就直言：“当前危害台湾最大的，不是金融危机，而是信任危

---

① 社论：“赖幸媛终究搭不起蓝绿对话的桥梁”，（台湾）《中国时报》，2008－10－16（A15）。

机。染上蓝绿颜色，则是非莫辩，也是公民社会发展的困境。”① 台湾虽然经历了几次大规模的选举，“政治版图或许出现某些调整，但蓝绿对立的政治氛围，却是依旧顽强地维持原状”。其原因主要在于如下几方面。

首先，蓝绿互动议题的偏差、误导引导选民做出非理性抉择，制造了新的矛盾和对立。在成熟的民主社会中，政治势力及其支持者皆遵循“以议题结盟”的游戏规则。例如，美国两大政党——民主党和共和党以“自由主义”和“保守主义”为理念区分，在经济、社会、安全、对外政策等议题上存在执政差异，因而各自拥有利益集团和支持力量。在通常情况下，在野的一方存在的合理性和必要性是通过其对执政党政策的批评和辩论而体现出来。但是在台湾社会，狭隘的斗争焦点使得蓝绿矛盾无法集中在公共政策的辩论和对一般民生福利议题的关怀方面，更明显地表现出具有对抗性的议题，比如国家认同、民族认同、族群认同、台湾发展前途认同等涉及价值选择的问题。过于狭隘的斗争议题使得蓝绿之争没有真正发挥出民主的优势却极尽其劣势。可以这样认为，台湾在民主法治的精神上可以号称是成熟的“民主体制”，但在民主的议题上，却一直处于幼稚的和非理性的阶段。

其次，“情感因素”占据台湾民众对蓝绿阵营认同和选择的主要成分，强化了民众的“对抗性认同”。台湾的民主发展从一开始就走上了“族群政治”的歧途。一些持有极端意识形态的政治力量为获得支持，通过唤起族群集体的“悲情记忆”来动员群众，以被剥夺的危机感来刺激选民，进而将这批情绪化支持者固化为政党或政治实力的“基本盘”。在今天的台湾，“族群认同”却成了选举政治的核心，好像实现了“族群认同”，所有的利益就可以得到满足、所有的问题都可以解决似的。支持者对党派或候选人的支持主要源于情感，而不是利益和政策。特别是在台湾中南部，选举时标举“爱台湾”和“外省人滚回去”的诉求，总是能获得情绪性的回应。

第三，政治认同的极端分裂对民众政治参与和政治稳定产生了负面影响。一方面是蓝绿两大阵营的基本支持者，这些民众的情绪性和非理性色彩浓厚，对自身阵营认同度很高，政治参与热情高涨，甚至出现政治参与狂热的情况。在选举动员的过程中，这些基本支持者还可以发挥带动浅蓝或浅绿民众政治参与的功能，使台湾社会被人为割裂为蓝绿两大阵营，带有温和色彩的中间选民的政治空间被大大压缩。另一方面，随着台湾社会政治纷争的

---

① 简锡堦：“贪腐社会纵容蓝绿台湾危机”，（台湾）《联合报》，2008－11－13。

加剧，台湾的政治冷漠者开始增多，民众对政治不信任感增强，越来越多的民众开始视政治为畏途，消极地适应政治环境，主动地远离政治生活。当这些民众因为对政治乱象的失望和无奈而游离于正常的政治参与渠道之外，不参与到维护政治稳定的进程中去的时候，台湾政治发展容易被极端的政治势力主导，必然会影响到台湾政治稳定的实现。

必须指出，西方的大多数民主体制尽管也存在着阶级、宗教和社会分裂，但中产阶级化和市民社会的形成已经大大弱化了这种纵向分裂和由这种分裂所导致的政党或政治集团间的对立。相较于权威统治时期，台湾民主政治在向前发展过程中，蓝绿双方皆试图突破原先以纵向社会分裂为基础的社会束缚，成为以社会群体支持和问题支持相结合的新型政党或政治势力，使自己不再是特定阶级的专有工具，同时要扩大自己的支持基础，增加各种动力去争夺“中间选民”。[①] 尽管舆论对“中间路线”和“中间选民”的推崇和重视在台湾政坛存在已久，但议题和政策的分歧并没有真正取代情感和认同的分歧。究其原因，一是蓝绿双方仅仅是为了选票做了“向中间靠拢”的策略性调整。例如，民进党会加紧挑拨省籍矛盾，因为省籍矛盾背后就隐含着“台独”的主张可以固住“独”派票源；但同时他们在表面上又把统“独”立场向中间调整以安抚中间选民。二是台湾的“中间选民”本身的复杂性和不可预测性。目前对台湾中间选民的看法众说纷纭，对台湾“中间选民”是否以求新求变、跨党派“议题取向”和中间价值（兼顾改革及稳健）为价值取向，没有基本的定论。在当前的台湾政治中，社会中间力量仍然极为薄弱，任何超越性的立场在公共领域中都难以获得政治影响力。

四、矛盾形式——多种矛盾深刻影响并共同制约蓝绿矛盾

首先，从历史因素来说，蓝绿矛盾表现为历史的伤痕、意识形态之争以及现实悲情的后遗症，是省籍、族群、南北与统独矛盾的矛盾集合体。十几年来，台湾的民主制度一直想要走向更成熟、更理性，形成像西方国家那样的政党政治，可是一直无法跳脱统“独”及“国家认同”与“省籍情结”。这个社会基础的特质最终导致政治生态的蓝绿二分，决定了蓝绿两大阵营的

---

① 杨剑：“台湾政党政治与中间选民”，《世界经济与政治论坛》，2004，(2)。

政治主张。在20世纪80年代，支持在野力量和执政党的主要区别是族群或者省籍：外省族群绝大部分支持国民党，本省族群虽然未必都支持民进党，但民进党的支持者却几乎以本省籍为主，民进党主要政治诉求是“民主化”与“本土化”。台湾社会省籍矛盾产生与二二八事件有关，也与若干政治人物为了谋求选票私利蓄意挑起有关。近年来省籍矛盾有缓和趋势，但在重大选举与关键时刻，往往还是个敏感问题。统“独”矛盾虽不再是台湾政党政治发展中的核心矛盾，但统“独”意识将在比较长时期内充当台湾政党政治发展中的潜在矛盾。

其次，“民主化”进程中的非良性变动或者说是“异化”为蓝绿矛盾提供了土壤。台湾“民主化”进程中出现了三个独特的自身难以克服的问题。其一，某些社会力量或组织（如“黑金”、派系和财阀）在“民主化”进程中发生畸变。它们和选举出来的、自恃有民意基础的政治权力拥有者互相勾结，建立了新的“统治霸权”。其二，原先潜藏在社会内部的某些冲突（如地域冲突）表面化和激烈化。这些问题的产生，反映了台湾社会基本历史、文化、社会和政治条件在“民主化”进程中的延续和非良性变动。派系和黑金的参与使得台湾的政治发展与政治运作透明度低，拉帮结派、世袭制和腐败盛行；而“省籍族群”矛盾的社会化和扩大化则破坏了社会的团结和稳定，是台湾“民主”背负的额外负担，本质上属于地域冲突的矛盾被“升华”为“国家”冲突，从而造成了台湾所特有的“民主化”误区。其三，蓝绿对峙导致台湾“司法”扮演了与其社会功能不相称的角色，从所谓社会良心的“最后一道防线”变成蓝绿政争的“前线”。陈水扁的“国务机要费”案、国民党主席马英九“特别费案”两案先后被“立案”，相关当事人被起诉，就是两个最突出的例证。这两个案件尽管所带来的社会观感明显不同，但本质上仍是“政治性案件”。与以往选举中层出不穷的“司法提告”只是与政争伴随的辅助手段不同，这已是蓝绿对峙从行政、“立法”全面扩大到“司法”领域的明显症候。它表明，蓝绿对峙的政治僵局已不可能在现有行政、“立法”框架内获得解决，而必须借助“司法”判决的最后的和极端的形式来分出暂时的输赢。一般而言，“司法”在政争中被卷入是被动的，但目前它在台湾则被赋予了裁判的角色，在影响政局方面却是愈益主动和进取。这是“司法”社会功能“不可承受之重”，更是台湾政局困境的综合性反映。

再次，从现实政策来看，蓝绿矛盾外化为台湾岛内政策的非延续性

（政策冲突），严重危害台湾社会经济发展。在一般民主国家或体制下，新政权基本上会延续旧政府的基本经济政策，即使采取新的经济政策，也不会推翻已经在体制或法制下运行的政策。但台湾不同，在完全是以蓝绿立场与蓝绿政治标准来衡量的情况下，新政府会采取完全推翻或否定旧政府的政策，从而给经济发展带来新的风险。最典型的是陈水扁上台后公然“违法”宣布停建“核四”，不仅引发巨大的政治风暴，而且对核电发展与台湾经济的发展造成巨大影响，在“依法”重建后又采取不积极作为或消极做法，让第四核电厂运行时间一再延后，至今无法实现商业运转。国民党重新执政后，马英九当局彻底修改陈水扁当局处处限制两岸经济关系发展的管制与保守政策，采取积极开放的政策，加强两岸经济合作，签署一系列经济合作协议，以促进台湾经济发展，分享大陆经济发展红利，并实现两岸经济的互利双赢与共同发展。但民进党则在“台独”主张与意识形态主导下强烈反对两岸经济合作，污名化两岸经济合作，回避两岸经济合作为台湾带来的巨大利益与好处，无限扩大可能存在的负面影响。为了选举利益，作为最大在野党的民进党不是积极配合执政当局共度经济难关，而是处处制造麻烦与问题，希望执政党搞不好经济，以给自己创造上台的有利时机。在这样的政治利益算计下，经济成为台湾蓝绿政治斗争的牺牲品。

五、矛盾发展——媒体影响是蓝绿矛盾斗争的加速器

台湾媒体通常有很大的政治倾向性，民进党和国民党都各自掌控一些倾向性明显的电视台、报纸和广播电台。它们选前没有平衡而客观的报道，这使得受到不公平对待的政党和候选人的情况明显变糟。一个典型的例子就是2004年“3·19枪击案”，此案一发生，亲民进党的电视台、电台、报纸就二十四小时连续报道这是亲国民党人士所为，从而在选举的最后时间改变了相当一部分选民的投票方向，致使民进党候选人陈水扁以极微弱多数当选。由于开放“报禁”后，大量媒体的产生，加上台湾社会的泛政治化，媒体与政党之间的关系是“扯不清，理还乱”，媒体与政治人物的关系也是各有千秋。正是因为受到政治力量的保护，那些故意制造混乱的媒体，从来不会受到真正有效的法律追究。

有明显政治色彩的大众传媒是导致台湾蓝绿矛盾加速发展的外部因素，起到了推波助澜的作用。普通民众一般都不清楚政策出台的过程，对政策的

内涵也不是十分清楚，即使有所了解，多数时候也是随着舆论导向在起伏。在现代社会，舆论导向的形成最主要、最经常又是由大众传媒的观点来引导的。大众传媒被称为“第四权力”，可见其在政治过程中有着举足轻重的影响力。在当前台湾尖锐的蓝绿政治斗争面前，大众传媒很难保证报道的客观、公正性，往往带有明显的政治偏向性。甚至有些媒体更是赤裸裸地充当政党的工具和打手，捕风捉影，传播谣言，无中生有，恶意中伤，颠倒黑白，混淆视听，不断制造震撼焦点和舆论风暴，对政治敌手狂轰滥炸，使普通民众真假难辨，是非难分。

因此，台湾媒体与蓝绿两党政治一样，呈现两极分化的现象。对于台湾媒体的蓝绿立场与偏好，过去人们一直认为是“七分蓝”、“三分绿”，但由于绿色媒体是“真小人”，蓝色媒体是“伪君子”，从而导致媒体真正的生态是“七分绿”、“三分蓝”。高度竞选的媒体生态导致了政党利用媒体，媒体介入选举，媒体获利选举，观众少有机会看到双方同时心平气和地陈述自己的观点。其结果是：“蓝者愈蓝，绿者愈绿。”台湾媒体的实际社会功能是“制造了一批深蓝或深绿的人民”。尽管“不蓝不绿者当然仍是大多数”,① 但是蓝绿的影响被极大化。TVBS 的“2100 全民开讲”、“新闻夜总会”、中天的“新台湾星光大道”、“文茜世界周报”、“台湾大论坛”、三立的“大话新闻”等，立场十分鲜明，对台湾社会民众的影响不小，由于“名嘴取代专家而掌握话语权、民意取代专业而成为施政依归”。通过传媒，政治人物和媒体精英在诱导、肢解、扭曲、阉割台湾真实民意，强迫“塑造”台湾话语和民意。这种不健康的舆论导致了不健康的民主政治，也将蓝绿矛盾推入更大的深渊。

六、小结

蓝绿矛盾是台湾政治发展的主要特征。它之所以愈演愈烈是台湾社会母体为其提供了发展动能，而不完全取决于现代政党政治本身的竞争特质。作为一种政治符号的象征，“蓝绿对峙”实际上是以省籍族群的两极对峙为动能的，同时也是各种外在矛盾在岛内政党政治中的反映。观察台湾政坛的“蓝绿矛盾”必须超越单纯的政治思维，将其放到台湾社会转型的大背景下

① 李家同：“蓝绿水火，抢扮正义化身”，（台湾）《联合报》，2008 - 11 - 15。

去观察和思考，在台湾社会矛盾的变化中寻找答案。

蓝绿矛盾的演变说明，蓝绿矛盾不是由某个单一的体制性因素造成的，而是由多个体制性因素共同作用的结果；而每一种体制性因素，也不仅是构成蓝绿矛盾的原因，而是构成多个问题的原因。换句话说，蓝绿矛盾带来台湾政治的多个问题与导致这些问题的多个体制性因素相互交织，二者关系错综复杂。

蓝绿矛盾的发展将会出现两个方向的趋势：或是带来台湾政治长久机制的革新，最终出现政局稳定的政治民主体制；也有可能重演朝野对峙和政治对立的政治生态，使台湾政治仍旧回到原点。2012 年宋楚瑜正式宣布参加台湾“总统大选”后，蓝绿矛盾似乎要倒退到“蓝党”、“绿党”、“橘党”的“多党政治”之争。面对蓝营内部的瓦解和分离，需要看到：变化的只是表现形式和环境，不变的则是各政治势力对权力的追求。

台湾绿党的发展特点与前景

季伊昕

目前，对台湾政党的研究大多聚焦于国民党和民进党，对第三势力中的各小党，研究还不够充分。台湾绿党是以追求生态环保为目标的小党，而环保正成为台湾社会日益关注的重大社会议题。本文试图分析绿党的特点、发展受限的原因以及前景，以便更深入地理解台湾。

一、台湾绿党的发展特点

关注生态环保的绿色政治是全球性现象，但在不同国家（地区）的发展由于情况不同而大相径庭，并无统一的模式。台湾绿党具有自己的发展特点。

（一）政党发展历程：起源于“民主化”运动，起步晚，规模小，理念清新

20 世纪 80 年代的台湾，以反杜邦设厂为标志的反核、反公害、反污染工厂兴建、生态保育以及环境“立法”和环境教育五类环境运动集中爆发，环保团体应运而生，成为知识分子与普通民众参与社运与更广泛“民主化”运动的管道与平台。因带有反对国民党威权统治内涵，环保社运与“政治民主化”相互交织，并与党外势力尤其是民进党有着千丝万缕的联系。1995 年底，一群以环保联盟为核心的社会运动者开始筹备“绿色本土清新党”，简称“绿党”。其主要发起人过去虽与民进党有长期密切合作关系，但他们认为民进党的环境政策越来越模糊，缺少一致立场。另一方面政治人物在环保团体中开始不受欢迎，专业社会运动者认为他们只想增加自己的社

会资源，把环保运动作为政治筹码，并非全身心投入环保事业①。1996 年，台湾绿党诞生。党员人数常年维持在四百五十人左右。

在台湾特殊的政治发展历程与以色彩代表政党的有限选择中，绿色与泛绿色彩长期被民进党与亲民进党政团垄断。绿党的成立即表明，其与民进党存在一定的政治盟友关系，又孕生出独立开拓政治空间的抱负。台湾绿党与 20 世纪 80 年代起源于西欧的绿党核心理念一致，是以生态环境问题为契机，以政治观念、组织结构和活动方式创新为基础，主张全面改造既存的经济结构以最终创建人与自然、人与人和谐相处新社会的新型政党。② 可以说是台湾政坛一抹不一样的绿色。

（二）与西方绿党的区别：抗议性政治定位，议题较为单一，未能引领环保力量

西方主要绿党如德国绿党、加拿大绿党、奥地利绿党等多成立于 20 世纪 80 年代，并在成立后的十余年内先后通过与其他政党结盟方式，进入全国性政府，取得执政地位。原先与政府在环保、反战与人权等诸多议题上针锋相对的绿党，转变了政治路线，由抗议性政治定位转向执政性定位。台湾绿党自创党以来，至今已十八年，投入参与过 1998 年“三合一”选举、2001 年、2008 年与 2012 年“立委”选举等多次地方与全台性质选举，除 1996 年高孟定在云林县参与第三届“国大代表”当选，是绿党历史上唯一的政治代表，其后再无突破，长期在体制外进行活动与抗议。

台湾绿党的主要议题虽然也有拓展，但始终局限于在野监督的反抗性定位。鉴于西方绿党已进入执政领域，其议题与政策也与反对党定位的台湾绿党有所区别。就绿党的议题与政策领域而言，环境生态议题无疑是绿色政党最具基础也最优先考虑的范围，与环境相关的能源与交通等议题也是绿党的切入点。西方绿党由于具有执政地位与经验，已突破了自身局限，在经济、外交、国际事务等传统关键领域产生实质影响，确立自身“政策全能党”的形象。鉴于台湾绿党仍是第三势力抗议党定位，扮演在野监督角色，尽管也在不断拓展自身设定与参与议题能力，由单一环保生态话题拓展至民主人权、同志平权、劳工权益等多元议题，却仍无法达到西方绿党“全方位党”

---

① 何明修：《绿色民主》，群学出版有限公司，2010 年，第 193 页。

② 郇庆治：《欧洲绿党研究》，山东人民出版社，2000 年，第 4 页。

的高度。

台湾绿党尽管是唯一以环保为旗帜的政党，却也并未能引领环保团体。在德国、英国、比利时等国，绿党已能使大多数环境团体相信它是绿色事业在既存政治体制中的合法代表，绿党声称是各种形式与规模更大的环境和其他新社会运动团体的议会臂膀，负责提供必要的信息、财政和资金支持，① 协调满足环境团体的要求。而台湾绿党实力并未强大至可以影响与统领岛内其它环保团体的地位，岛内有影响力的抗争活动常由“台湾环境保护联盟”“台湾绿色和平组织”“主妇联盟基金会”等更具社会影响力同时财力也更雄厚的社团组织主导，绿党常是不起眼的协办方，未能整合各方绿色势力，进而引领环保相关运动。

也正因为台湾绿党起步较晚，政党规模小，组织内并未出现西方绿党普遍经历的派别斗争与路线定位争议困扰。政党政治学者基茨塞尔特根据意识形态角度区分出的绿色政治派别：生态社会主义、生态自由主义、生态激进主义、生态现实主义。② 上述多种绿色思想在台湾绿党内皆存在，但彼此并未出现尖锐矛盾与路线之争。在岛内复杂的政治环境下，台湾绿党则是灵活而现实地采取激进、温和与妥协并用，理想与现实交织的斗争手段，以争取狭小的生存空间。

（三）与岛内主要政党区别：跳出阶级、阶层差异，以绿色生态为轴心

与国民党、民进党两大传统政党不同，台湾绿党不以某个阶级或其他社会分层为主体，在理论上是全民性的，包含广泛的社会层面，极力淡化阶级斗争问题，声称其所提出的后工业社会问题和矛盾超越了传统的左右政治划分，因而是一场名副其实的全民政治运动。③ 就政党立身的哲学层面而言，绿党以生态哲学作为哲学上的根据，跳出人类中心主义的局限，并非以某种意识形态作为理论基础，而是把系统论和生态学作为理论基础和行动指南。④ 这套哲学思想亦很好地体现在台湾绿党六大核心价值理念中：不牺牲下一代的永续、生态智慧、和平非暴力、尊重多样性、社会正义、参与式民

---

① 郇庆治：“欧洲绿党与环境团体的关系”，载《文史哲》，2000 年 12 月第 6 期，第 115 页。
② 刘东国：“绿色政治”，上海社会科学院出版社，2002 年版，第 68 页。
③ 刘东国：《绿色政治》，上海社会科学院出版社，2002 年版，第 184 页。
④ 周淑真：《政党政治学》，人民出版社，2011 年 6 月，第 356—357 页。

主，可以说是超越传统政党理念的绿色创新。

绿党与岛内蓝绿两大政党的内部组织架构也有较大区别。绿党反对蓝绿两大党集中化、精英化与官僚化的民主决策程序，主张政治民众化，实行集体领导与轮换制，决策层面向基层倾斜，强调所有公民能够直接参与对其生活有所影响的环境、经济、社会和政治决策，权力和责任将集中于地方与区域内的公众手中，只有在必要时才转移至更高的管理阶层。因此绿党采取合议制，由其代表大会直接选举产生中央执行委员会，并由中执委委员互推产生召集人，并在2006年执行双召集人制，进一步提升了党内民主决策结构。另外，绿党保障与鼓励女性参政并于党章中明确规定各级党部执行委员、评议委员以及提名参选公职选举候选人时，女性名额不得少于三分之一。2006年党员大会通过修改为任一性别不少于三分之一，开岛内政党保障女性党员政治参与的先河。[①]

（四）与岛内其余第三势力政党区别：理念清晰，始终坚持，未被泡沫化

根据台湾“内政部”民政司公布的“政党名册”，截至2013年5月3日，台湾共有二百四十九个依法登记的政党。[②] 除国民党、民进党、“台联党”、新党、亲民党与劳动党外，尚有二百四十余个不具议员席位及民意代表的小党存在。绿党在第三势力小党中不如新党、“台联党”与亲民党获得较高关注度并多次在选举中挑战蓝绿两大党地位，但却稳定持续地发展，未被泡沫化，这与其独特清晰的理念与一贯的坚持有关。

根据大陆学者相关研究，第三势力可根据政党型第三势力、社会运动型第三势力、无党籍人士及其团体、脱党参选者、混合型第三势力进行区隔。[③] 历届选举中真正威胁到国、民两大党地位，成为关键第三者的势力有新党、“台联党”与亲民党，其特质是因政见不合或利益冲突由两大党脱离出，由强势政治明星组成淡蓝、深蓝或深绿意识形态的政党，释放个人政治

---

① “绿党党章”，http：//wwww. 2012. greenparty. org. tw/index. php/. . . /197-gp-constitution，2006年4月9日检索。

② 《台湾“内政部民政司”政党名册》，http：//www. moi. gov. tw/dca/02people _ 005 - 1. aspx? sn = 10，2014年1月7日检索。

③ 王鸿志：《政治狂澜的浪花——台湾第三势力研究》，九州出版社，2013年9月，第37—41页。

能量，政治理念与两大党并无明显区隔。绿党作为政党型第三势力，突出特质是理念性政党。如表一所示，在理念型小党中，绿党的政治诉求与大党并无重合，在小党间也无重叠性议题。既非某一阶层、族群或团体政治代理人，也非局限于如“制宪”等议题的单一议题党派。台湾政坛当前活跃的第三势力小党中，绿党属于组织架构成熟稳定、理念清晰突出、能对两党极化政治形成一定影响的小党，与许多早已被边缘化、泡沫化的小党有一定区别。

表一　部分新兴小党诉求的理念

党名	主要理念
台湾农民党（1989 年）	主要诉求催生“农业部”，希望“农委会”整合环保等相关单位，成立“农业部”，并且检讨农业相关问题。
第三社会党（2007 年）	诉求平民参政、认同应该寻找台湾共同利益，终止泛蓝与泛绿的“民主”内战，希望“修宪”成为“内阁制”。
绿党（1996 年）	主要诉求为生态平衡、草根民主、社会平等、世界和平等，以关心环保为出发点。
红党（2007 年）	诉求希望建立小而美的“内阁制”、博弈合法化等，希望能把公益价值、自由和平的社会找回来。
客家党（2006 年）	诉求为替客家政策督促、监督当局，让客家以及弱势族群得到合理公平的社会资源分配。
制宪联盟（2007 年）	“六大主张”包括“制宪除恶”、“制宪除债”、“制宪除罪”、“制宪拼经济”、“制宪拼入联”、“制宪拼安全”。

二、台湾绿党发展的制约性因素

（一）当前选举制度是不利于台湾绿党发展的首要因素

自 2005 年“立法院”“修宪案”通过后，由“复数选区单记非让渡投票制”改为“单一选区相对多数决制”，亦即“单一选区两票制”，选民必须一票投给区域“立委”候选人，一票投给政党。经过 2008 年第七届与 2012 年第八届两届“立委”选举实践，此种选举制度并未达到“民主多元”的初衷，反而加剧和巩固了两党政治生态。岛内学者从学理、制度与务实角度分析，认为未来台湾确实极有可能向两党政治发展。①

绿党经历两次“立委”选举，可从选举结果中一探端倪。

表二 绿党参与区域“立法委员”选举结果

年份	选区	绿党候选人	得票数	得票比例 %	当选否	备注
2008	台北市第一选区	曾瑾佩	1862	1.18	否	
	台北市第四选区	柯逸民（火盟）	1580	0.93	否	与工运团体火盟合作，火盟提供两位区域“立委”以绿党名义登记
	台北市第七选区	潘翰声	1275	0.88	否	
	台北市第八选区	彭渰雯	1481	1.02	否	
	台北县第四选区	徐文彦	721	0.48	否	
	台北县第五选区	温炳原	507	0.43	否	
	云林县第一选区	黄山谷	779	0.51	否	
	花莲县	钟宝珠	2473	2.63	否	
	基隆市	王醒之（火盟）	3426	2.53	否	与工运团体火盟合作，火盟提供两位区域“立委”以绿党名义登记
	嘉义市	林瑞霞	663	0.59	否	
	北市第六选区补选	温炳原	1058	1.12	否	
2012	台北市第一选区	张育憬	4733	2.3399	否	
	台北市第七选区	潘翰声	43449	23.9977	否	民进党不提名，礼让绿党
	台北市第八选区	余宛如	3715	1.9987	否	
	新北市第一选区	王钟铭	5038	2.3726	否	
	新北市第十选区	杨万木	8598	4.5762	否	
	台中市第四选区	蔡智豪	3986	2.0030	否	
	台南市第五选区	林民昌	3494	1.5157	否	
	高雄市第三选区	林震洋	3448	1.6624	否	
	彰化县第一选区	施月英	2718	1.5178	否	
	台东县选区	谢文汉	551	0.7234	否	

资料来源：“中选会”历届选举数据库 http://www.db.cec.gov.tw

① 陈朝政：“单一选区两票制对台湾未来政党政治发展的影响”，“财团法人国家政策研究基金会”内政（研）096－010 号“国政研究报告”，http://www.npf.org.tw/printfriendly/3705，2007 年 12 月 7 日检索。

表三　绿党参与不分区“立法委员”选举结果

年份	绿党候选人	得票数	得票比例	得票比例最高县市（%）	当选人数	备注
2008	陈曼丽、张辉山、张宏林、王芳萍	58473	0.5798	台北市 1.011	0	与工运团体火盟合作，第四顺位王芳萍为火盟成员
2012	希婻·玛飞洑、钟宝珠	229566	1.7441	台北市 2.7708	0	台东县兰屿乡政党票高达35.76%

资料来源：“中选会”历届选举数据库 http：//www.db.cec.gov.tw.

选举保证金是绿党参选面临制度化困境的第一道障碍。台湾选务部门规定，参选任何公职都需缴纳保证金，且数额不菲，如市议员初选保证金与登记费就高达60—70万新台币，部分选区甚至设下两百万保证金的条件。选举保证金制度设计初衷是避免有人“玩假的”，浪费社会资源。“公职人员选举罢免法”第三十二条明列下列情况保证金不予发还：1）未当选；2）前款以外选举未当选之候选人，得票不足各该选举区应选出名额除该选举区人总数所得商数百分之十。① 高昂的保证金让绿党无法如国民党般由组织出资缴付，全靠候选人自己筹得，且有极高可能无法取回，对绿党与参选个人而言打击不小。绿党召集人潘翰声曾效仿倒扁红衫军公开募款400万新台币作参选保证金，② 而党内青年候选人为筹集保证金亦发表公开信，同时严辞抨击选举制度。③

由于是“单一选区”制度，除非具有地区性的强大基础，绿党等小党候选人获得“立委”区域胜出希望渺茫。而对于绿党争取不分区立委席次，最大阻力来自2007年对于“公职人员选举罢免法”第六十七条第二项第五款规定的修正：各该政党之得票比率未达5%以上者，不予分配当选名额。④ 假设潜在支持第三势力政党的政党票总数有20%，则登记参选包括绿党、红党、农民党、新党、台湾团结联盟等小党如皆得3%—4%的选票，则全

① “公职人员选举罢免法”第三十二条，（http：//lis.ly.gov.tw/lgcgi/lglaw？@27：1804289383：f：NO%3DE01177＊%20OR%20NO%3DB01177＄＄10＄＄＄NO－PD，2012年10月5日检索。

② “第三社会、绿党合盟，决公开募款参选‘立委’”，http：//www.crntt.com/crn-webapp/doc/docDetailCreate.jsp？coluid＝7&kindid＝0&docid＝100483863，2007年11月5日检索。

③ “贫穷青年选议员——李盈萱的募款信”，http：//www.coolloud.org.tw/node/53757，2010年8月13日检索。

④ “公职人员选举罢免法”第三十二条，http：//lis.ly.gov.tw/lgcgi/lglaw？@27：1804289383：f：NO%3DE01177＊%20OR%20NO%3DB01177＄＄10＄＄＄NO－PD，2012年10月5日检索。

部无效，不能分得任何席次。绿党不但要跨过提名资格的障碍，即便如2012年绿党不分区候选人，因抗议核废料运动，绿党在兰屿得票数为35.76%，是全台第一；来自兰屿达悟族的单亲母亲希嫡·玛飞洑与钟宝珠获得22.9万余票，1.7441%的高得票率，仍旧无法分得一个席次。

另外，政党票还决定了未来四年的政党补助款。一旦跨过5%的门槛，每张政党票可以使绿党获得50元新台币的补助，每年一次。这样绿党即错失了一千多万元新台币的补助款。曾任绿党召集人的彭渰雯认为，保证金与补助金本可以让一个小党持续发展组织，慢慢茁壮，下次再来。而选举制度错误之处在于补助款针对的是强势候选人的补贴，只能帮助赢者更赢，输的人却因为无法积累而更输，与“公费选举”鼓励公民参政的理想背道而驰。①

（二）缺乏经费

如上所述，经历选举后，绿党不仅绝大多数保证金被收缴，还无法获得政党补助款，财政上是雪上加霜。相比之下，百年老党国民党拥有近百万的庞大党员群体，人力资源与党产与其他政党相比首屈一指。民进党相比之下较年轻，但在党禁开放后迅速扩张基层力量，获取政权后更是在各重要部门安插党员，逐步累积巨大资源。与大多第三势力小党一样，绿党面临一大困境即缺乏经费。绿党没有党产，办公地点狭小，活动经费短缺。曾传出负债近一百万台币，无法负担员工薪水，“穷得只剩下人”。② 绿党的财政来源主要为450余名党员每人每年缴纳1200新台币党费，根本无法支撑党务。“人民团体法”规定，③ 政党得票要在2%以上，捐款方能抵税，因而许多人无法捐款予绿党。经费短缺使绿党开展各项活动步履艰难，无法主导抗争运动，在反五轻、核四、反巨蛋等运动中处于非中心地位，也难以在社会上扩大影响力。同样，缺乏经费使绿党无法自如开展竞选活动，低碳节俭的“绿色竞选”“环保竞选”虽符合绿党理念，却也是无奈之举，遑论选民服

---

① 彭渰雯：“不要再以保证金限制人民参政的权利”，http://2012.greenparty.org.tw/index.php/discuss/comment/498-20050524，2005年5月24日检索。

② “台湾绿党穷得只剩下人，缺钱快断炊”，http://www.crntt.com/crn-webapp/doc/docDetailCreate.jsp?coluid=0&kindid=0&docid=101214975，2010年1月30日检索。

③ “人民团体法”，http://law.moj.gov.tw/LawClass/LawAll.aspx?PCode=D0050091，2011年6月15日检索。

务，安插经营“桩脚”等安排。

（三）缺乏政治明星

环保运动者先天具有理想型性格，且台湾环境社会运动中生成的优势政治资源与精英人物常常被两大党吸纳与收编，是台湾绿党缺少政治明星的两大主要原因。曾任绿党2001年召集人的郑先祐教授认为，台湾环境运动的支持者大部分是有“理想”性格者。政治的现实力量虽然诱惑，但对理想性格者而言，却会感到厌倦。① 参与环保社运的先驱在社运界是最具号召力的政治明星，但他们中许多人“转换了跑道”，成为教师、文艺创作者。90年代初环境运动激进化，国民党在反核等运动中围堵镇压活动者，因此许多环保运动精英在政治上转向支持民进党。绿党成立早期即无法与民进党的收编能力竞争。有不少环保人士即使同情绿党的诉求，仍选择在民进党体制内运作，认为环境运动“没必要在那时就与政治运动分家”。② 民进党长期吸纳社会运动资源，为社运精英提供更具吸引力的个人政治成长空间与优势资源，这是完全没有资源的绿党无法比拟的。如台湾首位公开反核的环境运动者林俊义加入民进党，1989年参与“立委”选举时说明自己为何加入民进党并参选的原因：“可惜，过去40多年来的台湾社会，所有大大小小的问题都源自于反民主的政治，这个反民主的原罪不消除，所有民间知识分子的力量都无从发挥。”张国龙等环运与学运活跃分子都被延揽至民进党担任职务。1991年有十二名台湾环境保护联盟会员参与选战，且都以民进党身份参选。③ 在具社运经验与领袖魅力政治明星缺乏的情况下，引领一支小党在政党激烈竞争的岛内环境中更显乏力。

（四）理念与口号被大党吸收

较统独等敏感话题，绿色环保不易在价值观念上产生争拗，是敏感度

① 郑先祐：“台湾环境运动的动力、困境与愿景”，《回顾台湾社运二十年（1990—2010）研讨会第五场会议论文》http：//myweb. nutn. edu. tw/ ~ hycheng/speech2/AyoTaiwanEnvMovements. pdf，2010年12月4日检索。

② 何明修：《绿色民主》，群学出版有限公司，2010年，第195页。

③ 何明修：“台湾环境运动与政治转型”，原题 Environmental Movement in Democratizing Taiwan（1980—2004）：A Political Opportunity Structure Perspective，收入 East Asia Social Movement，edited by Jeffrey Broadbent and Vickie Brockman，Springer，New York，2011. 由作者与蔡依伦翻译成中文，并由黄梅兰校正。此中文版经过欧宁编辑，部分内容有删减。http：//www. alternativearchive. com/ouning/article. asp？id =910，2013年8月30日检索。

低、好感度高的话题。而宣扬可持续发展是当今各地政府皆遵循的发展理念，蓝绿两大政党皆希望在这一领域能形成主导。尤其是民进党，希望能主宰核能与石化等议题，宣扬自身环保理念政策以从中获得政治资源。国民党与民进党分别将永续发展、能源、安全等环境生态理念分别列入“黄金十年”与“十年政纲”[①] 中。核电厂存废问题不但已成为2012台湾地区领导人选举与第八届“立委选举”焦点，蔡英文提出“2025非核家园计划”，也重启了以“公投”解决有关台湾核安全的重大政策。强势大党操作生态环保话题后，绿党发挥的主动性与空间便被挤压了。另外，值得注意的是，环保议题受到极高的社会关注、环保团体的不断施压、环评制度的强势操作外加反对党不断炒作，均使得执政党常常对例如国光石化、核四等重大环境事件采取骤然停建的做法，环保政党与团体也就失去了继续抗争与深化议题的空间，无法在选举中继续利用话题，以争取选民支持。

（五）对主流议题论述乏力

绿党具有鲜明的环境生态价值纲领与行动指南，然而，当前台湾社会的主流议题仍是统独议题与国族认同争议，经过政客长期操作与选举效应叠加，淡化了经济民生与其他议题的重要性。即便是经济政策，也是蓝绿双方关于是否与大陆建立更紧密经贸关系的争论。绿党作为环保理念型小党，无法驾驭统“独”、国族认同、经济等主流议题，选举中无法回应也无法参与到相关辩论中，坚守耕耘自己“环境生态”的一亩三分地，长期如此难免被边缘化。绿党还要面对与妥善处理台湾社会对经济发展与环保议题的两难取舍，对绿党自身而言也是个难题。看待经济增长问题方面，台湾绿党尽管在向现实政治调整过程中提出反对经济过度增长，避免了生态激进主义一概反对经济增长的缺陷。但是政策与理念中仍包含了一些脱离实际的偏激主张。如绿党要求停建核四，即便在西方发达国家，废除核能也无法实现。绿党与环保团体常以环评反对国光石化、反六轻扩建。然而，岛内政经人士担忧，环保无限上纲的后果，将使环评严重失控，成为“投资杀手”和“经济路障”，[②] 台湾如长期受到无限扩大化复杂化环评的影响，原本乏力的经

① “十年政纲”，http://www.iing.tw/p/blog-page_24.html，2011年8月25日检索。

② “风口浪尖上的台湾环评制度：投资杀手？经济路障?”，中国新闻网，http://www.chinanews.com/tw/2013/04-10/4717574.shtml，2013年04月10日检索。

济发展将更为迟滞。

（六）小党合流有难度

绿党等第三势力小党因势单力薄，如能在主要选举中形成同盟关系无疑有更大胜算。但如表一所示，各小党持有的生态环保、农民权益、劳工权益、移民问题、“制宪”等价值理念千差万别，较难形成合流。绿党曾在2008年“立委”选举中与工运出身的左翼社运组织“人民火大行动联盟”联合竞选，由于“火盟”当时并未登记成为政党，无法参与不分区“立委”选举，故联合参选，“火盟”推出两名区域“立委”候选人以绿党名义登记，这是台湾首次出现环保与工运势力结盟为红绿联盟参选。[①] 绿党认为，在欧洲绿党发展的脉络下，绿色的环保力量与红色的劳工力量结合并不令人意外，在台湾的历史上，“解严”前后环保与劳工运动也经常互相支援。绿党与“火盟”强调这并不是短暂的选举联盟，而是要开启台湾进步社运力量的重新集结。[②] 可惜如表二所示，绿党与火盟候选人皆落选，尽管结盟在当时形成话题，无奈即便形成合力，其实力仍旧与大党相差甚远，也无法在“立法”机构取得生存空间，遑论体现各自代表的民意。而选举过后，两党间的合作也未得到延续，双方也再无日常党际间合作，选举中也未有机制性的结盟了。

三、绿党的发展前景

在岛内蓝绿对立化与政党政治多元化的基本结构下，绿党生存的地位与空间上应当有一定的发展余地。

（一）选民对绿党的期待

首先，民众对于两大党的不满是绿党等小党存在的背景条件。岛内众多选民早已厌倦两党独大与恶斗的政党格局，对国民党老迈的政党形象与根深蒂固的官僚文化深感不满，也对民进党较为偏激的政治立场与诉诸民粹的竞

---

① “红绿结盟——国、民两党之外唯一整合成功的政治力量，绿党及人民火大联盟联合参选记者会”，http：//www.coolloud.org.tw/node/11640，2007年11月19日检索。

② “2007/11/19绿党及人民火大联盟联合参选记者会”http：//www.civilmedia.tw/archives/139，2007年11月22日检索。

选策略不放心。[1] 根据岛内民调机构——台湾指标民调（TISR）发布的《民众政党立场倾向追踪分析》显示，[2] 截至2013年11月最新统计，支持泛蓝政党的台湾民众为27.5%（其中支持国民党21.1%），泛绿30.4%（其中支持民进党24.9%），持中立立场38.7%，未表态有3.5%。且从2010年之后，持中立立场的民众由28%左右一路上升至最近的38.7%。可见选民对理念明确、形象清新、没有历史包袱的政党期待度非常高，渴望为台湾政坛带来新气象与变革的第三势力政党出现。其次，岛内选民结构也正在发生显著变化：青年选民成为影响台湾政治生态的重要政治力量，每隔四年，台湾就会增加150万张青年选票，任何政党想要获取执政权，都要争取青年选民的支持。青年选民与中老年选民群体相比，政治意识形态包袱相对较少，也未过多卷入政治斗争，多不具有强烈的政党感情和固定的政党认同倾向，更具可塑性、灵活性和游离性，面对环保与生态话题也会有更多关注。[3] 与从两大党脱离出，理念仍纠葛于统“独”与国族认同的泛蓝泛绿政党相比，绿党以生态环保价值理念独树一帜，组织架构强调民主参与、聚焦环保、同志平权、人权等议题也更能获得青年认同，以低碳节能环保的方式竞选，组织活动频繁运用网络平台展开，形象也清廉上进，在一定程度上与两党选举不正之风形成对比。绿党在历届选举中推出的候选人与大党相比普遍年轻，受教育程度高，从理论上讲，上述原因都有助于绿党获得中间选民与青年选民支持。

（二）政党格局与选举制度给予绿党部分生存空间

解除“党禁”后，台湾呈多元开放社会状态，各种政治势力皆十分活跃，人民结社权力与自由得到保障。研究显示，第三势力小党作为两大党之外的力量，只有在两大党接近势均力敌而又有一定实力差距的情况下，第三势力生存几率与成长空间才能实现最大化。[4] 绿党在此条件下得以建党并稳定发展。现行选举制度尽管不利于绿党获得席次，特别是不分区“立委”选举部分5%的政党门槛尤其是障碍。而蓝绿对立的政治现实亦使绿党等第

---

① 王鸿志：《政治狂澜的浪花——台湾第三势力研究》，九州出版社，2013年9月，第137页。

② “民众政党立场倾向追踪分析”，http：//www. tisr. com. tw/，2013年12月5日检索。

③ 艾明江：“近年来台湾主要政党与青年选民群体的互动分析”，《台湾研究》，2010年第3期，第39页。

④ 王鸿志：《政治狂澜的浪花——台湾第三势力研究》，九州出版社，2013年9月，第138页。

三势力小党成为大党争取支持的对象，如绿党召集人潘翰声参与 2012 年台北市第七选区“立委”选举时便受到民进党不提名、礼让绿党的待遇，在蓝绿两大党间博弈中获取政治资源。如果说，台湾绿党在“总统”选举中因制度本身就鼓励两组候选人对决，且议题导向压缩选择空间使其几乎没有获胜机会；“六都市长”选举因大党视为“总统”选举预选赛而特别重视，派重兵参与争夺而出头无望；在“立委”选举中当选可能性也不大；但在基层乡镇市长与六都及十六县市长中民意代表选举中不排除个别地区当选机会，因为在基层选举中，蓝绿二元对立的意识形态对抗性下降，当地选民主要根据候选人特质、民生议题与政见来投票，比如在兰屿等深受环保议题影响的地区，绿党候选人凭借个人影响力与议题掌控能力极有可能突围成功。

（三）利用涉外活动提升自身优势

台湾绿党作为亚太绿色联盟成员，亦是国际绿党一份子，在成立之初得到包括德国绿党在内各国绿党的祝贺，且长期与新西兰、澳洲、日本、巴西等国绿党保持良好党际交流，举办了在区域与全球具有一定影响力的绿人大会与论坛，组团赴巴西圣保罗出席第二届全球绿人大会，并在会上提案台钢与八轻、核四等议题。[①] 绿党的活动成为台湾涉外活动的一部分，以政党形式拓展与巩固台湾国际空间，反过来亦提升台湾绿党自身品牌效应与形象，在岛内与地区、国际上造成一定影响力。如绿党将此转化为政党资本，妥善运作，将成为其岛内参政优势。

（四）绿色与环保是台湾经济社会发展的永恒旋律

经过多年发展，台湾的环保生态价值观念已深入人心，超越了美化生活、保护自然阶段，逐步进入要求公平分配资源、承认弱势群体生活方式、共同参与环境决策阶段，以期环境正义的最终落实。尽管蓝绿两大政党，尤其是民进党将绿党生态环保价值理念吸纳入自身的理念与政策中，但生态理念对于大党而言只是“锦上添花”的附加分，决定选民投票给两大党的仍取决于其统“独”立场、大陆政策与经济政策，生态政策无法起到决定性作用。且大党的环保理念与政策常与大财团及切身政治利益相矛盾冲突，无

---

① “全球绿人大会：台湾代表团系列新闻稿”，http：//www.coolloud.org.tw/node/20319，2008 年 4 月 30 日检索。

法得到妥善落实。民众对于两大党的环境政策普遍持失望态度。绿党如能深化其生态环保理论，成为新观念的发明者与创新者，不仅复制外来观念，且能专注于契合台湾生态环保理念政策的细部加工，并实践与运用在特定社会脉络，不但与两大党的环境政策形成区隔，也将提升自身政党实力，最终体现于各级选举中。

综上所述，台湾绿党在短时间内很难对台湾政局形成较大影响力，绿党自身的发展也受到诸多因素的制约。然而，环境话题在岛内、区域与全球范围内持续发酵的大背景下，绿党突破限制，利用自身理念优势与选举政策谋得一席之地，并巩固与拓展政党地位的可能性也确实存在。

2008 年以来港台关系发展评析*

郑英琴

2008 年以来，随着国民党在台湾的重新执政，两岸局势出现重大而积极的变化。特别是胡锦涛主席 2008 年 12 月 31 日在纪念《告台湾同胞书》发表三十周年座谈会上提出对台工作“六点意见”后，两岸关系进入和平发展时期。因应两岸大合作、大交流、大发展的新形势，作为两岸关系特殊而重要的组成部分，港台关系取得了前所未有的进展。然而，港台关系在相当程度上仍滞后于两岸关系的发展。新形势下的港台关系如何抓住时运取得更大突破，备受关注。

一、2008 年以来港台关系的发展及其特点

随着两岸关系的新发展，港台关系也得到全面提升，具体表现为：

首先，成立“港台经济文化合作协进会”与“台港经济文化合作策进会”（又称“小两会”），为两地间交流构建机制性平台。“小两会”属半官方的民间组织，以有限公司及财团法人的名义运作，但在两地官方授权下，可直接与对口单位商谈涉及两地的公共事务政策，签署合作备忘录。两地高层官员分别担任主要负责人，“协进会”由香港财政司司长曾俊华出任荣誉主席，“策进会”则由前台湾“财政部”部长林振国出任董事长。“小两会”以定期举办联席会议的方式为两地间沟通协商搭建机制平台，促进两地在经济、文化及民生等各领域的交流。

其次，两地官方交往打破以往顾忌，高层互动逐渐热络。2008 年以来，海基会董事长江丙坤、高雄市长陈菊、台中市长胡志强、台北市长郝龙斌等

---

* 原文发表于《现代台湾研究》2011 年第 3 期。

一批台湾高层密集访港，层级规模越来越高。香港前特首董建华、民政事务局局长曾德成、政制及内地事务局局长林瑞麟、财政司司长曾俊华等高层也相继到访台湾。两地官方的正式互动打破了近 60 年的僵局，标志着两地的政治关系步入新阶段。

再次，两地经贸交流势头强劲，合作新亮点颇多。港台两地的经贸往来向来密切，两岸关系缓和为两地交流创造了更有利的环境，2010 年两地的贸易额逾 3943 亿美元（两地经贸交流的具体数据请参考下图）。值得一提的是，两地经贸合作推陈出新，在金融监理、企业上市、国际仲裁等方面形成新的合作亮点。马英九上台后积极促进两地经贸合作，包括开展港台专业人才和资金互访互补、推动港台指数股票型基金（ETF）相互挂牌、开放香港交易所挂牌企业赴台第二上市上柜等。[1] 香港方面，港贸发局在台北成立办事处，港府也成立了“港台商贸合作委员会”，为两地工商企业提供直接交流的机会。此外，香港中资企业赴台投资也迈出实质性步伐。

港台进出口贸易状况 单位：百万美元

时期	台从港进口值	份额%	台对港出口值	份额%	贸易总额	年增率%
2008 年	1493	0.62	32690	12.79	34183	-14.12
2009 年	1123	0.64	29446	14.46	30569	-10.57
2010 年	1628	0.65	37807	13.77	39435	29.00

资料来源：台湾“财政部”统计处，台湾地区进出口贸易统计月报。

最后，两地社会交流层面扩大，相互认知有所加深。一方面，两地人员往来热络：台湾每年约有二百多万人次访港，是香港重要的游客来源地；香港每年也有数十万人次访台。两地居民往来手续简化：台湾给予香港居民赴台落地签和电子签，香港也放宽台湾居民赴港旅游限制，只要持有有效台胞证就可在港逗留 7 天。另一方面，两地间的社会交流面向颇广，台湾每年都在香港举办“台湾月”活动，向港民宣传岛内文化；香港特别推动对台高校和旅游互动，扩大对台招生。此外，两地在司法互助、共同打击犯犯罪、共同抗灾等领域均有互动，增进了互识。

总之，2008 年以来港台关系进展明显，主要特点如下：一是以经贸合作为基础，经济往来是维系两地关系的“重头戏”。二是政治关系得以突

① 尹茂祥：“港台关系迈开新步伐”，《两岸关系》，2009 年 6 月号。

破，两地官方往来朝正常化发展。三是全面“建章立制”，合作模式以政府推动、业界落实为主。应注意到，港台关系随着两岸关系的改善而跟进，但两地关系在一定程度上滞后于两岸关系：港台“小两会”即仿效两岸海协会与海基会的模式；两岸签署的协议内容较两地合作超前；但两地政府层面的交流与互动不及两岸间频繁；某些台湾的政治人物可以进入大陆却不能进入香港，等等。可见，港台关系“先行先试”的作用仍不明显，两地交流尚有较大的提升空间。

二、港台关系发展的原因及其制约因素

港台关系的走向与两岸关系密切相关，2008 年以来港台关系取得的进展源于两岸形势的和缓与两岸关系的和平发展，更得益于两岸三地政府的推动与协调。从大陆方面看，随着内地经济的发展及两岸良性互动的开始，中央对香港的信任、对两岸关系和平发展的自信，使得港台关系的大门完全打开。[①] 本着对香港各界在两岸关系和平发展与祖国统一大业上发挥特殊重要作用的期待，以及对港台关系新发展的展望，中央鼓励香港在对台关系方面积极迈进。[②] 从香港方面看，两岸关系的大幅改善使香港调整角色的急迫性加大——如何在两岸关系中重新找回香港的角色价值是香港目前面临的一大课题，促进港台关系和谐发展也成为特区政府重要的施政内容之一。从台湾方面看，台当局希望利用香港这个区域和国际金融、航运、服务中心，为台湾参与区域整合提供平台，因此亦积极推进港台关系发展。

虽有中央及港台两地当局的积极促成，但两地关系仍落后于两岸关系，有学者认为铸成此状的主要原因一方面是“北京有一段时候思维僵化，只认为李登辉和民进党破坏两岸关系，但却不懂得刚柔并济地对待台湾，另一方面是港府没有尽量利用一国两制的空间，也没有政治气魄和视野，更不懂香港地位的微妙之处”，[③] 因此错过了港台关系发展的几个良机。其实，影响

---

① 钟维平：“北京大动作 香港台湾可成双雄”，中国评论新闻网社评，2009 年 4 月 17 日。http://www.chinareviewnews.com/doc/1009/4/3/7/100943737.html? coluid = 0&kindid = 0&docid = 100943737。

② 北京支持港台关系发展，态度较为开放，例如国台办通过新闻发布会等方式明确表明，支持港台之间就商贸等问题积极沟通，早日签订有关协议。

③ 刘锐绍：“港台关系落后于两岸关系的背后原因”，《信报财经月刊》第 398 期，2010 年 5 月号。

港台关系发展的因素是多方面的。归结而言，以下几组因素是考量的关键：

其一：港台关系与两岸关系两者间的辩证关系。

港台关系作为两岸关系重要的组成部分，从属于但又不完全等同于两岸关系，香港的“一国两制”决定了其特殊性。从“一国”的层面而言，港台关系是两岸关系框架内的一环，受两岸关系的直接影响；从“两制”的层面而言，香港对台交往较之内地其他省市有着更广阔的空间和灵活性，港台关系亦可尝试更多元及开放的发展之路。

从政策层面看，目前指导港台关系发展的主要原则是 1995 年 6 月由时任国务院副总理、香港特别行政区筹委会预委会主任钱其琛在预委会第五次全体会议上代表国务院宣布的《关于处理“九七”后香港涉台问题的基本原则和政策》，即“钱七条”。① 同年 7 月，中央政府又公布了“九七”后港台关系的“六不准原则”，② 逐渐形成较为明确与完整的香港涉台政策。同年 11 月 19 日，国务院台湾事务办公室副主任唐树备再次明确表示，“香港特别行政区基本法和‘钱七条’是九七后处理台港关系的依据”。③ 其中，“钱七条”的第六条——“香港特别行政区与台湾地区之间以各种名义进行的官方接触往来、商谈、签署协议和设立机构，须报中央人民政府批准，或经中央人民政府具体授权，由特别行政区官长批准”——是解读香港处理

① 处理“九七”后香港涉台问题的七条基本原则和政策全文如下：一、港、台两地现有的各种民间交流交往关系，包括经济文化交流、人员往来等，基本不变。二、鼓励、欢迎台湾居民和台湾各类资本到香港从事投资、贸易和其它工商活动。台湾居民和台湾各类资本在香港的正当权益依法受到保护。三、根据“一个中国”的原则，香港特别行政区与台湾地区间的空中航线和海上运输航线，按“地区特殊航线”管理。香港特别行政区与台湾地区间的海、空航运交通，依双向互惠原则进行。四、台湾居民可根据香港特别行政区法律进入香港地区，或在当地就学、就业、定居。为方便台湾居民出入香港，中央人民政府将就其所持证件等问题做出安排。五、香港特别行政区的教育、科学、技术、文化、艺术、医疗卫生、劳工、社会福利、社会工作等方面的民间团体和宗教组织，在互不隶属、互不干涉和互相尊重的原则基础上，可与台湾地区的有关民间团体和组织保持和发展关系。六、香港特别行政区与台湾地区之间以各种名义进行的官方接触往来、商谈、签署协议和设立机构，须报中央人民政府批准，或经中央人民政府具体授权，由特别行政区官长批准。七、台湾现有在香港的机构及人员可继续留存，他们在行动上要严格遵守《中华人民国共和国香港特别行政区基本法》，不得违背“一个中国”的原则，不得从事损害香港的安定繁荣以及与其注册性质不符的活动。我们鼓励、欢迎他们为祖国的统一和保持香港的繁荣稳定做出贡献。

② “六不准原则”：①不准台湾以“中华民国”的名义在港活动；②不准台湾在港进行“两个中国”、“一中一台”和“台独”活动；③不准台湾官员以官方身份赴港做政治活动；④不准台湾在港非官方机构支持反共的敌对势力；⑤不准台湾在港注册的机构从事与注册性质不符的活动；⑥不准台湾的政党至港做宣传、组织等政治活动。

③ “港台关系与两岸关系之关系”，中国网，http：//www. china. com. cn/overseas/zhuanti/xgt-wgx/2007 -07/06/content _ 8488371. htm，上网时间为 2011 年 2 月 25 日。

涉台权限的关键。即香港处理涉台官方事务有两个方式：1. 由特区政府具体提出，报中央批准；2. 由中央政府具体授权给行政长官，由行政长官批准。可见，港府在涉台问题上是具主动权的，且操作空间有一定的灵活性。特别是当前两岸关系气氛良好，中央亦支持港台两地的官方往来，胡锦涛主席在“12·31讲话”中明确提出“希望香港同胞、澳门同胞和海外侨胞为推动两岸关系和平发展、实现祖国和平统一作出新的贡献”。港府应争取主动，充分发挥“一国两制”的优势，积极制定其符合国家利益的对台举措。

其二：香港自身的定位及港府在推动港台关系发展方面的作为。

两岸关系和缓后，不可否认，港府在推动港台关系的发展方面表现出十分积极的一面。2009年行政长官曾荫权在其施政纲领中特别提出推进港台关系发展的三个策略，包括建立合作框架，对台展开经济范畴的双边合作，在两岸三地金融、经贸、旅游等交往中担当积极角色等；继而在2010—2011年的施政报告中又强调会“继续推动与台方多范畴和多层次的交流”，包括两地间的空运安排、银行业监管合作、避免双重征税，“会积极跟进香港旅游发展局在台北正式成立办事处，并就在台北设立综合办事机构与台湾磋商”等。这表明对台关系已列入了特区政府的议事日程。但不少媒体及舆论认为，港府的表现仍较为保守被动，并且把原因归为香港涉台权限受制所造成。这种看法忽略了一个更关键的因素，即香港自身的定位问题。

香港的定位包括两个层面：一是香港在两岸关系中的角色，二是香港自身的发展走向。长期以来，香港作为两岸经贸与人员往来的中介发挥了历史性作用。但随着新形势的演进，特别自2008年第一次陈江会谈后，香港过去长期扮演的两岸间政治沟通、经贸中转、文化交流与资讯交换的传统角色受到严峻考验。两岸三通后，更有人担心随着香港的中转客流和货流的急剧减少，香港也会逐渐“被边缘化”。香港的中介角色成为历史，如何在两岸新格局中重新定位，直接影响了港台关系的发展。

就自身的经济发展而言，香港的经济战略方向亟需明确。香港目前面临着经济转型的瓶颈：过去三十年香港经济完成了由制造业、出口导向型经济转为投资、消费型经济，未来能否顺利迈向知识产权型经济显得困难重重。[①] 况且，香港的经济发展还需应对两大巨变：一是大陆在世界经济格局

---

① 曹仁超：“香港经济发展的瓶颈”，《信报财经月刊》第398期，2010年5月号。

中迅速崛起，二是两岸关系的巨大改善。从心理层面分析，一方面由于内地经济崛起和香港的相对边缘化使得港人丧失了对内地的优越感而变得敏感又脆弱；[①] 另一方面由于文化及政治认同的差异，使得港人对国家的一些大政方针既关注又不亲近，变得焦虑又迷茫。香港还面临两岸关系改善后台湾这一“兄弟”前来分享大陆经济崛起这“一杯羹”的问题，心理颇为复杂。香港在自身发展尚缺一清晰、远瞻的战略定位下，试问，如何对港台关系的发展做出明确的定位与规划？此情境下，加上为了避免政治“触电”，追随两岸关系处理对台关系，自然成了香港最保险的举措。

其三：台岛内局势变化及台当局在推动港台关系方面的作为。

港台关系的发展受两岸格局的直接影响，而两岸关系的走向又与台湾岛内的政治局势紧密相关，可以说，港台关系在某种程度上受制于台岛内局势的变化。2012 年台湾又将迎来新一轮领导人选举，港台关系发展能否超越“蓝绿”之争，继续和谐合作之势？经验表明，港台两地的经贸关系不会因台湾政局变化而发生根本性的逆转，因为在后金融危机时代，经济发展绩效已成为考核领导人的最重要指标。经济是台湾生存的根本，而香港是台湾的第四大贸易伙伴，与香港保持正常的经贸关系是台湾经济发展的前景，也是任何有志于台湾领导人竞选的“俊杰”应认识到的“时务”。因此，2012 年台湾政局若发生变化，即使民进党上台，或不会对港台两地的经贸交流造成太大影响，受影响的可能体现在两地的官方交往及社会民生交流方面。首先，两地官员的正式互访与交流必有所避讳；其次，“小两会”机制能否顺利延续，取决于执政党的态度；最后，岛内政局生变而增加的政治风险，势必影响两地的民生往来。不过鉴于以往民进党执政时对港台关系的处理表现得较为务实，[②] 两地关系所受岛内政局的影响会小于两岸关系受到的影响。当然，若国民党能继续执政，对港台关系发展将是最大的福音。

综上所述，两岸关系、香港的定位及台岛内局势均是影响港台关系发展

① 强世功：《中国香港——文化与政治的视野》，牛津大学出版社，2010 年，第 159 页。

② 2001 年 6 月，台湾“陆委会”发表民进党执政后首部“港澳政策白皮书”，即“宏观与务实——现阶段港澳政策白皮书”，强调“台港澳关系是两岸关系的重要试点，将致力于推动与港澳地区的交流与合作，也期待大陆以宏观、长远的视野，务实地处理台港澳关系，进而建立正常化的联系协调机制，乐见港澳均能成立驻台机构，建立相互往来新架构”。不过，民进党执政后，对港澳地位的定位还是进行了调整，将港澳与大陆逐渐视为一个整体，只是在具体事务过程中，仍区别对待。

的重要因素。客观上港台关系必然受到两岸关系的制约，两岸若处敌对状态，则港台关系也不会好到哪去；但是，假如香港只求在两岸关系夹缝中去面对台湾，也必然承袭过去长期的被动，容易自我约束矮化。[①] 鉴于台湾岛内的政治局势无法从根本上动摇港台关系发展的基础，[②] 香港的定位成为三者间的建设性因素，也是提升港台关系的空间所在。

三、未来港台关系发展的可能路径

目前的港台关系已站在新的起点上，两地需以更积极的思考，才能寻求更大的突破。两岸和平发展是良好的契机，两地当局应投注更多心力，增强互信，巩固已有的交流机制，开创新的合作路径，先行先试，使港台关系的发展成为两岸关系发展的助力。

（一）明确香港经济定位，做强做大两岸三地的“经济饼”，共创三地共赢的局面

如上文所述，推进港台两地经贸交流首先要解决香港自身的定位问题。国家“十二五规划”中列出港澳专篇，明确指出“巩固和提升香港国际金融、贸易、航运中心的地位，增强金融中心的全球影响力”，[③] 支持香港巩固提升竞争优势，支持香港与内地的合作。有关学者亦撰文建议：“香港经济的正确定位是：在融入国家主体经济、尤其广东珠三角区域经济的过程中，完善和提升本地产业结构，在全国率先实现向知识经济转型。”[④] 可见，加强香港与内地合作是未来香港经济的发展路径，而 ECFA 签订后，台湾与大陆的经贸合作也迈上了制度化进程。两岸三地的经贸交流具备有利条件：一是优势互补：香港的优势在于金融业、服务业、及物流转口，台湾的最大优势在于技术与研发，大陆则有广大的市场和丰富的资源，港台两地若能携手合作，先行先试，推动两岸三地资源优化配置，共同打造“两岸三地经

① “港台关系应走出不正常化”，（香港）《明报》，2009 年 4 月 22 日。

② 2008 年之前的港台关系发展经验表明，两岸关系恶化时期，港台关系仍得以为续。

③ “国民经济和社会发展第十二个五年规划纲要（全文）”，中国人大网，http：//www.npc.gov.cn/npc/xinwen/2011－03/17/content_1647851_15.htm。

④ 周八骏：“香港经济的正确定位”，（香港）《文汇报》，2011 年 2 月 22 日。

济圈”或“经贸共同市场”,[①] 对两地的发展将有莫大助益；二是政策支持：CEPA和ECFA为两地与内地合作搭建了框架，也为两地合作建立了桥梁，两地均可在政策框架内参与两岸三地间的相关项目。三是平台广阔：两岸三通加快了生产要素在两岸三地的流通；三地的经贸合作切入点多且潜力大，例如两岸人民币结算业务、“一程多站”旅游线路、陆企和台企在港上市、金融监理合作等。

（二）开辟东南亚新市场，开创两地经济合作新渠道

近年来，多个世界大国及经济体把目光投向了东南亚这个具有广阔的潜在市场及丰富的自然资源的地区。在区域化的浪潮下，参与东南亚区域经济整合成为港台两地经济发展的一大趋势。特别对于台湾而言，这是满足台湾经济与世界市场接轨，避免被边缘化的一个路径；而香港作为东亚金融中心，在东南亚商业人脉关系方面也扮演着重要角色。加上中国—东盟自由贸易区已正式启动，贸易促进效应和生产要素配置合理化将日益显现,[②] 这为港台两地的经贸发展带来更多的商机。台湾可考虑把过去从台湾到香港再到大陆的发展路径转换成台湾到香港再到东南亚的发展路径，进一步扩展发展空间。[③] 香港则可利用其金融中心的地位，从服务贸易和投资便利化这两方面切入参与东南亚区域经济合作，强化其作为大陆及台湾与东南亚国家间经贸交流的桥梁作用。

（三）发挥“小两会”新平台的作用，推进两地高层交流

作为港台两地间高层次的半官方机构，协进会与策进会的成立标志着港台两地关系正常化、机制化、制度化已然成型。由于“小两会”均以有限公司为载体，运作更为便利，并且可避开一些政治敏感性的问题。两地官员可借此平台以适当身份互访，就双方关注的公共政策等事宜进行沟通合作，进而逐步提升两地官方交流的层级。两地高层的互访与直接沟通有利于从根

---

① 香港智经研究中心发表的“因应两岸关系缓和，促进港台经贸关系发展”的研究报告中指出两岸三地未来30年应建立共同市场，以台湾与香港先行先试作为辐射源，向内地延伸大约1000公里，以此扇形区域作为港台经济主要辐射区，报告把两岸三地经贸发展趋势划分为三通阶段（2009—2018）、自由贸易区阶段（2019—2028）和共同市场阶段（2029—2038）。

② 黄友嘉：“中国东盟自贸区 港要识走位”，《经济日报》，2010年3月1日，A30版。

③ 张五岳、庞建国等：“两岸关系新形势下台港关系发展之机运”，（香港）《中国评论》2010年3月号，总第147期。

本上消除合作障碍，增强互信。

（四）开辟城市交往新模式，构建两地“跨政府网络”，推动两地社会交流

近两年港台两地在城市交流方面发展出色。2009 年两地相继举办了两届“香港—台湾城市论坛”，这是港台两地行政单位直接合作举办的交流活动，为两地的社会交流提供了又一平台。两地或许可借鉴此模式，将“城市论坛”推广至香港与台湾多个城市的交流，从而在两地间建立起“跨政府网络”。“跨政府网络”是指由国家的各种次级行为单位所构成的组织网络，作为非正式机构，其展现出对口的政府部门之间跨界工作的关系类型，较为固定且目的明确。① “跨政府网络”的建立可提供协调政府间行动的平台，降低协调行动如执行或机制建设的各种交易成本，各参与方可以在这种更制度化的环境中进行互动。② 就两地交往而言，“跨政府网络”有利于加强对口部门之间的联系，可作为“小两会”的辅佐，为两地社会、文化交流提供更多渠道。一旦两地间的“跨政府网络”得以建立，可减少台湾岛内局势变化可能带来的冲击，提升港台关系发展的格局，并且可在某种程度上为两岸交流进行补充，真正起到先行先试的作用。此外，加强两地的城市间交流，也适应了全球化及区域化作用下，人流、物流、资金流及信息流呈层次性网络分布的特点，③ 对两地关系全方位的发展不无裨益。

（五）引导香港多参与两岸交流相关事务，创造两地交流新机遇

香港在两岸交流间除了扮演“中介”的角色，还一直被盼望能成为对台“一国两制”的示范窗口。两岸关系和平发展的新形势下，香港的“一国两制”示范作用也增添了新的内涵。首先，香港借助大陆的经济发展，通过 CEPA 发展自己，此模式对 ECFA 在台的落实可供借鉴，亦可对台展示“一国两制”的魅力。香港发展得越好，“一国两制”实施得越成功，本身

---

① 参考 Anne – Marie Slaughter，A New World Order，Princeton University Press，2004，p. 14.

② 安妮 – 玛丽·斯劳特著，于宏源译：“跨政府组织网络：亚洲模式”，《国际问题论坛》，2008 年秋季号，总第 52 期。

③ 张五岳、庞建国等：“两岸关系新形势下台港关系发展之机运”，（香港）《中国评论》，2010 年 3 月号，总第 147 期。

即大陆软实力的体现。其次，香港的示范作用还在于香港的“主体性认同”，香港人思考的是作为中国人如何为祖国做贡献，而不是如何与大陆隔离开来。[①] 尽管“制度”不同，但认同“国家”这一共同的主体。今后在两岸交流中，不妨把港台关系的发展规划提升至两岸关系发展的大战略中，适当引导香港多参与两岸和平发展的相关议题，例如两岸政治性协商、台湾的国际空间问题、两岸科教文卫交流等。此外，还可考虑将香港作为两岸政治磨合的“缓冲区”及“实验区”，如作为大陆与“绿营”沟通的重要渠道等。香港不仅可提供两岸会谈的场地，亦可充当中介方，或直接参与两岸商谈，发挥香港的特殊作用，为两地交流创造更多机遇。

① 强世功：《中国香港——文化与政治的视野》，牛津大学出版社，2010 年，第 85 页。

第四编

台湾对外关系

中国主权理论的发展与扩大台湾涉外活动的思考

俞新天

国家主权理论包括对内与对外两个范畴的涵义。其中对外部分保证国家在世界上的活动、权利和义务，亦即国家享有的国际空间。随着两岸关系和平发展的巩固和深化，为了回应台湾民众扩大国际空间的要求，中国的国家主权理论即“一个中国”理论必须与时俱进，适应新的环境和要求。本文提出主权共用论、主权层次论和主权共享论，以解决和平发展阶段两岸处理国际空间的难题，并为未来和平统一阶段国家主权理论的更大创新提供基础。

一、主权共用论：两岸在对外领域的合作经验

国家主权理论认为，主权具有至上性，不可侵犯性，不可分割，也不可让渡。国家主权理论包括对内的至上性与对外独立性两个范畴的涵义。其中对外部分保证国家在世界上的活动、权利和义务，亦即国家享有的国际空间。尽管今天时移势易，国际上主权现象变得更加复杂，尤其是欧盟已经拥有不少超国家主权的机构和权力，对传统主权理论提出了挑战，然而国家主权原则是迄今为止所有国际法规范的基础和出发点，也被公认为是处理国际关系的最基本准则。[①] 英国著名理论家安东尼·吉登斯指出，现代国际关系是民族国家存在的基础。在主权问题上，存在着相互承认为平等主体的强大压力，不管实际情况中权力差别如何之大。[②] 那种认为主权已经“过时”，

① 参见黄仁伟、刘杰：《国家主权新论》，时事出版社，200 年，第 37—43 页。

② ［英］安东尼·吉登斯：《民族国家与暴力》，三联书店 1998 年，第 314、331 页。

以“人权”或“自主权”来取代主权的说法，是无视现实的，也不可能被国际所接受。①

作为尚未完全统一的国家，中国的主权在对内和对外都表现出了特殊的现象，国家主权理论也具有自己的特点，然而主权理论的本质并没有改变，它的表述即“一个中国”理论，其核心内容为：世界上只有一个中国，中国的领土和主权不容分割。大陆是中国的一部分，台湾也是中国的一部分。自改革开放以来邓小平和历届领导人都重申选择和平统一的途径。只要不出现“台独”，只要没有外来干涉和占领，大陆中国的决心坚定，意志坚强，和平统一不会动摇。和平统一必然是很长的历史过程。胡锦涛指出，目前两岸关系的主题是和平发展。通过和平发展，使两岸的经济、社会、文化互相交流和融合，使两岸人民互相理解与交融，再建立经济合作制度、政治上的和平架构和安全互信机制等制度，使和平发展进入更高阶段，逐渐走向和平统一。

为了适应两岸关系和平发展的现实要求，“一个中国”的理论在对内和对外已经有所创新和发展。在2008年以马英九为首的国民党重新执政之后，恰恰是在“一个中国”理论的发展指引下，两岸关系达到了历史性的改善。它的重要表现是两岸在一个中国原则问题上以“九二共识”为重要的政治基础。在2012年马英九连选连任的胜利中，国民党坚持“九二共识”改善两岸关系的立场，获得了多数台湾人民的赞同。

“九二共识”在解决两岸之间的问题时相当有效，但在处理对外事务时仍然不足，因为国家主权在国际法中具有独一无二、完整和排他等特性。就法统方面，大陆认为1949年之后，中华人民共和国已经取代了“中华民国”，联合国的2758号决议已在国际上解决了谁代表中国的问题。世界上绝大多数的国家承认中华人民共和国，只有二十三个国家承认“中华民国”。在国际法中，仅有国家形式还不是主权国家，必须得到各国的承认才是“法律上的国家”（de jure state）。因此台湾不是一个主权独立的国家，“中华民国”尽管在组织、结构、形式上类似国家，但在国际上不能说是主权独立的国家。在冷战时期两岸对抗的情况下，互相否定对方，并尽量挤压对

① （台湾）《中央日报》，1991年8月17日。李登辉说，“应该以人权为基点来探讨国家主权问题，”，“尊重各地区人权的问题，包括主权的再解释，以及政治的自主，是建立世界新秩序的要件”。

方的国际空间，是必然的。在台湾企图搞“一边一国”、“两国论”或者“台独”时，大陆挤压它的国际空间是合理的。然而，在两岸达成坚持一个中国原则的“九二共识”的条件下，两岸和平发展必须更好地使台湾人民体认两岸人民是命运共同体，享受作为中国人的光荣与尊严，“一个中国”理论必须在涉外领域继续创新。

在国际舞台上，大量的而且是最重要的活动仍然是由国家政府所进行的，主权在对外领域的表现更加突出。中国尚未完全统一，界定主权的现状是研究的出发点。胡锦涛在其讲话中曾提出中国大陆对于主权现状的定义：“1949 年以来，大陆和台湾尽管尚未统一，但不是中国领土和主权的分裂，而是上个世纪中后期中国内战遗留并延续的政治对立，这没有改变大陆和台湾同属一个中国的事实。两岸复归统一，不是主权和领土再造，而是结束政治对立。”[①] 这个定义十分重要，已经在两岸和国际都引起了相当的反响。目前各种民调显示，台湾的主流民意希望维持现状，但是可能并未从本质上了解，什么是现状。这一定义有助于人民从主权上认识两岸现状。

正是从这一定义出发，本人认为，两岸现状在对外而言，实质上是两岸共用一个中国的主权的国际空间。其证明如下。首先，两岸各自所规定的领土包括中国大陆和台、澎、金、马，基本上是重合的，这是一个中国主权的法理根据。有了一个中国的主权，才随之有了主权的国际空间。其次，国际上只承认“一个中国”的主权。联合国承认中华人民共和国代表中国主权，台湾是中国的一个省。世界上绝大多数国家承认中华人民共和国并建立正式外交关系，只有二十三个国家承认“中华民国”并建交。由于其数量少，国家小，人口少，远不足以维持其作为“主权国家”的国际人格。而且，从法理而言，台湾以“中国主权代表”的名义与他国“建交”，二十三国承认并建交的是“中华民国”，并不意味它们承认有脱离中国的所谓“台湾主权”。这些国家因此不与中华人民共和国建立正式关系，也从另一面证明它们只承认一个中国的主权。绝大多数的国际组织不支持台湾参加只有主权国家才可以参加的组织和会议。最后，尽管大多数国家承认中华人民共和国并建交，但在不涉及主权问题的经济、社会和文化领域中，仍能与台湾保持交往与合作；反之亦然。这说明，在一个中国的原则之下，台湾人民仍然有相

---

① 胡锦涛：“携手推动两岸关系和平发展 同心实现中华民族伟大复兴——在纪念《告台湾同胞书》发表 30 周年座谈会上的讲话”，《人民日报》2008 年 12 月 31 日。

当的国际活动空间。

两岸关系在经历了将近二十年的艰难曲折之后，2008 年进入了实践和平发展的新时期，实现了历史性的转折，开启了战略机遇期。在对外事务中，两岸领导人都提出了新的思想和主张。马英九于 2006 年、2007 年提出了“活路外交”（modus vivendi）模式，即“Engagement”（交往）、“Economy”（经济）、“Elasticity”（弹性）、“Equality”（平等）。他在 2008 年的就职演说中首次提到“和解休兵”，后来台对外关系主管部门负责人欧鸿炼进一步解释为“两岸休兵，外交共荣”。其目的是拓展与相关国家和地区之间的实质关系，主要是与美国、日本、东南亚和欧洲的关系。其途径为：首先以改善两岸关系为突破口，寻求打破两岸在国际上争斗的局面。其次把两岸关系改善的成果或经验，延伸到外交领域，在国际场合创造双赢。再次以不破坏两岸关系为前提追求台湾的对外活动空间。最后以台湾获得国际空间来进一步缓和两岸关系。①

胡锦涛在 2008 年 12 月 31 日的重要讲话中，也提出了两岸关系和平发展在对外事务中的合作思路，主要有：首先通过建立更加密切的两岸经济合作机制，探讨两岸经济共同发展同亚太区域经济合作机制相衔接的可行途径。其次维护国家主权，协商涉外事务。具体包括维护台湾同胞在国外的正当权益，驻外使领馆加强与台湾同胞的联系，帮助他们解决实际困难。了解台湾同胞对参与国际活动的感受，重视与之相关的问题。避免不必要的内耗。视需要进一步协商台湾同外国开展民间性经济文化往来。在不造成“两个中国”、“一中一台”的前提下，通过两岸务实协商安排台湾参与国际组织活动。最后，国家完全统一是中国内部事务，不受外国势力干涉。

正是在两岸和平发展的新思路下，过去四年台湾国际空间的扩大有了相当的成果。台湾前副领导人、国民党荣誉主席连战出席 APEC 会议，提升了参与层级。而且每次 APEC 会议，两岸都举行“胡连会”，显示了两岸在国际上的合作。2009 年年台湾以“中华台北”名义成为世界卫生大会的观察员。台湾于 2009 年分别在高雄和台北举办了世界运动会和夏季听障奥林匹克运动会。2008 年，世界贸易组织正式采认通过台湾地区加入“政府采购协定”，同年成为政府间国际组织“国际贸易资讯暨合作机构”赞助会员，

---

① 马英九 8 月 26 日接受墨西哥太阳报系集团董事长巴斯克斯专访，（台湾）“中央社”2008 年 9 月 3 日台北电。

2009年底，成为联合国特别资讯机构之一的“国际检察官协会”成员。2010年，在上海举办的世博会上，台湾有三个馆参加了展览，受到了观众的热烈欢迎和高度评价。台湾正与新加坡、新西兰等国协商签订自由贸易协定。

尽管两岸和平发展仅有四年的时间，然而在台湾参与国际活动和两岸共用一个中国主权进行对外合作方面，仍然取得了长足进步。总结经验和教训，对于进一步推动理论发展和实践行动，具有启示意义。本人不揣浅陋，提出以下总结。

第一，两岸的领导、智库和精英在一个中国的原则问题上达到基本共识。马英九不仅承认“九二共识”，而且否定了“两国论”，否定了两岸之间是“国与国”的关系。他说：“我们基本上认为双方的关系应该不是两个中国，而是在海峡两岸的双方处于一种特别的关系。……但不是国与国的关系，这点非常重要，所以也不能取得任何一个外国，包括墨西哥在内的双重承认，我们一定是保持和平与繁荣的关系，同时让双方在国际社会都有尊严，这是我们的目标。”① 他也谈到了两岸实际上是一个国家两个地区的关系。在台湾有人鼓吹，主权来自人民，既然台湾人民有了民主选举，自然享有主权，是混淆视听的谬论。人民虽然是主权的法理来源，但人民不具有主权，也就没有主权的国际空间，只有国家才有主权，这点连某些主张“台独”的人也不得不承认。②

第二，只有两岸关系和平发展，两岸在国际空间问题上达到共识或默契，台湾的活动余地才会更加广阔，实质性参与才能更加顺利。台湾当局和精英都承认，在过去四年台湾国际空间的扩大，与大陆展现善意和两岸配合默契分不开。双方把两岸关系放于对外关系的位阶之上，因为除此无法共用主权的国际空间。胡锦涛曾说：“两岸同胞是血脉相连的命运共同体。”其中深意并非只强调了两岸人民的血缘、历史和文化的联系，而且包含现实意义和两岸在国际上合作的必要性和可能性。

第三，两岸在涉及共用主权的国际空间问题上，表现出务实性，灵活性，共同协商，平等尊重，取得了成果。两岸官方在涉及这一敏感问题时，

① 参见《台湾国家定位论坛》，台湾本铺：前卫出版社，2009年，第16页，第42—43页、第68页、第69—70页。

② 杨开煌：“再谈选后三党之两岸政策之期待”，（台湾）《海峡评论》，2012年2月1日出刊，第54页。

磋商仍有难度。然而通过务实而灵活的处理，最大程度地求同存异，较圆满地化解了分歧。例如，在台湾被世界卫生大会邀请参加时，双方都作出妥协。台湾以“中华台北”名义获得“观察员”身份，大陆则默认叶金川以“卫生署部长”头衔出席。会议期间，大陆卫生部长陈竺与叶金川也有良好互动。

第四，两岸与世界各国和国际组织取得良性互动。尽管两岸关系是中国人的事务，不容外来势力干预，但在全球化的背景下，必须与国际形成良性互动，在国际空间问题上更要与各国和国际组织协商合作。前四年的良性互动基本上达到了预期的效果，其间也有许多做法可以为今后借鉴。

当然，两岸共用中国主权国际空间的余地还很大。展望未来，海阔天空，充满希望，今后四年更值得期待。从大陆方面看，“胡六点”中提到的两岸在涉外事务方面的协商基本上还未及开展，许多议题还仅有一些案例，需要更多的实践。大陆政府和人民最担心的是在国际上造成“两个中国”、“一中一台”的事实或印象。从台湾方面来看，民众一方面对于扩大国际空间的期待殷切，所涉及的方面广泛，对于现实的进展还不满意；另一方面又担心和惧怕两岸之间的政治对话。在此氛围下台湾当局举步维艰，不敢与大陆商谈政治议题，而国际空间问题恰恰是最严肃的政治问题。

为了解决面临的困境，两岸必须在“一个中国”理论的创新上下功夫，使目前两岸和平发展的政治基础“九二共识”充实升华，以适应剧变的国际局势和易变的两岸关系。台湾学者杨开煌写道，“以往简单地要求北京承认中华民国，这不仅是北京当局无法承诺，在本质上也违反了台北所谓的宪法架构下‘互不承认，互不否认’的原则，因此为了充实‘九二共识’的精神，并使之具有政治的可操作性，启动这一研究是具有急迫感的。”① 看来两岸学者都感到要充实升华“九二共识”，这一任务已迫在眉睫。在最近的选举中，“九二共识”在台湾从被污名化到除污名化，成为台湾的主流共识。尽管还有不少台湾人并不确切了解“九二共识”，但知道要继续发展两岸关系，必须以“九二共识”为基础。这为提升“九二共识”提供了更广泛的民意支持。

本人认为，“九二共识”的充实升华可以向以下方面努力，才能使“一个中国”理论与时俱进，更能指导实践。

---

① 许世铨：《十年观察：激荡中的台湾问题》，九州出版社，2007 年，第 116—117 页。

第一，“九二共识”的表述和认识应走向“两岸一中”。当年海基会、海协会香港会谈主要是解决双方在一个中国原则上认知的分歧，分歧的核心是谁代表中国。台湾海基会提出的第三种口头表述方案为：“在海峡两岸共同努力谋求国家统一的过程中，双方虽均坚持一个中国的原则，但对一个中国的涵义，认知各有不同。惟鉴于两岸民间交流日益频繁，为保障两岸人民权益，对于文书查证，应加以妥善解决。”大陆海协会于1992年1月16日致函海基会作出了回应，指出它“明确了海峡两岸均坚持一个中国原则”，并通知海基会自己的表述：“海峡两岸都坚持一个中国原则，努力谋求国家的统一，但在海峡两岸事务性商谈中，不涉及一个中国的政治含义。”① 这就是“九二共识”的具体内容。双方求一个中国之同，存一个中国政治涵义之异。

“九二共识”包含三个基本要素，一，两岸应共同努力谋求统一；二，双方均坚持一个中国原则；三，但对一个中国涵义认知不同，因此在两岸事务性谈判中，不涉及一个中国的政治含义。但在李登辉和陈水扁的干扰下，台湾出现根本否定“九二共识”的社会氛围。过去四年两岸尽管将“九二共识”作为和平发展、建立互信的政治基础，但仍未能完全回归“九二共识”的本意，三项要素被简化为两项：“一个中国，各自表述”，最后只剩下“各自表述”即“中华民国”一项。这使大陆产生疑虑，台湾是否仍在搞“两国论”。如果说，目前是两岸关系和平发展时期，和平统一的任务尚未提上议事日程，至少应当强调后两个要素，不回避一个中国原则。“九二共识”至少应上升为“两岸一中”。当年谢长廷提出过“宪法一中”，连陈水扁都觉得没有理由反对，今天马英九强调，从“宪法”角度坚持一中原则，应当不成问题。当然，两岸各有自己的“宪法”，但在坚持一中原则上是一致的，否认或反对一中原则都属违宪行为。

第二，“九二共识”包括共用中国主权的国际空间的意义，应当进行新的诠释。两岸官方与民间都应努力，共同研究如何共用一个中国主权的国际空间，如何使台湾的国际空间逐渐扩大。双方要充分协商，不造成意外。过去在解释“九二共识”时，未能包括其涉及对外事务的意义，有所欠缺。经过实践，已经可以更加前瞻地从理论上提升“九二共识”的对外应用，从而使未来扩大台湾国际空间更加行稳致远。在这个意义上，两岸关系的位

① 徐晓明：《全球化压力下的国家主权》，华东师范大学出版社，2007年，第144页。

阶高于对外关系，两岸人民是命运共同体，理所当然地包括两岸协商作出安排的内容。

第三，两岸应当建立新的平等协商机制，灵活、务实地处理实际问题。双方官方可以授意或授权，在两会机制下增设新的功能性的对话小组，或者另建新的机制。无论采取哪种方式，都必须承认，新的机制是两岸政治对话的一部分，而且是政治对话的重要内容。显然，既想获得政治成果，又想回避政治对话，将会失去时间和机会，使问题解决得更慢更难，非两岸人民所愿。当然，在具体做法上，也可以由二轨走向一轨半，或者探讨其他途径。

二、主权层次论：台湾 NGO 参加国际民间组织的探讨

尽管对外事务并非都属政治性领域，但涉及国家主权的对外议题却必然是政治性很强的问题。从当代国际关系和国际法规范的现实看，国家主权在本质上的不可分割性和构成上的可分性在内在逻辑上并不矛盾。只有在承认前者的前提下，才能讨论后者。有的学者指出，在对内方面，国家主权可以分为两个层次，第一层是抽象的、原则的、至高的主权，也称为“主权原则”，是一切权力的源泉，但受到人民即“公意”的制约。第二层是政府权力，由主权派生，分为立法权、行政权、司法权，受法律的赋约和制约。在对外方面，国家主权也分为两个层次，第一层是高政治层次，也被称为核心主权，包括政治主权、安全主权。第二层是低政治层次，也被称为非核心主权，经济主权、文化主权是非核心的。[①] 在国际体系方面，大致可分为三个层次，第一层是全球性国际组织如联合国等，其成员为主权国家政府。第二层是地区性国际组织如欧盟等，其成员为主权国家政府。第三层为非政府国际组织如国际足联、世界电影人协会等。在涉及台湾国际空间扩大的问题上，进行主权的分层区分，并且在低层范围内适当地开放处理，比较恰当。因此，台湾的非政府国际组织参与，尤其在经济、社会、文化等领域内，可以优先考虑。

从实践上看，欧盟作为超国家的地区组织，各成员国分割和让渡给欧盟的主要也是经济、社会和文化的主权。欧盟整合最早、整合程度最高的是经

---

① “胡锦涛会见吴伯雄”，《人民日报》，2012 年 3 月 23 日。

济领域，甚至使用共同的货币欧元，建立了共同的欧洲央行。在欧洲人员自由流动，各种不同文化交流融合，人民心目中的欧洲认同有相当程度的提高。尽管欧洲国家多年呼吁共同的外交与防务，以一个声音在国际舞台上发言，但至今仍未能在安全与外交方面达成真正的整合。两岸问题的性质与欧盟完全不同，然而欧盟的经验显示，低层主权的让渡相对容易，而高层主权的弹性很小，值得两岸借鉴。

综上所述，既然在国际体系上看，非政府国际组织属于低层，既然在对外领域上看，经济、社会和文化属于低层，那么在两岸关系中放开台湾民众参与涉及经济、社会和文化的非政府国际组织活动，应当是首选。然而为何这个问题迟迟不能解决，原因很多。首先，尽管这类组织属于低层，其主权的政治涵义较少，但仍然在某种程度上带有主权涵义，会造成主权的印象，与纯粹个人出国经商、留学和旅游等的情况不同。其次，在中国尚未统一的情况下，两岸尚未开展对话，协商如何处理涉外事务，包括对 NGO 的国际民间组织参与作出安排。再次，两岸民众都有误解，以为国际非政府组织处理纯粹的民间事务，其实不然。国际非政府组织分为两类，一类是纯粹民间性国际组织，例如专业性组织、休闲娱乐组织等，另一类带有准政府的性质，一国只能有一个代表，必须投票决定重大问题，例如奥运会等。好在两岸处理后一类问题已经有了奥运模式，可以比较妥善解决面临的问题。最后，某些台湾 NGO 有意无意地在民间国际组织中强调“国家主权”的涵义，这又被“台独”势力和媒体大肆炒作，迫使大陆表态，它们反过来又煽动说大陆“打压”台湾人。

尽管双方可以通过某种方式的对话达成共识和安排，但要真正在国际场合减少两岸人民之间的摩擦，进而造成两岸人民合作的新平台和新桥梁，还需两岸精英、非政府组织和人民共同努力创造。随着大陆的崛起，企业、非政府组织和人民与国外的交流愈益频繁，与台湾民间力量在国际上会聚的机会大大增多，在很多情况下都与政府行为少有关联，民间力量的独立性和自主性更加明显。两岸的精英、非政府组织和人民必须认识，非政府组织就是非政府组织，不应把它与国家主权混为一谈。尤其在两岸和平发展仍还脆弱，两岸人民之间的互相了解、理解和信任还很缺乏和敏感之际，两岸非政府组织更应谨慎自律，不被政治和意识形态所绑架，珍惜在国际上的互动机会，遇有问题冷静地实事求是地处理，不使它损害两岸关系的大局。相信两岸非政府组织在国际共同活动和参与时会积累新的经验，逐渐形成两岸合作为世界和平发展做贡献的新途径。

三、主权共享论：两岸在国际舞台上的互动展望

两岸关系和平发展继续巩固深化，丰富的实践有助于一个中国理论的提升；反之，一个中国理论也应超前推进，以便更好地指导两岸关系和平发展的巩固深化。和平发展将是一个相当长的时期，毋庸置疑现在仍处于初级阶段，在什么条件下进入中级阶段，如何促使它升级升段，恰恰是我们应当做好理论准备来解答的。

目前两岸关系和平发展在经济领域有所进展，已经签订了十六项协议，尤其是 ECFA 为后续的货品贸易、服务贸易、投资保障、金融合作铺设了平台，使两岸经济向正常化、自由化、便利化、制度化方向前进，前景广阔。在社会和文化领域也打开大门，两岸交流合作形成潮流，方兴未艾。但是时日尚短，大约只有三分之一的台湾人到过大陆，而访问过台湾的大陆人比例更低。在文化教育领域还未曾达成协议，尽管文教交往的问题已在呼唤公权力的介入。而在政治领域，双方还基本处于空白状态。大陆倡议两岸签订和平协议，建立和平架构，台湾方面始终疑虑重重，连二轨对话都退缩回去。2011 年，马英九在竞选中提出了两岸签订和平协议的倡议，很快在民进党的压力下，又附加了许多条件，设置了新的障碍。

2012 年 3 月 22 日，胡锦涛会见了国民党荣誉主席吴伯雄，这是台湾大选后国共两党领导人的首次会晤，意义重大。吴伯雄强调，坚持“九二共识”是国共两党重要的政治互信。海峡两岸并非国与国的关系。根据双方现行体制和相关规定，两岸都坚持一个中国，在此基础上求同存异，同的是“两岸同属一中”，对于异的部分则正视现实，搁置争议。他并以自己为例，说明台湾人也是炎黄子孙，中华民族的一分子，也是中国人。“台湾意识”不同于“台独意识”。如果两岸在此共识下开展政治对话、协商、谈判，甚至签订和平协议，建立和平架构，就有可能解决两岸之间政治定位的难题，对“中华民国”在两岸面和国际面作出安排，这样两岸关系的和平发展才能进入中级阶段。在中级阶段，两岸之间的经济、社会、文化、政治、安全等方面的合作与融合都会更上层楼，为台湾国际空间的扩大提供更坚实的基础。

在和平发展的中级阶段，从对外方面来说，两岸可以从共用一个中国的

国际空间，走向共享一个中国主权的国际空间。“共用”与“共享”的不同在于，一、即使两岸关系处于冷战对抗时期，两岸仍在“共用”一个中国主权的国际空间，它是客观现实，与两岸关系改善与否的主观愿望的联系不太密切。但是“共享”则与两岸关系持续和平发展的意愿密切相关，双方主动来讨论和安排扩大台湾的国际空间。二、在“共用”阶段，随着两岸关系从冷战对抗到和平发展，在国际空间上大陆的政策也从“封杀”“台独”国际空间，转向帮助台湾扩大国际参与，尽管这种参与仍然相当有限。在“共享”阶段，双方的疑虑减少，台湾国际空间的扩大会在量和质上都有提升。三、既然在和平协议中已经对两岸关系的政治定位作了明确规定，那么“中华民国”在国际上的行动也就能够安排，不至于造成“两个中国”和“一中一台”，两岸人民在共同参与国际活动时也就更具亲密感和舒适感。

在“共享”阶段，台湾国际空间的扩大在质量上的提升可能有以下方面。首先，两岸在对外关系中可从避免内耗向增强合作、共享资源发展。这对于台湾人民尤其有利，因为大陆的邦交国多，台湾的“邦交国”少。现在当遇到意外事故时，两岸已在护侨、撤侨方面有所合作，但仅限于涉及基本安全和人权事项，双方官方人员的接触仍有很多顾虑。而在“共享”阶段，双方的驻外机构可以在经济、文化、教育、体育等各方面开展合作，更好地帮助两岸人民与驻在国进行正常的交往。两岸达成的ECFA和进一步的经济协议，会帮助两岸企业到海外拓展。这些企业与外国开展贸易、投资等活动时，两岸驻外机构可联手帮助了解环境，开拓机会，保护权益等。两岸可以共同向驻在国举办中华文化和文物的展览，影视和舞台演出，体育赛事等等。对于两岸在外国的留学生、旅游者和各种社会文化交流的人员，两岸驻外机构也可以共同提供更好的帮助和服务。

其次，对于台湾人最为关切的参与地区经济合作的问题，其实在“共用”阶段台湾已经探索与地区国家签订自由贸易协定或其他经济合作协议的可能性。在“共享”阶段，两岸经济共同发展与亚太区域经济合作机制相衔接的可能性增强，可选择的途径增多。在亚太地区合作机制中，中国大陆均为不可缺少的成员，中国大陆可与台湾协商之后，再与其他国际成员商议，为台湾做出特殊的安排。在某些机制中，台湾可以先派出低阶官员，以适当的名义参与具体的功能性事务的讨论，获得实质性的成果。大陆和台湾也可以合作倡导新的地区合作机制。台湾对于“被矮化”、“被统战”的担忧逐渐减少，大陆对于“法理台独”和“隐性台独”的焦虑也逐渐减弱，两岸关系与地区合作可以达到相辅相成的良好状态。

再次，尽管在中国和平统一之前，台湾仍无法直接参与联合国，但是在“共享”阶段，大陆可加强与台湾的对话协商，有序渐进地帮助台湾参加政府间国际组织。这些国际组织应是功能性的，关乎台湾实际利益和民生需要，台湾也必须以合适的身份名称加入，成为观察员或准会员。在相当长的时期内，不断累积经验，台湾在国际上的参与感、存在感和能见度都会大大提高。

最后，两岸在对外事务中的合作还可以探索新的领域、项目和方式。在举办运动会、世博会等重大活动时，双方已经解放思想，务实安排，谱写了友好合作的新曲。迄今为止，大部分涉外活动，还是一方申办，另一方参与的，将来两岸应当共同申办体育、文化、教育、社会等活动，创造两岸民众新的集体记忆。两岸可以共同向联合国教科文组织申报非物质文化遗产和物质文化遗产，例如妈祖信仰、佛教禅宗文化、道教文化等等，还有提线木偶、皮影戏、清音雅乐等等。两岸可以共同举办国际讨论会、座谈会、交流活动、表彰活动，如对外援助经验交流、援外医疗服务表彰、国际青年夏令营等等。这不仅不会“矮化”任何一方，还将创造双赢多赢的新局面。

共享“一个中国”的国际空间，台湾人民可以获得实际的利益，解决民生需求的许多问题，更多地实质性参与国际活动，为世界和平繁荣进步做贡献，共享中国的光荣与尊严。大陆人民在这个过程中能够赢得台湾人民更大的理解，加深两岸人民心手相连的感情，为两岸从和平发展迈向和平统一铺平道路。不仅如此，两岸也可以互相学习在国际事务中的经验，在新时代巨变的国际体系中共同成长。台湾在文化影响力方面具有相当大的优势，值得大陆学习借鉴；大陆在崛起中创造了许多独特的做法，拥有更多资源。从中华民族伟大复兴的高度来看待问题，摆脱斤斤计较得失的心态，两岸人民才能共同获得更大的利益与福祉。

当然，“共享”阶段只是两岸关系和平发展时期的中级阶段，许多安排仍然具有过渡性质，只有两岸关系真正进入和平统一时期，才能完全解决中国的国际空间问题，台湾人民才能真正享有中国人的尊严。目前两岸官方与民间应当继续推动关系向积极方面发展，坚决与“台独”作斗争，防止和应对国际消极力量的干扰，最大程度地帮助两岸民众加入到两岸和国际合作中来，去争取更加光明的未来。

涉台外交：经验与启示

童立群

涉台外交是指中国外交中涉及台湾问题的部分，即中国整体外交工作中与台湾问题直接或间接相关的部分，应被称作“中国外交涉台问题”。在新中国成立至今的六十多年中，伴随着中国外交和对台工作的发展，[①] 涉台外交大体经历了四个发展阶段，分别是1949—1979年“中国代表权”争夺战时期、1979—1993年“营造和平统一的国际环境”时期、1993—2008年“反分裂、反‘台独’斗争”时期、及2008年以后“维护两岸和平发展机遇期”。近几年来，由于国内、国际和岛内形势都发生了根本性的变化，在此认识和判断基础上形成涉台外交的政策、方式、工作思路等也出现了巨大变化。因而，在某些基本原则坚持不变的情况下，涉台外交所形成的战略布局是一个历史过程，是一个不断调整变化的动态过程。

一、涉台外交的“变”与“不变”

（一）手段变化，原则不变

1979年之前，两岸在政治上处于对立、对抗，军事上冲突，新中国“与国民党反动派坚决斗争”的方针决定了涉台外交“斗争”的基本面。1991年之后，两岸虽然保持经济等民间交流，但由于在国际社会存在统、“独”的激烈对抗，涉台外交上继续以“斗”为主，在李登辉、陈水扁执政时期两岸在国际社会“非此即彼”的博弈达到顶峰。2008年以来，两岸关系出现和平发展后，涉台外交逐渐由单一片面的“斗争”向合作、互助的

① 严安林，“新中国涉台外交60年—历程、特点、原则及形势展望”，载上海市社会科学联合会编《新中国对外关系60年：理论与实践》（上海市社会科学界第七届学术年会文集2009年度），上海人民出版社。

一面转变。

首先，在1949—1979年的第一个历史阶段中，涉台外交几乎涵盖了中国整体外交的全部，新中国整体外交的最高目标——“打破西方列强对华包围、孤立、封锁”，决定了涉台外交工作最主要的两方面——在国际上与国民党对“建交国”的争夺和两岸在“联合国代表权”上的争夺。通过一系列斗争，新中国整体外交取得了两个重大胜利：1971年第26届联大恢复中华人民共和国的合法席位和1979年中美正式建立外交关系。中国建交国家数量远远超过台湾当局，曾经被“请出去的客人”终于回来了。这也意味着涉台外交对中国整体外交做出了重要贡献。

其次，在1979—1993年、1993—2008年第二、三个历史阶段，涉台外交主要任务是在国际社会进行激烈的反“台独”、反分裂斗争。身处这两个历史时期中国外交官的记忆里，有关台湾问题和涉台外交的部分，几乎都是由一部部“斗争史”组成。前副总理钱其琛在所著《外交十记》回忆录里，特辟一章谈“涉台外交的两次斗争”,[①] 讲述了“法国向台湾出售武器”以及“美国允许李登辉访美”所引起的两次外交斗争，书中所披露的事件背景、鲜为人知的细节，着实令读者感受到“没有硝烟的战争”。经过努力和斗争，在中国的对外交往中，大部分国家都能够遵守一个中国原则处理台湾问题，大陆逐渐在国际社会构筑了牢固“反台独”的外交战线和统一战线。

第三，2008年两岸关系开创和平发展的局面以来，涉台外交手段发生的重大转变，斗争虽必不可少，但已经不再是主要的方式和手段。“胡六点”[②] 中“维护国家主权、协商涉外事务”是新时期涉台外交工作的指导思想。胡锦涛主席说：我们了解台湾同胞对参与国际活动问题的感受，重视解决与之相关的问题。两岸在涉外事务中避免不必要的内耗，有利于增进中华民族整体利益。对于台湾同外国开展民间性经济文化往来的前景，可以视需要进一步协商。对于台湾参与国际组织活动问题，在不造成“两个中国”、“一中一台”的前提下，可以通过两岸务实协商作出合情合理安排。和平发展成为两岸关系的主题，与之相适应的应是一种和谐、协调、合作理念，涉台外交的手段和方式正是在这样的历史背景下发生了转变。在这一思想指导

---

① 钱其琛：《外交十记》，世界知识出版社，2003年版。

② 2008年12月31日，纪念《告台湾同胞书》发表30周年座谈会在京举行。中共中央总书记、国家主席、中央军委主席胡锦涛出席座谈会并发表重要讲话出了进一步发展两岸关系的六点意见。

下，一方面，大陆坚决防堵“台独”、“两个中国”和“一中一台”等情况出现，尽量减少“外交休兵”的消极成分，另一方面则积极引导“外交休兵”中的有利成分，为台湾国际活动参与释放最大善意，形成了“和平发展”的涉台外交新局面。[①] 另一方面，涉台外交内涵进一步扩大，形成创新的思维模式。涉台外交已经实现了理念与方式进行调整与更新，“斗”的手段在减弱，对抗性大大降低。

第四，不论和谐的还是斗争的方式和手段，涉台外交的基本原则——一个中国原则是不可动摇的，这一原则始终未曾改变、也不可能改变。涉台外交手段上从斗争为主到协调为主的变化，恰恰反映了和体现了这一基本的原则和立场。大陆外交部发言人在两岸关系和平发展之初就重申：无论台海局势发生什么变化，一个中国原则都不能改变。[②] 在新形势下，一个中国基本原则的地位不但没有被弱化，而是一再得到巩固和加强。世界主要国家都依据“一个中国”政策处理与台湾关系，台湾问题在地区安全和国际形势中的敏感性下降，打“台湾牌”、制造支持“台独”事件的国际政治力量在减少。

（二）排序变化，地位不变

首先，总体说来，涉台外交在中国整体外交中的比重呈现出由高到底、由特殊到一般的发展趋势。涉台外交曾经是是中国外交中最重要的特殊内容之一，与中国整体外交是同步开启、相向而行。当时的中国，急切期望建立统一的国家，开展独立自主的新外交，中国共产党拒绝了国际社会在共产党和国民党之间“两面下注”、利用外交机构干涉中国革命发展的做法。毛主席提出：“如果美国及英国能断绝和国民党的关系，我们可以考虑和他们建立外交关系的问题。”[③] 到1979年之后，涉台外交之特殊地位被赋予了新的内涵，但总体上占中国整体外交的比重在下降，这种变化取决于两个重要因素：一是中国整体外交内涵的不断丰富和中国国际地位的不断上升，二是国际格局的根本变化和中国国际环境的根本改善，涉台外交不再是中国整体外交的主要内容，中国的国际地位和影响力决定了中国整体外交必须为国际事

---

① 刘红：“新形势下的‘涉台外交’”，载《国际问题研究》，2010年第4期。

② 新华网，http：//news. xinhuanet. com/newscenter/2008－07/15/content_8550335. htm。

③ 《毛泽东文集》第5卷，人民出版社，1996年版，第285—286页。

务贡献更多，发挥更为积极和重要的作用。2008 年以后，涉台外交已经成为中国整体外交中相对稳定的一部分。

其次，涉台外交在大陆整体对台工作中的次序呈现出由低到高、不断加强的趋势。从性质和方向来看，对台工作决定了涉台外交的性质和方向，涉台外交与对台政策调整的变化趋势基本一致。涉台外交所经历的历史阶段，基本上反映了大陆对台工作的发展阶段。台湾问题是中国内政问题，为避免台湾问题国际化，大陆对台工作曾经对在外交场合和国际社会讨论台湾问题相当敏感，进而排斥将涉台外交与对台工作相关联。此后，随着对台思维的变化和涉台外交内涵的扩大，大陆的对台工作者逐渐认识到，虽然台湾问题属于内政问题，但这个问题在解决中却遇到美国等国际势力的阻挠和干扰，情况相当复杂。在承认台湾问题确有存在国际因素的情况下，涉台外交与整体对台工作有了更密切的联系。大陆为了阻止台湾“公投”而进行的涉台外交，以主动姿态积极寻求国际社会的支持，鼓励其他国家就此表明立场，成为涉台外交的成功范例。新形势下，台湾“国际活动空间”问题是涉台外交的重要工作，它关系到“一个中国”框架的稳定、两岸关系良好气氛的维护，以及两岸民心的拉近，是两岸关系和平发展阶段需要高度重视和妥善处理的重要问题之一。基于此，涉台外交在大陆对台工作中的重要性不断增强。

第三，尽管涉台外交在中国整体外交和对台工作中的发展趋势不同，但是涉台外交的特殊地位和意义是不变的。六十年来，中国整体外交和对台工作从不同层面影响着涉台外交，随着时间的推移，这种影响不断发生变化和换位，涉台外交也因此发生了重大变化。然而这种变化是立足于涉台外交长期形成的战略意义——祖国的统一大业基础上的改变，涉台外交尽管有了各种因素而起的变化，但作为其对整个国家统一战略中的意义自始至终并未发生改变。

（三）内涵变化，目标不变

在 1979 年之前的两个历史时期中，涉台外交的主要任务集中于与台湾方面“中国代表权”的争夺，这决定了涉台外交的内涵也相对单一。1979 年以后，涉台外交工作的目标逐渐转向为整体对台工作服务，因而其内涵大大丰富，包括了不同方面、不同类型、不同性质的各种具体问题，针对不同具体问题的涉台外交只能按照不同的思路、不同的规则和不同的方式予以处理。除了继续要在国际场合与台湾方面进行“代表权”的争夺和“反台独”斗争外，还增加了台湾参与国际组织、国际合作的问题，台湾与“非邦交国”发展“实质关系”问题，在国际上维护台湾同胞的合法权益即海外领事保护问题等等。2008 年之后，在两岸关系和平发展的大格局下，又包括了两岸在国际场合的良性互动、支持台湾举行大型国际活动等多方面内涵。

必须指出，涉台外交一直伴随中国整体外交和整体对台工作事务的进展而发展变化，但是涉台外交工作所追求的目标——促进和维护国家的统一和发展却是永恒不变的。也正是为了实现这一最终的目标，才有了现阶段涉台外交的广泛内涵。如前所述，世界上只有一个中国，台湾是中国不可分割的一部分，中国的统一是中华民族的根本利益所在。

二、涉台外交体现了中国外交和大陆对台工作的领导艺术

首先，涉台外交是内政与外交相结合的最好例证。一般来说，内政外交的相互关系分为两个层次，一是互动（interaction），主要体现为重大历史事件、政策和行为之间的相互作用，是显性层面。二是互构（inter-construction），主要体现为国家的本质属性、自我认知与国际角色身份三者在国家的国际社会化进程中的相互建构，是隐性层面，体现了更深层次的逻辑结果。互动是互构的基础，互构体现在互动进程中，但固化了互动的成果。[①] 从内政外交相互关系视角观察，六十年来涉台外交的基本经验是坚持外交上坚持捍卫国家利益、“一中”原则与内政上争取民心、建立统一战线相结合。外交方面，虽然六十年来中国整体外交获得了飞速发展，但中国内部仍受到巨大挑战，统一是中华民族的根本利益所在。国家统一问题关于中国的核心国家利益，必须认识到，在没有实现中国完全统一之前，台湾问题始终牵制着中国外交的精力和物力。而台湾问题本质上是中国的内政问题，在任何情况下，内因总是主导事务变化发展的根本，也就是说，对涉台外交最终起决定作用的必定只可能是两岸关系的变化发展。外交与内政相互配合，相得益彰，奠定了涉台外交工作不断取得成果。当然，“涉台外交”取得的成就也为实施整体外交战略与两岸关系和平发展创造了重要条件，相应的国际

① 胡宗山：“新中国外交六十年：基本经验与未来转型”，载《社会主义研究》，2009 年第 5 期。

氛围越来越好。

其次，涉台外交的发展道路体现中国共产党对台工作的指导思想和精神。一是实事求是的选择。例如对美国因素的承认。正视美国在台湾问题上的角色并加以利用，至少在目前是实事求是的选择。二是灵活务实的方法。1990年开始，中共中央领导人已经提出，只要坚持一个中国原则，“一切问题都可以提出来讨论、商量”。两岸关系和平发展以后，大陆表示，对于台湾参与国际组织活动问题，在不造成“两个中国”、“一中一台”的前提下，可以通过两岸务实协商作出合情合理安排，强调“了解台湾同胞对参与国际活动问题的感受，重视解决与之相关的问题”。[①] 台湾“国际空间问题”的所获和马英九当局对外关系的“政绩”正是在大陆调整涉台外交的善意举措下实现的。三是立足长远的眼光。1979年，邓小平与美国参议员会面时就曾明确指出：“台湾的社会制度可以根据台湾的意志来决定。要改变可能要花一百年或一千年，我这样说的意思是指需要很长的时间。我们不会用强制的办法来改变这个社会。”[②] 这一方面表明了和平统一祖国的决心，即过一百年甚至一千年也要实现统一，另一方面也表明，中国共产党和平统一的方针是立足于长远的，不会“用强制的办法来改变这个社会”。当前涉台外交对台工作的转型着眼于当前实际，只有打好当前务实的基础才会有将来政治上的双赢。四是致力于为台湾人民谋福利的出发点。驻外使领馆保护海外台湾同胞利益是目前涉台外交的一项重要工作，也是对台工作对外交部和驻外使领馆的一项具体要求。在海外发生战争、灾难或重大安全事件的时候，本着“为中国公民服务”的唯一原则，海外的台湾同胞享受到了大使馆提供的“无差别”待遇，在处理台船只在索马里海域申请接护、利比亚台胞撤离、台胞涉外纠纷等事务上充分维护台胞的合法权益，照顾台胞福祉，台湾同胞更能够与全国各族人民一道充分共享中国人在国际上的尊严与荣誉。

第三，在实践领域，涉台外交的变化发展体现了大陆领导人的战略思维。涉台外交具有斗争和协调的双重特点。在战争、动荡和不稳定的年代，对于矛盾的认识更多地强调其“斗争性”的一面，但在两岸关系和平发展的今天，涉台外交需要在坚持原则的前提下更多的往“协调性”一面发展，

---

① 胡锦涛：“携手推动两岸关系和平发展 同心实现中华民族伟大复兴——在纪念《告台湾同胞书》发表30周年座谈会上的讲话”，参见《人民日报》，2009年1月1日。

② “‘一国两制’构想出炉全过程”，和讯网，http：//news. hexun. com/2008 - 07 - 16/107473753. html。

这种情况导致涉台外交往往与整体的对台工作产生矛盾和不一致的地方。由于涉台外交处于中国整体外交中的第一线工作，从外交捍卫原则的角度出发，涉台外交中“斗”和“堵”的思维方式是比较容易执行的，然而，从对台工作争取台湾民心的角度出发，又不得不需要有释放善意的工作思维。对此，甚至有观点认为，大陆外交与涉台部门决策思维“截然不同”，这使得大陆的对台工作与政策作为，“陷入矛盾对立，软硬摆荡的”局面。[①] 这种看法显然有失偏颇。实际上，恰恰是大陆各部门的协调与合作才会有今天涉台外交的顺利开展。

近年来，外交部与国台办系统人员的“旋转门”，说明大陆对台工作和涉台外交开始一个全新的新思维。传统上对台工作是中国共产党的内部工作范畴，属内政工作，外交工作与对台工作的方法与政策都是不同的，外交官到台办系统任职，就是要把对台工作提高到一个较高的空间来考虑，而涉台外交必定是其中的一个重要因素。

第四，然而涉台外交经验也不尽是完美的。如果说，中国地位的显著上升和实力的极大增强，掌握涉台外交主导权是不争的事实，那么也应承认，由于祖国统一大业尚未最终实现，涉台外交工作并没有也不会在短期内改变。改革开放以来，涉台外交实践既是中国整体外交的组成部分，同时也为对台工作的战略方针提供了有力的保证。但另一方面，涉台外交也出现了一些不适应症，如未雨绸缪不够，应对非政府组织与国际舆论不足，不善于提出可行议案，等等。如果说第一个历史阶段中涉台外交的斗争是为中国整体外交“加分”的话，那么后两个阶段的“反台独”、反分裂工作耗费了大量外交资源，并且常常使得中国外交受制于其他国家或国际组织在台湾问题上的“要价”，对中国整体外交的运筹来说，是“减分”的。从表面上看，这是的涉台外交矛盾性的体现，但深层探究，却涉及我们对涉台外交工作调适不到位。

三、新时期涉台外交面临的挑战

2008 年岛内政局发生积极变化，两岸关系进入和平发展阶段以来，大

---

① “涉台外交决策矛盾，两岸最大障碍”，联合早报网，http://www.zaobao.com/special/newspapers/2008/01/others080116zb.shtml

陆在一个中国原则和掌握主导权的情况下，为台湾扩大国际参与活动提供善意支持。两岸关系和平发展大局为台湾创造了更广阔的国际舞台，台湾对外关系拓展正是基于大陆涉台外交工作的新思维和新手段。一是对台湾“邦交国”的争夺处于“休兵”状态，马英九表示：“一年多来推动活路外交，两岸同时释出善意，终止长期以来争取建交的恶性斗争”，台湾与“邦交国”关系渐趋稳定，与无邦交国间的互信增强，“台湾国际地位更逐渐提升。”① 二是台湾顺利参与很多国际组织的活动，包括连战作为台方代表参加 APEC 在 2008 年的秘鲁利马会议、2009 年新加坡会议、2010 年日本横滨会议与 2011 年夏威夷会议；加入若干政府间国际组织，如加入 WTO 的“政府采购协定”（GPA），特别是连续三年参加了世界卫生大会。三是两岸与美国、日本、欧洲等主要地区和国家的关系没有产生重大事件和危机；四是两岸涉外人员尝试在一些国际场合和领域展开良性的互动。与此同时，台湾获得免签证的国家与地区达到 124 个，同时又主办了世运会、花博会等大型国际活动，等等。总之，四年来，台湾的国际能见度、国际参与度与国际好感度都有提高。台湾不再是陈水扁时期国际上的“麻烦制造者”。四年来的台湾对外关系发展的实践证明，“大陆政策推动得顺利，台湾就有更大的国际空间”。②

台湾国际活动的增加正是基于大陆涉台外交的努力和成就，正如上文中指出，两岸在协商台湾涉外事务问题时的对抗性、尖锐性降低不少是涉台外交的一个重大变化。在牢固的国际“反台独”统一战线的大背景下，大陆的主导权在增加。然而也必须要看到，台湾“国际空间”问题上，涉台外交处于马英九不断要价的压力之下。首先，台湾参与国际活动将会继续是第二任的马英九执政一个重要抓手。在其“黄金十年”计划中，马英九已经明确提出参与“联合国气候变迁架构协定”（UNFCCC）与“国际民航组织”（ICAO）的要求。在台湾参加国际非政府组织、参加或举办重要国际活动等涉及国际空间问题中，尽管马英九仍然采取务实策略，不会挑衅中国大陆的一个中国原则，但无疑会尽最大可能争取所谓“国际能见度”。而如果马英九内政处理不顺，在“国际空间”上的诉求将会更加紧迫。

---

① 台湾“中央社”，2009 年 10 月 10 日电。

② 陈一新：“从马总统中美洲行看美中台关系”，（台湾）《新新闻周刊》，2009 年 6 月 4—10 日，总第 1161 期，第 23 页。

其次，马英九频繁在国际上对“中华民国”的推销和宣传对大陆涉台外交形成挑战。马英九在出访中表示“中华民国”在国际上地位比以前更为稳固，因为“中华民国”的存在对国际社会来讲，是一项资产，而不是负债。① 马英九近期多次在会见与答记者问中，将“中华民国”作为特别内容指出，似乎在有意识地塑造“中华民国”的舆论氛围，凸显“各表的‘一中’”。

第三，一些人台湾政治人物在国际上仍不断发表不当言论挑衅大陆。台湾“驻英代表”沈吕巡在欧洲外交关系协会（European Council on Foreign Relations）发表演讲，称“中国大陆应该给台湾更多的国际空间，以此作为两岸和解的基础”，言下之意大陆若不这样做，台湾就没有与大陆和解及发展两岸关系的意愿和可能。沈甚至还表示，台湾将“致力与非邦交国实质关系的官方化，同时善用世界卫生大会（WHA）的参与模式，以政府名义积极争取参与各种政府间的国际组织及联合国体系下的功能性专门机构”。② 这种想法一方面颠倒了两岸关系和平发展与台湾参与国际活动联动的次序，另一方面也揭示出台湾某些涉外人员继续妄图在国际上冲撞和挑战一个中国原则的想法。对此，中国外交部发言人洪磊表示，中国政府对台湾地区与中国建交国开展民间经贸、文化往来不持异议，但反对进行任何官方往来或签署具有官方性质的协议，反对台湾参加仅限主权国家参加的国际组织。这种说法“违反和挑战国际社会普遍承认的一个中国原则，是十分错误和有害的。”③

四、小结

六十年过去了，涉台外交在变与不变中继承着、丰富着、发展着。在新形势下，涉台外交的地位更加凸出、任务更加繁重、使命更加艰巨。2012年，马英九连任台湾地区领导人，两岸关系和平发展也将会“承前启后、继往开来”的新篇章下，④ 涉台外交的工作如何进一步推进？继承和实践曾

---

① 星岛环球网，“http：//news. stnn. cc/hk _ taiwan/201204/t20120412 _ 1726640. html。

② 星岛环球网，“http：//news. stnn. cc/hk _ taiwan/201204/t20120412 _ 1726640. html。

③ 人民网，http：//world. people. com. cn/GB/157278/17191469. html。

④ “王毅寄语2012年两岸关系，继往开来谱新篇”，新浪网，http：//news. sina. com. cn/o/2012 - 01 - 30/171723856728. shtml。

经的涉台外交经验理论是有必要的，同时，只有继承没有创新则无法适应时代要求，与时俱进是唯物辩证法的应有之义。创新，就是运用优秀的传统和历史证明行之有效的经验，科学观察变化着的形势，发现和用好新的机遇，来为国家的和平发展服务。必须指出，贯穿涉台外交工作始终的精神应该是一个中国原则，政策、内容、方式方法是有弹性的，但是性质、原则是不能随意改变的。研究涉台外交的经验也将从下面几方面对我们今后思考台湾问题和新形势下的涉台外交工作有所裨益：

一是“坚持原则，讲究灵活”这一辩证关系，在涉台外交中无处不在。这也是人们常说的硬与软、刚与柔以及举轻若重、举重若轻如何有机结合的问题，涉台外交工作应是有重点的，必须善于抓大放小，争取以一两拨千斤；二是要高屋建瓴，又要脚踏实地的工作方法。涉台外交工作应该善于登高远望、纵览全局。既因为涉台外交诸多议题的敏感，也因为涉及国际组织的章程、规定的制约及其他国家的立场和态度等，同时也与两岸之间的政治互信、两岸关系和平发展的程度等形成彼此关联的关系。三是最大限度的维护国家和两岸人民正当权益的目标。台湾民众在海外各方面的利益是涉台外交的基本内容之一。涉台外交既强调捍卫国家主权与领土完整的政治问题，也开始注重保护在海外中国人的经济、生命等民生利益。涉台外交，特别是在涉及海外利益及领事保护方面，关乎两岸人民根本利益，授权有限，责任重大，务必事事认真。四是平衡内外的压力，协调各方的利益诉求。中国内外政策互动的问题更加突出。在全球化飞速发展的今天，国际制度国内化和国内问题国际化的趋势比以往都更加明显，信息化时代的外交活动比以往任何时候都更加公开透明。涉台外交亦是如此，在获得更广泛关注的同时，中国与外部政策的互动越来越受到来自两岸的民意制约，这是今后的涉台外交工作必须面对的重要议题。

新时期的台欧关系：变化与观察

童立群

欧洲作为经济发达地区和国际关系的主要政治力量，曾经是台湾当局进行的“外交”重点地区之一。民进党执政时期，台湾当局通过“议会访问”、举办“俱乐部”会议、打“人权牌”等手段全方位提升了双方的实质关系，台欧关系呈现出一种渐进调整、稳步提升的发展轨道。但在陈水扁执政后期，由于其疯狂的“烽火外交”和“台独”路线，最终使得包括欧洲在内的整个国际社会都加入了反“台独”的统一战线，台欧关系也因此受到巨大影响。马英九就任台湾地区领导人之后，带领其团队终结了陈水扁“烽火外交”的政治路线，以“活路外交”为理念，推动“两岸休兵、外交共荣”的对外政策路线，主张“尊严、务实、灵活”地“为‘中华民国’在国际间找到一条新的出路”，逐渐恢复和发展台湾的对外交往。这其中，台欧关系的变化无疑是其“活路外交”的试金石之一，大大丰富了建立在实质双边关系基础上的内涵。

一、新时期台欧关系的变化

（一）发展实质内容的政治关系

2008 年马英九就任台湾地区领导人以来，双方均延续了之前的互动轨道，即以经贸关系为基础，以人权和价值观为支撑点互相走近。作为欧盟重要机构，欧洲议会则继续扮演双边关系中比较重要的角色，是台湾国际空间问题上摇旗呐喊的主力军。欧洲议会仍频频在台湾问题上发表与欧盟对台政策不同的意见，它不仅支持台湾加入由主权国家组成的国际组织，多次发表文件和声明要求扩大台湾“国际空间”，并且在人权保护问题上多次指责大陆，褒扬台湾。2011 年 6 月 14 日，欧洲议会“友台小组”联名寄出措词强烈的抗议信函给世界卫生组织，称“将台湾视为中国的一省完全没有国际法上的根据”。① 同时，台欧“议会外交”更频繁，关系更紧密。台湾“立法院长”王金平在2009年率团访问欧洲议会，受到了欧洲方面的高规格接待，不仅与欧洲会议议长波特林（Hans - Gert Pottering）会面，也首次在布鲁塞尔欧洲议会内发表演讲，等等。

与此同时，“免签证”成为台欧实质关系新增长点与突破点。从英国和爱尔兰开始，到全体欧盟申根国家，再到阿尔巴尼亚等国，马英九第一任四年内，欧洲各国几乎每年都会送给台湾一个“免签证”大礼。“免签证”已经成为台欧关系发的一项“新催化剂”。这项互惠性措施，既是马英九第一任对外关系“政绩”的主要贡献者，更表明台湾国际地位的提升。在2012年台湾地区领导人的选举中，马英九竞选团队打出了一部长达七分钟的网络竞选影片“爱情签证”，其主题是“因为爱旅行、因为想家、因为免签证，所以牵起一段爱情故事”。事实也证明，这张“牌”的确为马英九赢得了选民的赞誉。

（二）深化以贸易为主的经济关系

传统上，台欧关系是建立在双方经贸紧密联系的纽带之上，对欧洲的出口和贸易的增加是台湾经济增长的重要来源和保证，增加对欧洲的出口以带动经济增长，是台湾当局对欧洲奉行的主要战略。2008年以来，台欧经贸关系出现了两种不同的表现形式。一方面，“免签证”等诸多利好因素推动台欧经贸不断深化，台湾当局正在加紧游说欧盟与之展开经济合作协议的谈判。为了减少欧盟—韩国自由贸易协定对台湾的影响，台湾经济部多次组团到比利时、德国、英国、法国、意大利、丹麦和荷兰，由于这些代表团的游说对台湾—欧盟经济合作协议产生的影响，欧盟议会于2011年5月11日通过一项有利于经济合作协议的决定。② 另一方面，欧洲经济增长的波动、欧债危机以及台湾内部的问题在一定程度上限制台欧经贸关系的进一步发展。

---

① 维基百科，http：//zh. wikipedia. org/wiki/% E5% 8F% B0% E7% 81% A32011% E5% B9% B46% E6% 9C% 88。

② European Parliament backs Taiwan - EU economic pact，http：//www. taiwanembassy. org/ct. asp? xItem = 198601&ctNode = 150&mp = 77&nowPage = 9&pagesize = 15 这份决议名为“欧盟共同外交暨安全政策主要面向及基本选择决议案”（Resolution on the mainaspects and basic choices of the Common Foreignand Security Policy，CFSP）及相关修正案。

从2011年开始，由于欧洲整体陷入经济衰退与金融、债务危机，经济低迷不振，极大影响了以出口为导向的台湾企业，特别是太阳能等行业，对以出口贸易为命脉的台湾经济是重大打击。据台湾经济部门的统计显示，台湾对欧洲订单年增长率从2011年8月减至8.08%，9月、10月分别下滑2.22%、0.78%，尽管11月年增率转正，但也只剩1.02%，接近零增长。其中，台湾对德国的出口已经超过六个月连续下滑，至2012年1月，已经负增长18.94%。[①] 尽管如此，欧洲企业仍是台湾最主要的外国投资来源之一，2010年台欧盟双边贸易额约486亿美元，较前一年增长31.4%，欧盟为台湾第四大贸易伙伴，同时是台湾最大外来直接投资来源。台北欧洲商会（ECCT）刚刚庆祝欧洲在台湾的外商直接投资（FDI）规模超过300亿美元，强调对台湾经济前景深具信心。[②] 但必须看到，由于欧洲经济的复苏目前仍是未知数，导致台欧经贸关系出现了一定的波动，未来双方经贸关系的开展在很大程度上将取决于欧洲整体经济形势的发展。

（三）构建以交流互动为主的文化技术等关系

台欧关系的人文交流在马英九第一任四年中实现了较快发展。一是在民间交往方面，2009年欧盟执委会批准成立“台湾欧洲联盟中心”，并与台湾大学、政治大学、中兴大学、辅仁大学等七所知名大学结盟设立欧盟研究据点，成为台欧学术交流的重要平台，充分扮演了台湾与欧盟学术界及公民社会间桥梁的角色，进一步增进双边非官方关系。此外，双方人员往来大大增加，至2011年上半年，台湾民众赴欧人数增加约7%。[③] 二是在技术合作方面，通讯、建筑、新能源等领域是双方合作的基础领域。特别需要提到的是台欧卫星导航产业的交流，台欧双方计划利用欧盟的“伽利略计划”，进行卫星产业的合作。[④] 三是双方非政府领域合作的加强。比如，台湾一直以技术合作基金的形式协助欧洲复兴银行。2011年5月，台湾投入400万美元，

---

① 数据来源：台湾中华经济研究院网站。http：//www. cier. edu. tw/mp. asp？ mp =1。

② http：//cnews. cnyes. com/Content/20111129/KE0GXR6UFGSD2. shtml。

③ 新浪网，http：//easy. sina. com. tw/news/article _ newsid –88094. html。

④ 在台湾“经济部”与欧盟执委会共同推动下，台湾工业技术研究院与欧盟经贸办事处共同举办“2010年下一波天空产业高峰论坛”，论坛邀请到中华电信、广达计算机、威航科技、欧盟执委会（European Commission）、全球第一大图资公司 Navteq 与欧盟厂商 Septentrio 等专家，分享全球伽利略卫星产业现况、伽利略计划未来在创新服务商机及上、中、下游产业合作机会，开启台湾与欧盟间卫星产业的合作之门。

作为“台湾—欧银技术合作基金”，同时台湾“中华民国国际合作发展基金会”承诺投入 8000 万美元，参与欧洲复兴银行签约参与欧银“绿能特别基金”（Green Energy Special Fund）共同融资计划，[①] 等等。通过一系列活动，双方打造了包括经济、贸易、文化、学术、技术、观光旅游等多层面台欧关系。

另外一个比较有意思的现象是，欧洲成为台湾两大政治势力——民进党与国民党说明政见、寻求支持的重要场所，两党竞相与欧洲相关国家的国会议员、智库学者以及政府官员等接触，建立联系。民进党前主席、2012 年台湾“大选”候选人蔡英文在宣布竞选后立即出访德国和英国，为宣传其政见和争取国际社会对支持奔走。欧洲国家和欧盟的态度、政策和意见，成为岛内政治势力互动和竞争的“标杆”之一，这在以往是没有的情况。

四年来影响台欧关系发展出现最大的不利和障碍就是欧洲反对台湾恢复死刑的决定，欧盟官员认为，台湾此举“违反人权”，对台湾执行死刑“感到失望”。但在总体上，有别于美日关系、日台关系所经历和受到的关注、议论和变数，曾经无声无息的台欧关系在近年来出现大幅度提升的迹象，成为台湾当局对外关系中的一大亮点。

二、台欧关系变化的原因

（一）两岸关系和平发展大环境的保驾护航

2008 年 5 月以来海峡两岸关系的和平发展，是台湾对外关系政策大调整的基本背景与条件，也是台欧关系出现如此迅速发展的前提条件。正是两岸间和平发展为双方在国际社会的“停止内耗”创造了条件，提供了可能。由于马英九“首先在两岸关系上积极作为，化开了双方的心结，建立了彼此的默契，很快就在外交空间上见到了成效，国际观感与待遇方面也获得了改善”。这就证明：“只有改善两岸关系”，台湾的“外交问题才能逐渐解决”，“大陆政策做得好，台湾就有更大的国际空间”。[②] 台欧关系的大发展

① 台与欧银签署增资合作协议，（台湾）“中央社”网络版，http：//tw. money. yahoo. com/news _ article/adbf/d _ a _ 120519 _ 1 _ 35w6i。

② 周天瑞：“迎马英九优异出访归来”，（台湾）《新新闻周刊》，2009 年 6 月 4—10 日，总第 1161 期，第 6 页。

与两岸和平发展也成为互为因与果的关系，并且开始了良性循环。另一方面，两岸在国际社会停止内耗也使和平发展的两岸关系得到巩固。台湾《中国时报》的社论指出："整体基调上，'活路外交'与'两岸和解'是一体两面，都是力图让两岸从零和式的殊死战走向和平共存、彼此体谅、相互尊重。"① 台欧关系所取得了一些正面、积极的成果，离不开大陆人民的善意和两岸和平和解的大局。

台欧关系的发展和变化与两岸关系同步相向而行。以台欧经贸关系为例，布鲁塞尔智库欧洲国际政治经济研究中心（European Centre for International Political Economy）的报告称："ECFA（海峡两岸经济合作框架协议）的签订将为台湾与其他行为体签署贸易协定开启了窗户"，可望为台湾争取与欧盟达成类似的协议铺路。② 实际上，台湾在争取与欧盟签署经贸合作协议过程中，也是将大陆市场作为积极而有分量的筹码。台湾"经济部政务次长"林圣忠在欧洲游说希望获得签署台湾—欧盟经贸协议的支持时，就高度强调台湾拥有巨大的大陆市场，强调台湾和欧盟经贸协议的签署，将有利于欧盟企业及其产品进入大陆市场。有媒体就此分析，林圣忠一行的表态反映出大陆和台湾关系继续朝着缓和稳定的方向发展，为马英九当局在国际的发展提供了有力支持，也为台湾在中长期内扩大经济利益提供了有利机会。③ 马英九也在会见时表示，ECFA 使台湾销往大陆产品关税"已从 14% 的免税率增加到 94%；欧盟在台湾生产的货品，如果外销大陆，会被视为台湾的产品，得到免关税的待遇"，因此他呼吁"欧盟与其会员国能慎重的考虑洽签相关经济合作协议，让双方的经济合作能够往前迈进"。④

（二）双方拓展关系的意愿不断增强

就台湾方面而言，台欧关系的突飞猛进可以被视为其"活路外交"政策的成功运用。马英九对媒体公开承认，他相信有台湾的"邦交国"向大陆方面提出建交的请求，但大陆却婉拒了。这显示大陆以具体的行动在善意

① 社论："替台湾外交多找几条活路"，（台湾）《中国时报》，2008 年 8 月 13 日，A11。

② ECFA could open way for EU - Taiwan FTA. http://www.taiwanembassy.org/ct.asp?xItem=149578&ctNode=9495&mp=102&nowPage=6&pagesize=15。

③ "法媒：台湾倚靠大陆市场争取欧盟经贸协议"，华夏经纬网，http://www.huaxia.com/tslj/lasq/2012/02/2759986.html。

④ "ECFA 免税优惠大 马促欧盟投资台湾"，中国评论新闻，http://www.zhgpl.com/crn-webapp/doc/docDetailCNML.jsp?coluid=93&docid=102089893。

回应台湾方面提出的“外交休兵”政策。对于台湾能够参与世界卫生大会，他也承认是与大陆的善意分不开的。“活路外交”理念有三个支撑点。第一，是两岸关系的互信和良性互动。马英九说，“大陆政策是‘外交’政策的上位政策，突破‘外交’困境要从两岸关系着手”。[①] 其次，是取得国际社会的同情和支持，至少要得到美国、欧盟等主要国家和地区对台湾“国际空间”的支持。第三，是务实参与，名称、方式都可以弹性处理，“先顾里子再说”，以谋取在国际组织中的实质突破为目的。从效果上来看，台欧关系也体现了马英九“以人为本”的“外交”思想，与陈水扁时期的“功利‘外交’”、短线操作相比，显然更得人心。台欧关系的飞速发展充分展示了马英九的外交理念与思维，也取得了预期效果，受到岛内民众与社会舆论的高度肯定。不仅是其取得为数不多获正面肯定的“政绩”，也是内容相对稳定、体系较为完善、执行基本顺畅的政策体系。反过来说，台欧关系的实践也证明，“活路外交”思想主张逐渐被充实和完善。

就欧盟和欧洲各国而言，欧洲方面的积极反应和作为是台欧关系发展的重要推力。传统上，欧洲国家和欧盟一直在处理台湾问题和对台关系上相对保守和谨慎，欧盟和大多数欧洲国家历来承认一个中国原则，在对台关系上基本表现为实行“政经分离”的政策。四年多来，欧盟的对台政策虽然不曾脱离“政经分离”这一基本原则，但其发展双边关系主动积极的姿态确实显而易见的。究其原因，一是基于欧洲对两岸关系稳定的判断。2008 年以来两岸关系和平发展的局面让欧洲“放心”，两岸暂时不会出现李登辉、陈水扁时期那种剑拔弩张的紧张状态。二是对台湾战略地位的权衡。从本质上上，欧洲认同台湾的民主制度和价值观体系。欧洲学者让·皮埃尔·卡贝斯坦（Jean－Pierre Cabestan）认为，台湾问题是中国大陆与欧洲关系中的刺激点，而非平衡器。[②] 言下之意，台湾问题的敏感性对于中国大陆与欧洲关系来讲，有着极为微妙的作用。欧盟不把台湾问题当作平衡中国的工具，而只是被动地跟着这个刺激点做出反应。三是从欧洲自身的全球影响考虑。在欧洲学者和欧洲官员看来，尽管今天台湾经济和政治地位正在下降，欧洲安全上的关切点也不在亚太，但是欧洲可以以其自身的整合经验，通过与海

---

① “马英九谈活路外交：重新两岸政策为上位政策”，星岛环球网，http：//www.stnn.cc/hk_taiwan/200808/t20080804_840714.html。

② 沈大伟（David Shambaugh）、艾伯哈德·桑德施耐德（Eberhard Sandschneider）、周弘（Zhou Hong）等：《中欧关系：观念、政策与前景》，社科文献出版社，2010 年版。

峡两岸的互动，为两岸关系的未来做出独特的“贡献”。

三、对于台欧关系变化的观察和思考

首先，台欧关系是否会对中国大陆与欧洲关系产生负面影响？有观点认为，台欧关系和台湾问题可能会成为欧洲的一张“牌”，尽管这张牌并不一定如同美国对台的战略与安全关系，但也有可能挑战大陆涉台外交中关于一个中国原则，进而造成对中国整体外交的不利局面。在中国大陆与欧洲关系的实践领域，欧盟及其大多数成员国的对华政策中都包括了对台政策。随着中国大陆与欧洲关系的历史性发展，欧洲国家在与中国保持外交关系的同时，也维系着与台湾的微妙关系。2004 年，当时美国开始多次重申反对台湾搞“防卫性公投”，并拒绝台湾“公投”宣传团访美后，欧盟却接待了台湾代表团。这一举动在当时是一个十分引人注目的信号，是欧洲国家和欧盟对华政策进行战略调整——“以台制华”的重要表现。种种“先例”可能是产生此类担心的主要原因。

笔者认为，虽然不能排除可能性，但未来欧洲在处理中国事务中打“台湾牌”的可能性微乎其微。主要有三点理由。其一：台欧关系的变化虽然与整体国际环境相关，但似乎并没有同中国大陆与欧洲关系联动，大陆、台湾与欧洲关系发展是平行线而非三角线，这与中美关系中的台湾问题有较大区别。美国学者沈大伟甚至认为：中欧之间不存在台湾问题。[①] 实际上，在国际反“台独”统一战线基本牢固的情况下，台欧关系的政治性和敏感度比较低是主要原因。其二：当前，寻求中国的支持对陷入债务危机、甚至制度危机的欧洲经济复苏非常重要，在这种情况下，中国大陆与欧洲关系必定会被置于欧洲和欧洲国家对外政策中最关键的位置。而政治上打“台湾牌”对欧洲有害无利。其三：两岸关系和平发展是台欧关系“默默耕耘”的基础。笔者在 2010 年访问欧洲期间，有部分研究中国问题的欧洲学者对台湾顺利获得欧洲“免签证”，但是大陆方面并没有过多的干预表达不满，他们对此“感到意外”。笔者认为，这是对两岸关系和平发展和大陆对台政策缺乏认识和解所造成的，大陆的原则和立场是：在坚持和不违反一个中国

---

① “沈大伟：美国视角下的中欧关系”，中国社科院网站，http：//ies. cass. cn/Article/xshd/lfxz/201004/2426. asp。

的原则下，在两岸关系和平发展的进程中，对有利于台湾人民切身利益的台湾对外交往不持异议。

其次，在美台关系、日台关系进展不顺的情况下，欧洲是否会成为马英九当局下一任发展对外关系的重要对象？从现象上看，日台、美台关系的发展确实充满了种种变数。由于台“外交部”常务次长沈斯淳刚刚接替冯寄台出任“驻日代表”，由于其“日本背景”的欠缺而遭到外界质疑，对日台关系的前景也是“唱衰”者居多。而尽管马英九在其胜选感言中表示“十年内要加入 TPP 跨太平洋经济协议”，但是“美牛”议题已经从各个方面影响了马英九第二任内美台关系的开局。美国在台协会主席薄瑞光在选后立即指出，台湾想加入 TPP（跨太平洋经济伙伴协议），在农业与医药等方面要“更自由化”才行，“解决牛肉议题”可以是第一步。[①] 美国牛肉议题牵动台美经贸合作，也影响了马英九视为优先的美台关系。目前，马英九国民党当局面临来自美国和岛内反对党的双重压力。美台关系似乎难以找到能各退一步的双赢之道。相比之下，台欧关系的马英九第二任的开局则顺利的多。从政府到民间，各项交流日趋制度化和系统化，台欧关系仍旧可以享受着“免签证”的红利和效应。

笔者认为，马英九第二任内将会视欧洲为台湾对外关系的重点之一，推动台欧关系朝着更深入方向的发展，将会吸引民众更多的关注和讨论。这主要还是由于台欧关系政治、安全议题与经济、文化等议题分离、受干扰的因素较少等特点所造就的。欧洲与台湾的经济协议（ECA）是双方下一步的交流主线。台湾目前在欧洲进行的游说工作，是对欧盟行政部门、各成员国政府及国会、工商民间团体同步进行。虽然欧盟的政策与成员国的意见表达有高度关联性，技术上双方立即达成共识的可能性很小，但是由于双方积极姿态所营造的友好气氛却是不能否认的。如果能借着商谈经济协议和其他合作的机会，顺势推动台欧关系发展，提升并扩大台湾民众赴欧洲从事各种活动的便利性，则实现了马英九当局真正用意。

最后，大陆如何因应台欧关系的发展形势？笔者认为，一方面，欧洲不能成为国际上挑战一个中国原则的场所，如果台欧关系的发展违背一个中国原则、造成“两个中国”或“一中一台”的方案，是大陆不会接受的。台

---

① 中国评论新闻网，http：//gb. chinareviewnews. com/doc/1019/9/6/5/101996555. html？coluid = 7&kindid = 0&docid = 101996555。

湾“驻英代表”沈吕巡在欧洲外交关系协会（European Council on Foreign Relations）发表演讲，称“中国大陆应该给台湾更多的国际空间，以此作为两岸和解的基础”，言下之意大陆若不这样做，台湾就没有与大陆和解及发展两岸关系的意愿。他甚至还表示，台湾将“致力于非邦交国实质关系的官方化，同时善用世界卫生大会（WHA）的参与模式，以政府名义积极争取参与各种政府间的国际组织及联合国体系下的功能性专门机构”。[①] 沈吕巡的说法完全无视国际政治现实和既定规则，也完全无视大陆的立场与政策。大陆愿意在两岸关系和平发展的进程中，认可欧洲国家和欧洲与台湾发展“非官方”的交往关系。相反，如果台欧关系朝对外活动的“官方化”方向“致力”，则非但不能“开展两岸在国际社会良性互动的新模式”，反而会重蹈陈水扁时期“烽火外交”的覆辙，对增进台湾民众的福祉毫无帮助。另一方面，大陆应对中国大陆与欧洲关系与台欧关系的具有自信。大陆对台政策的思路已越来越自信、稳健和成熟。近年来大陆对台湾国际空间、对外关系问题的处理、对台欧关系的处理也不断验证里这点。两岸如何与欧洲互动是一直以来就存在的话题。对大陆来说，今后一个两岸与欧洲国家和欧盟互动的发展方向应该是：在中国大陆与欧洲关系的战略框架下，在一个中国的原则基础上，努力促使台湾当局不再往“台独”的方向滑动，采取积极有效措施，避免或遏制国际政治势力对台海局势和两岸关系的介入和干预，同时采取更多积极主动的作为，致力于两岸关系和平发展的建设。此种战略和策略运作，将会在未来的中国大陆与欧洲关系中获得落实。

---

① （台湾）《中央日报》网络报，http：//www. cdnews. biz/cdnews _ site/docDetail. jsp? coluid = 111&docid = 101810454。

马英九上任以来台湾与印度关系新发展及其走向[*]

郑英琴

2012年4月马英九访问非洲时过境印度孟买，有学者将此解读为台印关系的重大突破。应该承认，马英九过境印度是在近四年来台湾与印度关系发展颇为热络与上升的背景下实现的。而台印关系的发展不仅是双方政策推动的结果，更与两岸关系和平发展、两岸政治互信增进的背景分不开。未来台印关系的发展亦有赖于两岸关系和平发展局面的巩固。

一、马英九上任以来台湾与印度关系的新发展

2008年马英九在接受印度英文战略学术季刊《印度暨全球事务》采访时曾表示“台湾希望全力提升与印度的双边实质关系”，包括开展经贸、技术合作、党政高层互访、文教学术等层面的交流与合作。事实亦如此，马英九上任后提出“活路外交”，在发展两岸关系的基础上，以务实的态度寻求开拓台湾的国际活动空间。台湾的对外关系展现出新格局，台湾与印度关系也有明显进展。

首先，台印经贸互动持续增温。一是双方之间贸易额增长较快，2001年台印贸易额仅为11.23亿美元，2008年达到53.4亿美元，2011年已达到75.69亿美元。[①] 2008年至2011年间双方贸易额年均增长率约20%。二是台印积极为双方经贸往来创造有利条件，包括双方已开始规划互设工业园区，以及展开自由贸易协定（FTA）的可行性评估。印度是继新加坡、新西

---

* 原文发表于《台湾研究》2013年第1期。

① 相关数据来自台湾“行政院主计处”统计数据及“印度—台北协会”官方网站数据，http://www.india.org.tw/relations_tw.aspx。

兰之后第三个宣布要与台湾进行 FTA 可行性研究的国家，未来一旦进行协商并完成洽签，将有助于扩大台印之间的贸易与投资，对台湾参与东亚经济合作意义亦十分重大。三是台湾企业大举投资印度，银行业、钢铁业、笔电代工大厂纷纷锁定印度市场，尤其以印度南部的工业重镇钦奈为首要目标。

其次，台印之间官员互访未间断。如下图所示，李登辉与陈水扁时期，台湾对印度关系的重点在于拓展与印度的官方联系，双方设立了若干对口机构。马英九上台后台印之间的官方往来更多地表现为以原有机构作为联系管道加强官员互访，政治交流也更多地见诸于新闻媒体。此迹象表明台印之间官方往来更加公开化。

不同时期台印关系发展对比表

时期	台对印政策	印对台政策	印台官方往来主要事件	印台贸易额*（单位：亿美元）		两岸关系
1995 至 2008 年，李登辉、陈水扁时期	“银弹外交”，“南向政策”，鼓励台商投资印度以取代中国大陆，“去中国化”。	开始同台湾接触，“东向政策”	1995 年“印度—台北协会”成立、设立新德里“台北经济文化中心”；2002 年“台印投资保护协定”；台印直航；2004 年印前国防部长费尔南德斯访台；2006 年“台湾—印度协会”成立；2007 年签署《台印科技合作备忘录》；2007 年马英九访问印度。	1996 年	9.31	紧张，敌对
				2000 年	12.31	
				2004 年	19.3	
				2007 年	48.8	
2008 年 5 月至今，马英九时期	“活路外交”、“外交休兵”，“优质平价新兴市场推动方案”印度为主要目标	弹性的对台政策；“亲台防陆”	2009 年台评估在清奈设办事处的可行性；2010 年印度前总统卡兰访台；2011 年台“经发委”主任委员刘忆如率领企业家代表团访印；台“教育部长”吴清基访印；2012 年马英九过境印度。经贸：启动台印 FTA 可行性评估；签订避免双重课税以及快速通关等协议	2008 年	53.4	缓和，和平发展
				2010 年	64.7	
				2011 年	75.7	

* 相关数据来自台湾“行政院主计处”统计数据。

最后，台印之间的文教交流与军事往来表现凸出。台印高校之间的交流十分频繁，多所高校之间都签有合作协议。[①] 去年印度还表示希望从台湾引进一万名汉语教师。军事方面，台印双方在情报合作与军事人员互访等方面的交流从未间断，目前甚至传出消息印度有意帮助台湾发展核武器，虽然尚未证实，但从台湾的角度看，肯定不会排斥这方面的合作。台印之间密切军事往来与印度的政策调整有关，印度的“东向政策”逐渐超越以往经济整合为重点，开始介入安全军事等“高级政治”领域，加快融入东亚，[②] 加强与台湾的军事联系亦有此战略意涵。

二、提升台印关系发展的深层背景因素

其一是两岸关系的和平发展为台印关系创造了有利环境。两岸关系的改善，特别是两岸 ECFA 的签订以及经济合作的制度化是台湾的一针强心剂，有助于台湾在加强与大陆经济合作的基础上拓展其国际经济利益，也有利于消除其他国家对于发展与台湾经贸往来的担忧。对印度而言，两岸关系的和平发展降低了其发展与台湾关系的政治风险。

其二是亚太经济结构与安全结构的错位为台印关系带来了机遇与挑战。这种结构错位表现在亚太国家及行为体在经济上注重中国，在安全上则指望美国。伊肯伯里认为，东亚正在出现两种相异的等级体系，一个是由美国主导的安全层级体系，另一个是由中国主导的经济等级体系。地区国家仰赖美国提供各种类型的安全援助，与此同时，也在拓展与中国的贸易关系，“这种双重等级体系让东亚地区的很多国家和行为体陷入两难的抉择之中”。[③] 对于印度和台湾而言，则可能利用此复杂形势玩弄“多边游戏”，在中国大陆与美国之间寻求可能的利益。一方面，印度和台湾都不想失去搭乘中国大陆经济发展快车的机会；另一方面，台、印与美国在军事及安全上的联系又

---

① 2010 年 3 月印度大学联盟（AIU）与台湾的高等教育国际合作基金会（FICHET）签署了合作备忘录；2011 年台湾教育部长吴清基率领大规模的高等教育机构代表前往印度，包括超过 17 所大学的代表；台湾清华大学与印度金德尔全球大学、亚米提大学签署合作协议，在两学校设立“台湾教育中心”，推广汉语。见“印度—台北协会”官方网站，http：//www. india. org. tw/relations _ tw. aspx。

② 张力：“印度迈出南亚——印度‘东向政策’新阶段及与中国的利益关联”，《南亚研究季刊》，2003 年第 4 期。

③ 约翰．伊肯伯里（G. Johm Ikenberry）：“地区秩序变革的四大核心议题”，《国际政治研究》，2011 年第 1 期。

都十分紧密。但这种看似“左右逢源”的做法并非长宜之计。鉴于美国积极重返亚洲，遏制中国崛起的意图十分明显，台湾与印度、美国在军事及政治领域的任何联系肯定会牵动中国大陆的“神经”，使得多方互动更为复杂。鱼和熊掌不可兼得，台、印须在经济利益与安全收益之间做出权衡。

其三是中国大陆与印度之间的互信不足增加了台印交往的筹码。中国大陆与印度具备先天的合作条件：一是处境相似——同为发展中国家和“金砖国家”成员国，也是新兴大国的典型代表；二是功能相似——双方经济在全球金融危机之后成为拉动世界经济增长的火车头和发动机，增强了亚洲在世界经济中的发言权；三是经贸关系密切——中国大陆是印度第二大贸易伙伴，印度也是中国大陆的十大贸易伙伴之一。因此，双方之间以合作为主，但也存在一些摩擦，比如，经济层面上，双方商品贸易中印度的逆差较大，中国大陆是印度贸易逆差最大的经贸对象。又如，在区域经济一体化方面双方合作有待加强。另外，大陆与印度早在2007年就完成了自由贸易区的联合可行性研究，但迄今为止，不但没有公开发布该研究报告，也没有正式展开谈判，这说明双方在发展自由贸易区问题上分歧严重，面临诸多难点与挑战。[①] 战略层面上，中国大陆一向被印度视为竞争者与假想敌。近年来印度频频加大与美国、俄罗斯、日本、韩国和越南等国家的战略合作，包括深化发展战略伙伴关系、经贸合作以及军事交流等，印度的对外关系中均有意揉进了无法忽视的中国大陆因素。这无疑会增加中国大陆与印度之间的互不信任感。[②] 加上双方之间尚存在边界争议、与巴基斯坦关系等传统问题，政治互信很低，这为台印发展双方关系提供了一定空间：对印度而言，增进与台湾关系有助于解决与中国大陆的战略不对称问题；对台湾而言，发展对印度关系则可平衡台湾经济对大陆的过度依赖。

三、台、印发展双方关系的政策目标比较

1. 台湾发展与印度关系是出于经济利益及拓展“国际空间”的考量

一是追求经济利益并提升台湾的国际经济空间。印度近几年经济发展稳健且增长迅猛，据国际货币基金组织按购买力平价（PPP）计算，2010年

---

① 杨思灵：“试析印度加强与亚太国家战略合作及其影响”，《南亚研究》，2012年第1期。
② 杨思灵：“试析印度加强与亚太国家战略合作及其影响”，《南亚研究》，2012年第1期。

印度 GDP 约为四万亿美元，名列世界第四。[①] 且印度的发展潜力与市场潜力巨大，[②] 又拥有大批廉价劳动力和强大的科技实力，矿产资源也很丰富。从印度的国家实力来看，无疑是台湾发展经贸关系的重要对象。台湾当局曾于 1993 年、1997 年及 2002 年三次提出“南向”政策，主要目的是以官方为主导，带动民间对东南亚以及南亚国家的投资，打开另一片市场以减少对大陆经贸的倚重。但此政策在岛内备受质疑，成果并不明显。后来随着印度经济的崛起，遂成为台湾重启“南向”政策的新希望。马英九上台之后事实上延续了“南向政策”。两岸关系虽得以缓和，但台湾当局对于台湾经济过度向大陆倾斜的发展趋势仍有所担忧，希望拓展其他经贸关系，借由分散投资来引导台商集中于大陆的趋势，印度由此成为台湾当局寄予希望的焦点。一方面，台印双方在经济资源、发展水平、产业结构与市场区隔方面等差异明显，互补性强，这为双方未来经贸合作提供了良好的条件。[③] 另一方面，由于东亚与西亚各国是印度重要贸易伙伴，台商进军印度一来可借印度这个平台将产品销往东亚与欧美市场；二来进入印度市场的台商可连结东南亚与印度、南亚间的经贸与投资，在南亚区域站稳脚跟，并以此作为前进中东、中亚与非洲的跳板。加上台湾与印度目前已就双方 FTA 的可行性展开研究。由于双方的经济互补性强，达成 FTA 的可能性也较大。若能签订，除了可直接扩大对印度出口外，透过大陆与东盟的“10 + 1”、印度与东盟 FTA 的交叉协议，对于台湾参与东亚区域经济合作及经济整合，助益匪浅。

二是拓展台湾与南亚地区的联系，丰富“活路外交”的内容。民进党执政时期，台湾当局以行政力量引导台商“南进印度”，不只是经济上的“南向”以对抗“西进”，更是政治上的重大战略部署，希望印度在扮演大陆替代市场的同时，结成“台日印战略同盟”，共同对抗大陆，多少有点“联印制陆”的意涵，是赤裸裸的“台独外交”的体现。马英九则较为务实，上任后提出“活路外交”，一方面把两岸关系摆在台湾对外关系的政策上位，明确坚持“九二共识”；另一方面反复强调大陆需顾及台湾感受，提

---

① 任佳：“中印经济崛起及其对地区和世界的影响”，《东南亚南亚研究》，2011 年第 4 期。

② 据高盛预测，作为金砖四国之一，2050 年印度将超越美国，成为仅次于中国大陆的第 2 大经济体。印度 12 亿人口中，有近 6 成低于 29 岁，是全球年轻劳动力最多的国家。另据麦肯锡研究报告分析，未来 10 年亚洲估计将新增 9 亿消费人口，其中印度占 5.44 亿，显示印度是全球最具发展潜力的市场。

③ 刘玉春、王建民：“台印经贸往来的现状与走向分析”，《亚太经济》，2005 年第 4 期。

升其国际地位。大陆亦释放了善意，如不挖台湾所谓“邦交国”的墙角、允许台湾以“中华台北”名义参与世界卫生大会等，整体上为台湾参与国际活动创造了较为宽松的环境，亦使得马英九对“活路外交”更有信心。发展与印度关系，从而加大台湾在南亚地区的存在也是基于此宽松环境才得以有所进展。这是台湾当局采用不同策略提高台湾在全球的受关注度，为台湾拓展所谓“国际空间”寻找新的突破点的表现，从一定意义上讲，也不乏为“中华民国”找出路的政策考虑。

2. *印度加强与台湾合作既有经济战略层面的考虑，也有地缘战略的安排*

从经济层面看，印度意欲通过发展印台关系，以获得改革中急需的资金和技术。印度的国内经济改革从20世纪90年代拉奥政府上台后提出“东向”政策开始，发展与“东方”各经济体的经贸与投资联系成为印度的政策重点。其经济发展走的是非传统工业化道路，即优先发展服务业，依靠内需拉动经济增长；近年来正朝服务业和制造业共同带动经济发展的方向转移，① 因此迫切需要资金，而台湾又可满足印度的需求：一是台湾拥有大量可供投资的外汇储备，吸引台商投资有助于印度增加就业；二是台湾在电子硬件制造、基础设施建设以及提升农业生产力等领域有一定的专业实力，可为印度经济改革提供技术支持；三是台印双方产业结构存在互补——印度的软件产业、汽车、制药生技等硬件产业，和台湾的产业之间具有“软”与“硬”的互补性。因此，对于印度而言，加强与台湾的经贸关系有助于印度实现国内经济目标，加快经济增长。

从政治层面看，印度欲借发展印台关系制衡中国大陆。一直以来，印度寻求与中国大陆在亚洲经济版图上两相抗衡的意图相当明显。鉴于台湾的特殊政治地位，印度发展与台湾关系包含多重战略考量：一是印度想通过打“台湾牌”以制衡中国大陆与巴基斯坦关系的发展，甚至使大陆在巴基斯坦问题上向印度妥协；② 二是通过加强与台湾关系，给中国大陆制造压力，希望大陆在“边界问题”上作出让步；③ 三是由于台湾控制着航海要冲——太平岛，可作为印度海军进入太平洋的跳板，对印度具有极其重要的地缘战略价值。印度加强与台湾关系在中国大陆与印度之间增加了互不信任的因素。

① 赵江林：“中印经济发展阶段比较研究”，《南亚研究》，2011年第2期。

② 亢升：“冷战后印度与中国台湾关系探析”，《云南社会科学》，2008年第5期。

③ 杨思灵：“试析印度加强与台湾关系对发展中印战略合作伙伴关系的影响”，“桥头堡专题”网站，http：//topic. yngbzx. cn/qtb2ynzk/803. htm，上网时间：2012年5月30日。

但毕竟印度不同于美国，印台关系渊源亦不深，且印度也深谙此问题的轻重。因此到目前为止，印度未在台湾问题上跨越中国大陆的底线，在关键问题上能恪守原则。印度政府始终没有改变承认“台湾是中国领土一部分”的态度，并注意对一些恶化大陆与印度关系的涉台关系事件做出及时修补。①

可见，印度发展对台关系并非铁板一块。一方面，印度坚持一个中国原则，另一方面，印度又强调以更加务实、灵活的方式发展对台关系。可以说，印度对台湾聚焦于经贸关系的发展，同时在政治上保持一定的距离。因为印度显然更看重与中国大陆发展关系，印度总理曼莫汉·辛格曾公开表示，像中国这样充满活力的大国不可能被遏制。他称印度“致力于与中国发展合作关系”。②

四、台印关系的发展前景及制约因素

1. 台印经贸合作短期内存在一定困难，但前景看好

2010 年台印双方贸易总额仅占台对外贸易总额的 1.2%，而台商对印度投资比率则不到台湾对外投资的 0.1%，③ 这一方面说明台印经贸关系有相当大的发展空间，另一方面也说明台印之间的经济合作存在问题与障碍。首先从双方的产业结构来看，印度走的是优先发展服务业的非传统经济之路，在软体、服务外包等表现较突出；而台湾企业在资讯工业的专业代工方面较为凸出，更擅长硬体的大量制造，但双方的大部分产品都非最终产品，更多的是为国际性品牌代工，因此，台印之间的经济虽存在互补但从短期上看尚难以对接。其次，印度作为投资地，对台商的吸引力不大。原因在于印度的投资条件并不理想，存在基础设施配备不足的问题以及种姓制度与宗教冲突等社会不稳定因素，投资风险较大；且印度对外资政策限制较多，显然不可能像中国大陆给予台商同样优惠的投资政策，加上语言、文化、地理等方面的隔阂，台商更愿意选择大陆而非印度作为投资地。可以说，短期内印、台

---

① 如印度《政治家报》在头版披露，印度重工业和公营企业部秘书（相当于该部副部长）宾德亚·贾因不听外交部门劝告，擅自前往台湾开会被解职。印度外交部不愿在台湾问题上惹恼大陆。因此，权衡利弊得失，印度会将印台关系的发展限制在一定的范围内。

② “辛格：印度致力于与中国和美国发展友好关系”，见《今日印度》网站2012 年3 月24 日。

③ 社论：“印度打开 FTA 大门 台湾机不可失”，（台湾）《中国时报》，2011 年4 月12 日。

经贸发展与合作是有限的，印度还难以成为台商最重要的投资地。但就长期而言，印度无疑是台商有待开拓的“处女地”，存在很大的合作潜力，加上印度经济正处于迅速发展的上升时期，台印经贸合作的未来前景依然看好。

2. 台印的政治交往取决于中国大陆与印度关系及两岸关系的发展形势

首先，印度将发展与中国大陆关系置于与台湾关系之上。一方面，虽然印度与中国大陆在战略利益方面存在、竞争，但不至于构成严重冲突。目前印度的战略目标是支配南亚地区而非与中国大陆对立。巴基斯坦问题是其战略主轴，与巴基斯坦的关系牵制了印度相当大的外交资源。另一方面，虽然印度向来对中国大陆的崛起保持“紧张”的姿态，但对中国大陆紧张不必然表示就会对台湾友善。印度对台湾及两岸问题了解不深，且如前文所分析，印度不可能因为台湾得罪大陆，因为印度与大陆之间的经济利益大于印度与台湾的经贸利益。除非有足够大的诱因，印度才可能不顾中国大陆的反应而发展台湾所谓的“政治关系”。因此，尚且不论台湾执政者如何打算盘，若希望利用印度来获得政治利益，恐怕是一步错棋，没有赢的可能。①

其次，台印关系的发展相当程度上依赖于两岸关系的发展。首先，台湾的对外关系发展有赖于两岸关系的和平发展大环境。2008 年两岸关系开始融冰后，秉持“先经后政”、“先易后难”走了 4 年，两岸在台湾的“国际活动空间”问题上的矛盾，由“台独”与“反台独”，转为如何既保证“一个中国”框架的稳定，又使得台湾获得与其身份相适应的“国际活动空间”。② 两岸缓和为台湾的国际活动营造了宽松的氛围，马英九对此亦有深刻认识，他一再宣称，“两岸关系改善有益国际关系的拓展，国际关系的拓展又将增强台湾深化两岸关系的意愿和信心，形成良性循环”。③ 其次，大陆因素在台湾的国际活动问题上举足轻重。四年来两岸在处理台湾的国际活动上形成了一定默契，但也逐渐出现瓶颈。对台湾而言，较棘手的是台湾近来被各个重量级双边与多边经贸关系夹击所出现的边缘化危机，例如东盟、美韩 FTA 等等。④ 因此，能否顺利与其他国家签订自由贸易协定，或加入多边经贸组织，成为台湾当局对外关系的首要考量。这也是台湾积极与印度展

---

① 社评：《台湾南进印度难获政治利益》，中国评论网，2006 年 2 月 13 日。

② 修春萍：“两岸关系和平发展与台湾‘国际活动空间’问题”，《北京联合大学学报——社会科学版》，2011 年第 9 期

③ “马：拓展国际有助深化两岸关系”，（台湾）《中国时报》，2010 年 3 月 24 日。

④ “马英九访非过境印度孟买必有两岸因素”，（香港）中评社，2012 年 4 月 9 日。

开 FTA 可行性调研的原因所在。但鉴于大陆经济日益强大及国际影响力的不断上升，国际社会在接触台湾问题时更多地顾及大陆的感受，大陆在台湾的国际活动中自然有更大的发言权。台印关系也难例外。这预示着在中国大陆与印度尚未签订 FTA 之前，台印 FTA 能否真正达成，还埋有很大伏笔。经济关系上尚且如此，更不用说政治关系。因此，台印关系的发展离不开大陆因素，且只能赖于两岸关系的深化发展。

3. 台印军事往来或可能成为议题

台印之间的军事往来始于冷战期间，后陆续有若干交流，包括台湾与印度私下进行军事合作，交换军事情报；美国、台湾和印度合作，通过监听站，截取中国大陆的军事情报。台印间的军事合作甚至有升级之势，例如双方利用手中掌握的主战飞机为对方提供训练和参数，另传印度有意售给台湾多艘现役的 209 型潜艇，等等。从中国大陆的立场来看，军事交往是台印关系中最为敏感的层面。因为目前两岸尚未签署政治协议，加上印度的军事战略与军事雄心向来针对中国，台湾以任何借口发展与印度的军事联系都会引起大陆的警觉，也必将增加大陆对印度及台湾的不信任，最终有损于两岸关系以及大陆与印度关系。

综上，台印关系的发展取决于双方对彼此的定位及其政策目标的可行性，以及整个东亚地区乃至国际大背景的变化等因素的影响。但不可否认，从两岸关系以及大陆与印度关系的角度看，台印关系的发展必有大陆因素在其中。目前台印关系的发展还不足以使台湾成为大陆与印度之间的牵制因素，而台印之间加强经济联系对大陆而言，未必只是竞争面的加强，或可成为大陆引领亚洲经济整合的有利因素。但如若台湾以所谓“国际空间”拓展的需求，追求在台印经贸之外发展诸多层次的关系，寻求所谓“国际社会的生存之道”，必将有损于两岸在台湾国际活动上所建立的默契，亦非两岸延续“外交休兵”的可行之道。

马英九上任以来台湾同拉丁美洲关系的进展与困境

张哲馨

拉丁美洲一直是台湾发展对外关系的主要依托和活动重点。台湾当局多年来在该地区苦心经营但进展缓慢，特别是民进党在执政期间顽固推行同中国大陆搞对抗、拼“外交”的路线，致使台拉关系危机频现。马英九上任后对拉丁美洲政策进行了较大调整。随着两岸关系逐渐迈入和平发展阶段，台拉关系也渐趋稳定。目前，台湾不仅同该地区十二个国家保持着“邦交”关系，也与巴西、智利等“非邦交国”有着密切的经贸及文化往来。台拉关系在过去六年里出现了哪些变化？未来发展趋势如何？台湾在拓展台拉关系方面又将面临怎样的困境与出路？对这些问题的研判，不仅有利于把握台湾对外关系的基本走向，也有助于两岸关系和平发展制度化建设的相关思考。

一、马英九当局对拉丁美洲政策的调整

马英九就任台湾地区领导人之际，台拉关系可谓危如累卵。由于民进党当局在执政八年里不惜一切“为台湾正名”，“烽火外交”愈演愈烈，台湾在国际社会的各种小动作不但受到大多数拉美国家的强烈声讨，就连一些“友邦”也频频以“断交”相威胁，向其索要大额经济援助。[①] 鉴于此，马英九早在竞选期间便对民进党政策提出严厉批评，宣告自己将“以非敌对性但有主体尊严的方式”发展两岸关系并扩大台湾的“国际空间”。[②] 2008

---

① 钮汉章：《台湾地区政治发展与对外政策》，北京：世界知识出版社，2007 年，第 251—285 页。

② 马英九在国民党十七大上的演讲，2007 年 6 月 25 日。

年5月20日，他在就职演说中提出将以“尊严、自主、务实、灵活”的原则处理对外关系，标志着台湾对外政策的根本转向。之后近一年时间里，台湾当局的拉美政策基本完成了三方面调整：

1. 推动两岸“外交休兵”，力争稳定现有“邦交”关系

2008年7月24日，时任台湾“外交”部门负责人欧鸿炼在美国《华盛顿时报》上发表文章，称过去台湾争取新“邦交国”的做法令两岸陷入零和对抗，对双方均无好处，如今台湾的优先目标是加强与现有“友邦”合作而非追求新的“邦交国”。[①]紧接着，马英九在该年8月对拉美首次出访时表示，他正积极推动跟北京实行“外交休兵”，在争取“邦交国”和台湾加入联合国的问题上也将谨慎行事。为了体现诚意，他在出访时还尽量避免给人以利用“过境外交”争取他国支持的印象。台湾当局主动提出“外交休兵”，积极扭转陈水扁执政时期同中国大陆对抗的对外政策，不仅为两岸关系的改善增添了有利条件，也使得台湾在拉美地区处于风雨飘摇之中的“邦交”关系迅速稳定并维持下来。

2. 以“积极外交”取代“金援外交”，强化同拉美各国的务实合作

时任台湾“外交部部长”欧鸿炼在2008年9月的一次业务报告中表示，台湾当局将摒弃之前通过高额援助甚至私下贿赂来拉拢各国的小动作，转而进行“回归专业”的“积极外交”，以营造有利于台湾经贸发展的国际环境。他还首次提出今后的援外工作将秉持“目的要正当，手段要合法，执行要有效”的原则，逐步降低机密预算的比例，提升台湾对外援助的效能及形象。[②] 马英九于2009年5月末第二次出访拉美时，再次重申援外三原则，强调以“正派办外交”取代以往的“支票簿外交”，同时表示将尽力协助各“友邦”发展经济，得到各国的普遍理解和支持。

由于台湾在拉美的“邦交国”大都是经济欠发达的小国，台湾当局重点加强与其在中小企业、农林牧渔、环保观光等领域的合作。对于巴西、墨西哥等“非邦交国”，台湾也通过企业、文化团体及非政府组织等渠道，不断加深双方的联系。同时，台湾当局还关闭了驻委内瑞拉、玻利维亚“代表处”等多个绩效较差的对外机构，但增加了对驻巴西、阿根廷等国“代

① Francisco H. L. Ou, “Taiwan Agenda-a pragmatic global approach,” Washington Times, July 24, 2008.

② 欧鸿炼在台“立法院”第七届第二会期上的“外交”业务报告，2008年9月25日。

表处”的投入。这说明，马英九当局在透明政治和有限资源的双重压力下，希望更加有效地利用资源，取得长久的“外交”效果。

值得注意的是，台湾当局一方面减少了“金援”，另一方面加强了人道救助和灾难援助的力度，比如通过台湾红十字会、慈济基金会、国际合作发展基金会等机构，多次向伯利兹、危地马拉、尼加拉瓜等国提供医疗设备及赈灾物资。2010 年 1 月 12 日海地发生大地震后，台湾迅即向当地派遣搜救队并积极运送救灾物资，同时还研究减免海地所欠的债务，以及划拨约 1000 万美元的重建资金。这些积极行动获得了拉美地区的普遍赞赏。

3. 加强“柔性外交”，提升台湾的公众形象及地区影响

所谓“柔性外交”，指通过教育、文化、旅游等部门以及各种基金会、行业协会等非政府组织的对外交往，提升台湾的国际参与度和“软实力”。[①] 马英九上任后，台湾当局进一步提高了对非政府组织的支持力度，如资助其举办或参加国际会议、鼓励其赴海外开展人道救助、协助开办海外“台湾书院”等。例如，2007 年，台湾“外交”部门指导或协助岛内非政府组织参加国际会议等活动共 1897 次。2008 年，这一数字上升到 2171 次，其中以资助参加科技类国际交流最多，之后为医药卫生类、体育类、文化类等。[②] 对于拉美地区，岛内非政府组织的活动重点是提供医疗服务、人道救援及举办各种文化活动。例如，2009 年，台湾当局便资助多批医务团赴伯利兹、危地马拉、尼加拉瓜等国进行义诊，还资助一些乐团及文化团体赴拉美各国举办文艺演出、电影展、台湾图片展等活动。

综上所述，马英九当局对发展台拉关系采取了以“外交休兵”、“积极外交”和“柔性外交”为主要内容的“活路外交”思路。其中，“外交休兵”是争取稳定台拉关系，避免再次出现大规模动荡的前提；“积极外交”和“柔性外交”则是加强台拉关系的两个相互促进的方面。[③] 根本目标是在改善两岸关系的基础上，丰富和拓展同拉美各国的实质关系。

---

① 欧鸿炼在台“立法院”第七届第二会期上的“外交”业务报告，2008 年 9 月 25 日。

② 台湾地区《“外交”年鉴》，2007 年及 2008 年。见台湾“外交部”网站。

③ 对“活路外交”实质特征的评论，见徐晓迪：“马英九当局‘活路外交’策略评析”，《台湾研究》，2010 年第 1 期，第 53—57 页。另见林冈，刘婧：“台湾当局‘活路外交’评析”，《上海交通大学学报（哲学社会科学版）》，2009 年第 4 期，第 20—27 页。

二、2008 年以来台拉关系的发展

随着马英九当局对拉美政策的调整以及两岸关系逐渐进入和平发展阶段，台湾同拉美地区的各方面联系不断扩大，台拉关系已从陈水扁当政时期的偏重政治交往转向促进政治、经济、人文、民间交流等多领域发展。

政治上，台湾方面通过高层互访、“议会外交”等形式，巩固了现有“邦交”关系，并在一定程度上扩大了同“非邦交国”的官方联系。

马英九上任后前四次出访均在拉美地区，又在 2013 年 8 月一口气访问了海地、巴拉圭及圣卢西亚、圣文森、圣基茨和尼维斯等五国，至此，马英九已访遍台湾在拉美的所有“邦交国”。出访过程中，马英九一方面积极打造“正当外交”的形象，以加强经济合作和“金援”透明化来巩固“邦谊”；另一方面也非常注重培养与“友邦”领导人的个人情感，甚至通过夫人周美青的“夫人外交”，树立公众亲善形象。[①] 同时，台湾“外交”、“国防”、经济、安全等主要部门负责人以及多位“立法委员”也与拉美各国相应部门频繁互访。仅 2009 年，台湾同拉美“邦交国”之间省市长级以上官员以及“立法委员”与国会议员之间的互访就达 127 批次。此外，台湾经济、侨务等部门负责人还赴巴西、墨西哥、秘鲁等“非邦交国”进行交流，而这些国家的多位议员与行政官员也访问了台湾。

通过这些互访，台湾当局不但进一步巩固了在拉美的“邦交”关系，并争取到这些国家在联合国大会上支持台湾参与国际民航组织、世界卫生组织等国际组织，而且一定程度上提升了与“非邦交国”之间的实质关系，如争取到绝大多数拉美国家的免签证待遇，使台湾民众可享受免签或落地签证的国家从 2008 年的 54 个国家和地区上升到 2013 年的 134 个。

值得注意的是，台湾高层借出访拉美开展“过境外交”又有上升之势。例如，马英九曾计划在 2008 年 8 月访问巴拉圭期间过境纽约，遭到美方拒绝。然而，他在 2013 年 8 月出访拉美前提出过境纽约和洛杉矶，却得到美方“高规格接待”的承诺。在美期间，马英九不但参观了 9·11 遗址、纽约大学和台侨组织“中华公所”等，还同美国一些重量级国会议员及其他

---

① 严安林：《台湾对外关系大变局：2008—2010》，上海社会科学院出版社，2011 年，第 242—243 页。

政要会面或进行电话交谈。尽管为贯彻“低调、零意外”的原则，马英九团队对随团记者采取了严格的采访限制，但这些活动表明，台湾高层在刻意对媒体“敬而远之”的同时，“单纯过境”美国的活动空间有扩大之势。①

经济方面，台湾同一些“非邦交国”的贸易规模有较大提升，但与“邦交国”之间的经贸往来进展不大。

总体看，尽管台拉贸易受全球金融危机影响一度出现下滑，但在2010年之后开始逐渐回升。据统计，台湾与拉美12个“邦交国”的贸易总额从2007年约8.7亿美元提高到2012年的10.3亿美元，同一些“非邦交国”的贸易则出现大幅增长，特别是与巴西贸易从2007年的30亿美元增加到2012年的50.3亿美元，与墨西哥贸易更从21亿美元增加到65.5亿美元。主要原因在于，台湾过去几年大幅提高了对巴西农产品及工业原材料的进口，而对墨西哥的电子和技术设备出口增长近三倍。②

为推动与拉美各国的经贸联系，台湾当局要求驻外机构积极协助台商开拓商机，并将促进“经贸外交”的成效列入年度考评指标。此外，每年还组织多个投资贸易团赴拉美进行洽商，并同巴西等主要贸易伙伴之间定期举行经济联席会议或商业会展。在台湾当局于2008年3月出台的“鼓励业者赴有邦交国家投资补助办法（修正案）”的刺激下，台商对拉美投资也有一定增长，如对墨西哥的投资从2007年底的184家共1.6亿美元增长到2012年底的270家共4.7亿美元；对巴拿马的投资从58家共10.8亿美元上升至77家共14.7亿美元，等等。尽管如此，由于拉美地区整体经济发展程度不高，商营环境较差，台湾企业对赴拉美投资兴趣并不大。

多边合作领域，台湾借助联合国之外的地区组织平台，继续强化现有“邦交”关系，并逐渐拓展与“非邦交国”的交流合作领域。

多年来，台湾一直以成员国或观察员身份，积极参加拉美地区各种功能性多边组织活动，借机寻求地区性“外交突破”。其中较重要的有中美洲统合体（SICA）、美洲开发银行（IDB）、中美洲银行（CABEI）、中美洲军事会议（CFAC）、中美洲议长论坛（FOPREL）等。以美洲开发银行为例。台

① 童立群，严安林：“2012年台湾对外关系综述”，载周志怀主编，《台湾2012》，九州出版社，2013年，第93—94页。

② 2012年台湾进出口数据，见 http://www.worldsrichestcountries.com/top_taiwan_exports.html 以及 http://www.worldsrichestcountries.com/top_taiwan_imports.html（2013年12月20日访问）。

湾自1991年以观察员身份出席该组织理事会起，每年都组团参加年会并逐渐扩大与该机构的合作。目前，台湾当局成立的“国际合作发展基金会”（“国合会”）不但注资1500万美元，在该机构下设立“金融机构发展基金”，协助会员国执行有关基础建设、农业、环保等方面的发展计划，还经常提供发展基金或贷款，帮助拉美各国小微企业的发展。①

马英九上任后，台湾一方面努力加入新的功能性多边组织，如在2010年成为美洲热带鲔鱼委员会（IATTC）的正式会员，另一方面通过现有平台，强化了与拉美各国的经济合作。例如，“国合会”于2009年同中美洲银行签署“中美洲微小中型企业转融资第二阶段计划”合作备忘录，承诺增加对中美洲银行的资金注入；2012年，台湾又与美洲国家组织（OAS）所属的泛美发展基金会（PADF）共同设立“灾难救援及重建基金”，为期五年，旨在协助拉美地区进行灾害预防与救助。通过这些活动，台湾当局不仅期望巩固在拉美的“邦交”关系并加强同“非邦交国”的实质关系，还企图借机加入南方共同市场（MERCOSUR）、美洲国家组织等覆盖更广泛的功能性组织，进一步扩大台湾在拉美地区的影响。

文化和民间往来上，台拉交流项目逐年增长，台湾对拉美的“公共外交”取得一定成效。

马英九当局一直把“公共外交”和文化交流为主的“柔性外交”当作提升台拉关系的重要手段。近年来，台湾除积极推动“网络公共外交（E-diplomacy）”，并在一些拉美国家设立“台湾书院”外，还为拉美各国学生提供越来越多的奖助学金名额，或者派遣教师对当地学生进行职业技术培训。例如，2012年台湾为秘鲁提供了68个奖学金名额，比2008年多出一倍以上；2009年至2011年，台湾在墨西哥设立五座ADOC 2.0数据学习中心，在计算机技术、网络应用及汉语方面为该国培训近8000人次中小学生。此外，台湾当局还支持和鼓励各种文化团体赴拉美国家进行交流，如参加电影节、摄影展、旅游观光展等。为促进台拉青年交流，台湾“外交部”成立了“推动青年参与国际事务专案小组”，推出“国际青年大使交流计划”、“外交小尖兵”等学习交流项目，并于2013年6月开通“台湾青年FUN眼世界”网站，促进双方年轻人的相互了解。这些举措对台湾在拉美地区广

---

① 财团法人国际合作发展基金会：http：//www. icdf. org. tw/lp. asp？ctNode = 29684&CtUnit = 136&BaseDSD = 100&mp = 1#计画一览（2013年11月18日访问）。

植人脉、扩大影响起到了很大作用。

三、台拉关系面临的困境及前景

尽管台拉关系自马英九上任以来取得了许多进展，但仍然存在一些难以克服的困难和挑战。如台湾当局未能以长远眼光主动应对，台湾同拉美地区特别是现有“邦交国”之间仍可能出现变数，使台湾的“外交”关系陷入新的动荡。

首先，两岸经济总量差距以及台湾自身经济结构，决定了台拉经贸关系缓慢发展的必然趋势。

中国大陆庞大的经济体量和稳健的发展势头，对拉美各国产生越来越大的吸引力，很大程度上转移了这些国家同台湾发展关系的兴趣和意愿。尽管台湾当局近年来一直努力促进台拉经贸往来，但在贸易规模及增长幅度上仍远不及中国大陆（见表一）。投资方面同样如此。截至2011年底，中国大陆对拉美地区直接投资净额达119.4亿美元，而台湾投资额仅为此数的1/6。值得注意的是，即使台湾的“邦交国”，与中国大陆的经贸联系也远超台湾。同时，由于台拉贸易长期严重失衡，基本上以台湾出口为主，而占台湾企业总数超过98%的中小企业一般都缺乏对拉美地区投资的动力，台湾要加快提升与拉美地区的经贸关系实有相当难度。

表一　2007—2012年中国大陆以及台湾同主要拉美国家的贸易增长

（单位：亿美元）

	大陆		台湾	
	2007	2012	2007	2012
巴西	297.1	855	30	50.3
阿根廷	99	144.3	4.2	4.4
智利	147	332.4	21.1	23.4
秘鲁	60.2	138	6.1	6.2
委内瑞拉	58.6	238	2.2	—
哥伦比亚	33.6	93.8	3.5	4.9
巴拿马*	55.9	154.1	2.6	2.6
巴拉圭*	4.9	13.8	0.8	0.7
危地马拉*	8.4	13.5	1.7	1.9

续表

	大陆		台湾	
	2007	2012	2007	2012
洪都拉斯*	2.4	13.1	0.7	0.8
尼加拉瓜*	2.2	5.8	0.5	1.0
墨西哥	149.7	366.8	21	65.5

* 现为台湾“邦交国”。

数据来源：中华人民共和国国家统计局、外交部、商务部以及台湾“外交部”网站。

其次，一个中国原则为台湾发展同拉美“非邦交国”的政治关系设了一条不容逾越的红线。

中国大陆在对外关系中一贯坚持一个中国原则，任何与中国大陆建交的国家都不会公然同台湾发展官方关系。虽然台湾与一些拉美“非邦交国”之间仍不时进行官员和议员互访，巴西、智利、秘鲁等国的亲台国会议员也组成“对台小组”，不断鼓动本国政府发展同台湾关系，但这些国家为自身长远利益计，均不可能同台湾建立机制性的官方联系。这反过来也在一定程度上影响到双方在经贸、文化等领域的交流合作意愿。

再次，台湾现有“邦交国”均过弱小，对台湾在拉美影响力的提升难有很大助益。

台湾虽然在该地区仍有 12 个“友邦”，但这些国家无论在人口、面积和经济总量上，还是在地区影响力上，均不能同巴西、墨西哥、智利等地区主要国家相比。如圣文森特和格林纳丁斯面积为 389 平方公里，人口 11 万；圣基茨和尼维斯国土面积仅 267 平方公里，人口尚不足 5 万。就连巴拉圭这个台湾所有“邦交国”中面积最大的国家，人口也仅有 660 万，经济和社会发展水平亦居南美洲下游。这一现实不仅严重限制了台湾同这些国家之间的经贸、文化合作潜力，也使台湾难以借“友邦”的支持扩大地区影响。

最后，随着两岸综合实力和国际地位的差距不断扩大，台湾在拉美地区的相对影响力必将愈来愈弱，要保持同拉美“邦交国”的关系也将愈加困难。

过去几年，一些拉美国家已多次表明与中国建交的愿望，另一些国家则大大加快了同中国大陆合作的步伐，如尼加拉瓜政府批准中国企业家投资 400 亿美元经费开凿连接加勒比海与太平洋的大运河、危地马拉政府欢迎中国能源企业参与电站建设项目，等等。[①] 2013 年 11 月 14 日，西非国家冈比亚总统办公室突然宣布与台湾“断交”，令台湾的“邦交国”数量降至 22 个，再次引发岛内人士对台湾同拉美关系的担忧。未来，即便大陆出于善意而不急于同台湾现有“邦交国”建立关系，类似冈比亚突然单方面宣布与台湾“断交”的情况也很可能在拉美地区重现。

四、台湾在发展台拉关系上的现有基础和未来出路

当然，就台拉关系的基础而言，台湾方面也并非全无优势。总体看，台湾在拉美地区有四个较为有利的条件：（1）双方有较深的历史渊源。由于该地区大多数国家直到 20 世纪 70 年代仍同台湾保持“外交”关系，双方在政治、经济、文化等各领域都有着广泛的联系。例如，台湾与巴西虽然于 1974 年“断交”，但双方仍互设商务及经济文化办事处，并以非官方组织名义定期举行经济联席会议及一些体育、文化活动，政府官员和议员之间的互访也较频繁。（2）台湾在意识形态领域仍有一定话语权，其 20 世纪 80 年代以后较为顺利的民主化进程，对于不少经历了长期民主化改革却未取得显著成效的拉美国家来说，是一个可供研究和借鉴的例子。（3）台籍侨民组织对所在国社会有一定影响力。如巴拉圭拥有约 5000 名、阿根廷拥有近万名台籍华侨，成立了数十个社团及慈善团体，对当地舆论及政策走向的影响不可小觑。[②]（4）台湾对该地区的援助倾向于走“亲民路线”。无论是技术合作还是人道援助，一般都以中小企业及中底层民众为主要目标，如为社区医院提供医疗设备、为中小学校提供电脑、桌椅和玩具，以及派遣志愿者深入当地社会提供各种专业服务。这对于争取当地民众的好感有很大帮助。

尽管如此，随着中拉关系的快速发展，台湾能否继续维持在拉美地区的“邦交”关系并进一步拓展同拉美各国的合作往来，关键取决于台湾当局是否有足够的决心和能力加强以下三方面的努力：

第一，能否继续深化扩大同拉美地区在各方面的交往与合作。这不但需

---

① 据台湾《自由时报》报道，2008 年以来至少有洪都拉斯、萨尔瓦多、多米尼加、巴拉圭及梵蒂冈等五个国家努力寻求同中国大陆建交，并随时准备同台湾“断交”。见人民网 2013 年 11 月 18 日报道：http：//military. people. com. cn/n/2013/1118/c172467 – 23570679. html。

② ［西］Francisco L. P. Exposito，柳嘉信等译：《台湾与拉丁美洲关系》，丽文文化，2006 年，第 203—204 页。

要台湾当局坚持对拉美地区开展重在经贸和文化联系的“积极外交”和“柔性外交”，还要求台湾方面彻底消除拉美“邦交国”对台湾“金援”的过分期待。在冈比亚宣布同台湾“断交”后，马英九再三强调“不会靠‘金援’买回友谊”，是朝此方向迈了一大步。此外，台湾还需利用自身原有同拉美关系基础，在经贸、技术援助及文化交流等具体领域加强同拉美各国的联系。例如，台湾中华战略学会研究员向骏曾撰文批评台湾当局对外文化交流偏重欧美国家，未能如计划的那样同拉美地区建立文化交流机制；他还建议考虑“台湾书院”与“孔子学院”未来在拉美地区进行合作，携手发挥中华文化软实力。[①] 只有整个拉美地区包括社会经济发展相对落后的“邦交国”在经济、技术、社会、文化等各方面都能长期受惠于同台湾的关系，台拉关系方有望走上稳定发展的轨道。

第二，能否与大陆充分协商，就两岸关系和平发展阶段台湾的“邦交”关系问题作出合理安排。尽管人们一般认为，台湾对外关系的发展，包括维持现有“邦交”关系不变，有利于增进两岸互信，是有利于两岸关系和平发展的。[②] 然而，冈比亚“断交事件”表明，并非大陆方面有意“挖台湾墙角”，而是一些国家急于同中国大陆建立关系而主动“离弃”台湾。如何尽量避免此类突然事件再次发生？一旦出现，两岸又应当如何处理？这些都是台湾当局必须直面的问题。有大陆学者已提出两岸双方互邀对方派代表参加己方驻外使领馆、在时机成熟时共组代表团以“中国”名义同所有外国建立外交关系等建议。[③] 台湾方面应对此予以积极考虑。

第三，能否尽早准备好两岸政治对话，解决双方的政治定位问题。唯有如此，台湾才能真正摆脱“邦交国”越来越少、国际参与程度进展缓慢的困境，从而开启两岸在国际上从“公用”到“共享”中国主权的新时代。[④] 台湾各界亟需认识到，无论未来的台拉关系还是台湾整体对外关系的发展，最终还是要回到“一个中国”共识和两岸统一愿景上来。这一愿景的确立，不但将使台湾方面对“邦交”问题的忧虑彻底成为过去式，还有利于保障

---

① 向骏：“北京会合理安排台湾‘国际空间’吗?”新加坡《联合早报》网：http：//www.zaobao.com/special/report/politic/taiwan/story20130808 -238346（2013 年 8 月 8 日）。

② 李义虎：“台湾的‘国际空间’问题”，《国际政治研究》，2012 年第 2 期，第 8—9 页。

③ 朱卫斌：“关于台湾‘国际空间’问题的几点思考”，《广州社会主义学院学报》，2008 年第 3 期，第 52 页。

④ 俞新天：“中国主权理论的发展与扩大台湾涉外活动的思考”，载俞新天主编，《上海台湾研究（第十二辑）》，上海台湾研究所，2013 年，第 215—223 页。

和拓展两岸双方在拉美乃至世界的投资、经贸、海外公民保护、文化合作交流等海外利益，对包括台湾人民在内的中华民族来说均善莫大焉。

结束语

长久以来，台湾与拉美地区特别是“邦交国”的关系一直保持着“政热经温”的趋势。尽管马英九上任后大力促进双方在经济、文化等领域的交流合作，但短期看难有实质性突破。未来几年，如何稳住在拉美地区的“邦交”关系仍将是台湾当局对拉美“外交”工作的首要目标。中国大陆无疑是影响台拉关系发展的最大因素，而拉美国家自身政策的变化也会给台拉关系带来一些新的变数。这意味着台湾方面决不可期待着仅凭大陆的善意便可确保台湾在拉美的“邦交”地位无虞，而必须将未来台拉关系特别是与一些“邦交国”的关系置于两岸问题的最终解决框架中考虑。可以说，台拉关系的未来走向对处于和平发展阶段的两岸关系而言，既是一方测试两岸政治意志与智慧的“试金石”，也可能为双方加快政治协商步伐创造新的机遇。

第五编

国家统一与历史借鉴

国家统一是中华民族历史形成的国家观

许世铨

中国民主革命的伟大先行者孙中山先生说过：“中国是一个统一的国家，这一点已牢牢地印在我国的历史意识之中，正是这种意识才使我们能作为一个国家被保存下来。”① 他还说过：“‘统一’是中国全体国民的希望。能够统一，全国人民便享福；不能统一，便受害。”②

自1949年台湾问题形成以来，中国大陆也承续了孙中山先生所说的中华民族历史意识中的国家统一观念，始终把解决台湾问题、完成祖国统一大业作为对历史负责、对民族负责的神圣使命，并把它写入了崇高的《宪法》。1982年1月11日，邓小平在会见美国华人协会主席李耀滋时就说：“国家的统一是我们整个中华民族的愿望。这不仅有利于子子孙孙后代，在中国五千年的历史上也是一件大事。我们是从这样的角度着想和对待这个问题的。”③ 1986年9月2日，邓小平在接受美国记者华莱士采访时回答了他提出的“台湾有什么必要同大陆统一”的问题。他列举了三个理由：“首先是个民族问题，民族的感情问题。凡是中华民族的子孙，都希望中国能统一，分裂状况是违背民族意志的。其次，只要台湾不同大陆统一，台湾作为中国领土的地位是没有保障的，不知道哪一天又被别人拿走。第三点理由是，我们采取‘一国两制’的方式解决统一问题。大陆搞社会主义，台湾搞它的资本主义。这对台湾的社会制度和生活方式不会改变，台湾人民没有

---

① 中国社科院近代史所等编：《孙中山全集》（第六卷），中华书局，1981年版，第528—529页。

② 中国社科院近代史所等编：《孙中山全集》（第九卷），中华书局，1981年版，第304页。

③ 中共中央文献研究室编：《邓小平思想年谱（1975—1997）》，中央文献出版社，1998年版，第212页。

损失。”①

出于这样的基本理念，早在1978年底，中国共产党召开十一届三中全会，做出改革开放的战略抉择，同时把台湾回归祖国、完成祖国统一提到具体日程上来，列为20世纪80年代的三大任务之一。中共十六大又把完成国家统一作为21世纪的三大任务之一。

一、国家统一是世界各国历史的普遍结论

当今世界上不同民族和国家的国家观念和政治制度不尽相同，但这种差异无不是因历史背景和经历的不同而不同，但是国家统一几乎是各国历史的共同结论。

以美国为例，其历史虽然不到300年，但它的立国理念和政治制度也深深铭刻着历史的记忆。美国是17世纪初期出现的从欧洲流向北美洲的移民大潮所产生的移民国家。从1607年来自英格兰的移民在弗吉尼亚的詹姆斯敦建立第一个永久定居点，到1776年7月4日十三个英国北美殖民地发表《独立宣言》，这一百多年的历史形塑了体现在1789年3月4日制定的《美利坚合众国宪法》中的国家观念和制度——行政、立法、司法三权分立的复合型联邦制国家。历史学家认为美国这种国家观是受到了三大历史因素的影响：殖民地时期所积累经验；承袭了英国的议会制度；受到法国政治哲学的熏陶。②

英国和其他欧洲国家早期移民都是为了摆脱贫困、政治压迫和宗教迫害而背井离乡来到北美洲的。因此追求幸福和自由成为他们的人生哲学。众所熟知的《独立宣言》中的名言概括了这种理念：“我们认为下面这些真理是不言而喻的：人人生而平等，造物者赋予他们若干不可剥夺的权利，其中包括生命权、自由权和追求幸福的权力。”这一理念也被载入美国《宪法》之中。

为了维护他们的理念，十三个英属殖民地和来自伦敦的专制殖民统治进行了不懈的斗争。据美国驻华大使馆文化处编译出版的《美国历史简介》

---

① 中共中央文献研究室编：《邓小平思想年谱（1975—1997）》，中央文献出版社，1998年版，第360页。

② 丹尼尔·布尔斯廷：《美国人：建国的历程》，谢延光译，上海译文出版社，1997年版。

一书描述，在反抗英国殖民统治的“艰苦岁月中”，十三个殖民地“相互协助已被证明非常有效”，因而萌生了“国家意志和统一愿望，并且也为国家主权的观念，提供了某些实质内容”。1781年，由十三个殖民地筹建的十三个州组成了“邦联”。但是邦联是十分松散的，如乔治·华盛顿所言，它只是一根“沙土制成的绳索”，不能适应这个生机勃勃的新生国家的发展需要。仅仅六年之后，十三州的代表在费城召开制宪大会，经过十六个星期的认真讨论，于1787年9月17日庄严地签署了《宪法》。在各州会议相继通过《宪法》之后，《美利坚合众国》政府于1789年3月4日正式成立。①

联邦政府的形态深受17世纪英国思想家洛克的法律观念和天赋权利学说，特别是法国思想家孟德斯鸠的“权力平衡”（balance of power）理论的影响。联邦政府由立法、行政和司法三个平等、合作但又相互制衡的部门组成。立法部门则由参议院和众议院组成，延续了殖民时期的立法组织和英国议会上下两院的制度。

虽然美国采取了均权的联邦国家制度，但是联邦“永久性”则是美国立国之本。美国是通过武装斗争赢得独立的，也是通过战争维护了联邦的完整和统一。1861年爆发的“南北战争”，导火线是有关奴隶制度的争议，但其实质是维护联邦统一、反对分裂国家。领导这次反分裂战争的林肯总统的一句名言是他引用圣经上的一句话：“分裂之家不能持久。”而南北战争的结果则坐实了林肯在他首任总统就职演说中的另一句名言：“联邦乃是永久性的。”“联邦是永恒的”成为“美国历史的基调”。② 孙中山先生也说过：“美国之所以富强，不是由于各邦之独立自治，还是由于各邦联合后的进化所成的一个统一国家。所以美国的富强，是各邦统一的结果，不是各邦分裂的结果。”③

而中国有实证的五千余年文明史则孕育了中华民族的国家观：建立在中华文明基础之上、主权单一、领土完整、多民族的统一国家。这一国家观从国家形态出现之后，其核心内容孕育、发展、成熟，并深深浸润在一代又一代炎黄子孙的心中。国家必须统一成为历史的结论；是否致力于国家统一成为衡量历史人物的标准。

---

① 美国驻华大使馆新闻文化处编：《美国历史简介》，1982年版，第1、2、3章。

② 美国驻华大使馆新闻文化处编：《美国历史简介》，第5章。

③ 中国社会科学院近代史所等编：《孙中山全集》（第九卷），中华书局，1981年版，第304页。

中国最早表达近似现代意义上的国家主权和领土是统一完整这一观念的，可能是《诗经 · 小雅 · 古风之北 · 北上》中的诗句：“普天之下，莫非王土；率土之滨，莫非王臣。”虽然该诗的原意不是讲国家观念的，但是它被后世奉为中华民族国家观的圭臬。有的中国学者认为《春秋》时期中国实际上是一种“国家联盟”，笔者不能认同。周王朝实行的是“大封建”制度，周天子分封土地给宗室成员，分守王朝疆土，各诸侯国奉周天子为“天下的大宗”。[①]《春秋》时期周王室衰微、诸侯称霸，但国家体制仍存在，所以孔子说，“天无二日，士无二王”，“春秋五霸”都要打“尊王”的旗号。《左转 · 昭公七年》记述了楚国芋尹申无宇和还是令尹时的楚灵王的一段对话。申无宇说：“天子经略，诸侯正封，古之制也。”“故诗云：‘普天之下，莫非王土。率土之滨，莫非王臣’。”西汉时的文学家司马相如在奉命出使西南、开发边疆时，用赋体撰写了著名政论文《难蜀父老》。他批驳了一些蜀地父老和朝中大臣反对开发西南的错误言论和主张，指出开发西南事关国家统一和西南民族文明进步，并引用“普天之下，莫非王土；率土之滨，莫非王臣”，作为立论的依据。[②] 虽然中国的封建王朝时代早已结束了，但《北上》的这一诗句所表达的现代意义上的国家主权和领土是完整的、是不可分的观念不但是中国人世代相传的历史记忆，它也是现代国际法所公认的准则。

二、“大一统”理念下的国家统一观

中华民族传统国家观中的另一个重要理念是“大一统”。“大一统”的历史观和政治理论是儒家的思想，但孔子本人并未使用过这三个字。首创“大一统”这一命题的是《公羊春秋》的作者公羊高。《公羊春秋》开宗明义的第一句话就是：“元年，春，王正月。元年者何？君之始年也。春者何？岁之始也。王者孰谓？谓文王也。曷为先言王而后言正月？王正月也。大一统也。”

对于“大一统”所表达的《春秋》“大义”，历史上的“大儒”们，如董仲舒等的论著可以说是汗牛充栋，不胜枚举；仅就现在而言，《辞海》的

① 范文澜：《中国通史简编》，河北教育出版社，2000 年版，第 37—39 页。

② 平飞、樊晓印：“《公羊传》大一统思想新探”，载《兰州学刊》2008 年第 2 期。

解释是："大，犹言重视、尊重；一统指天下诸侯统一于周天子。后世因称封建王朝能统治全国为大一统。"[①] 台湾学者李新霖认为，"大一统""意指公羊传重视一统，一统代表天下在王者领导下，无内外之别，无文野之异，政治社会安定和谐，为一可用王道价值衡量世界。"[②] 大陆已故历史学和经学大师杨向奎教授在他的专著《大一统与儒家思想》一书中，对"公羊学派"的"大一统"历史观和政治理论有更为全面详尽的论述，并给予了高度评价。他说："大一统义倡自《公羊》，汉末何休（《春秋公羊解诂》的作者—笔者注）发扬光大之，千百年来此义深入人心，变成我国民族之间之凝聚力，都是炎黄子孙，华夏文明，始终应当一统。"有的学者把"大一统"观念分解为"大王统"、"大文统"和"大始统"，杨教授则指出，"大一统"思想"是一种内容丰富，包括有政治、经济、文化各种要素在内的'实体'，而文化的要素有时占重要地位"。据笔者寡闻所见，"大一统"国家观中的"文化要素"应是其核心，可以说是一种"文化中心论"，或"文明中心论"。前香港中文大学校长金耀基先生说过："中国是一个国家，但它不同于近代的民族国家（nation state），它是一个以文化而非种族为华夷区别的独立发展的政治文化体，或者称之为'文明体国家'（civilizational state），它有独特的文明秩序。"也就是说，中国不是由先天的"血缘"而是靠后天创造的"文明"而孕育产生的。正是从华夏文明是中国本源的观念出发，"大一统"的国家观有几个重要内涵。[③]

首先，国家"一统"的标志，不是国家政权是否"统一"，而在"华夏文明"的存在；也就是说，代表华夏文明的中国的存在，不受国家治乱的影响，它是永恒的。公羊高被史家考据为战国时代的人。春秋战国是"古今一大变革之会"，先有春秋五霸，后有战国七雄，周王室已经名存实亡，为什么公羊高还倡言"大一统"呢？公羊学者认为这是"实不一统而文一统"。事实上，虽然当时是五国争霸、七国争王，但这些纷争都是在作为政治文化体的中国内进行的：春秋五霸是在"尊王攘夷"的口号下争中国的实际控制权；而战国七雄争的是取代周王朝的中国最高统治权，用贾谊《过秦论》中的话说，是都在"窥周室"，都"有席卷天下，包举宇内，囊

① 杨向奎：《大一统与儒家思想》，北京出版社2011年版，第1页。

② 李新霖：《春秋公羊传要义》，（台北）师范大学国文研究所博士论文，1984年，第一章。

③ 计秋枫："'大一统'的思想来源及其历史影响"，载《光明日报》2008年6月21日。

括四海之意，并吞八荒之心”；最后秦始皇“振长鞭而御宇内，吞二周而亡诸侯”，完成了统一中国大业，开创了延续两千余年的中央集权的封建制度。这种“文一统”的观念，用到现代国家理论上，可以说是“法理上的统一”；用到两岸关系今天的实际，就是胡锦涛前总书记所说的“1949 年以来，尽管两岸尚未统一，但大陆和台湾同属一个中国的事实从未改变。这就是两岸关系的现状”。[①] 他进一步阐述：“1949 年以来，大陆和台湾尽管尚未统一，但不是中国领土和主权的分裂，而是上世纪 40 年代中后期中国内战遗留并延续的政治对立，这没有改变大陆和台湾同属一个中国的事实。”[②]

当然，“文一统”和“统一”的政治含义是有区别的。李新霖先生认为“一统”和“统一”的区别在于，“所谓一统者，以天下为家，世界大同为目标；以仁行仁之王道理想，即一统之表现。然则一统需以统一为辅，亦即反正须以拨乱为始。所谓统一，乃约束力之象征，齐天下人人于一，以力假仁之霸道世界，即为统一之结果。‘一统’与‘统一’即有高下，公羊传又每在霸道中展现王道，见‘统一’寓于‘一统’中，自可知矣”。[③] 大陆历史地理学者葛剑雄教授在他所著《统一与分裂——中国历史的启示》一书中认为：“统一的主要标准应该是政治上的服从和一致，而不能仅仅根据制度上的相似和文化上的类同。”他还指出，中国历史上的中国代表了完善的国家制度和先进的文明，对周围的一些政权有很大的吸引力，但不能认为那些模仿和学习中国文化的政权就被中国“统一”了。[④] 他的观点提醒人们要正确地理解“统一”的观念。然而，正是因为受到“文一统”的“文明中心论”的浸淫，中国历代封建王朝对某些周边的国家或政权都采用了所谓的“封贡制度”，而不像昔日“大英帝国”那样的西方强权，用武力夺取和占领境外的土地，建立“日不落帝国”，在世界各地实行直接的殖民统治。据史料记载，公元 1753 年，菲律宾苏禄国苏丹曾上《请奉纳版图表文》给乾隆皇帝，请求将本国土地、丁户编入中国版图，但被谢绝。当然，“封贡制度”是封建时代皇帝们的“大国沙文主义”表现，早已为中国人民所

---

① “胡锦涛提出新形势下发展两岸关系四点意见”，新华网，2005 年 3 月 4 日，http://tw.people.com.cn/GB/26741/178564/178571/10684528.html。

② “胡锦涛在纪念〈告台湾同胞书〉发表 30 周年座谈会讲话”，新华网，2008 年 12 月 31 日，http://www.xinhuanet.com/tw/20081231/。

③ 李新霖：《春秋公羊传要义》，第一章，第 40 页。

④ 葛剑雄：《统一与分裂——中国历史的启示》，生活·读书·新知三联书店，1994 年版，第 84 页。

摒弃。

“大一统”的“文明中心论”使得历代统治者无不把倡导和维护中华文明作为其统治的基础；入主中原的少数民族统治者无不吸纳和融入中华文明以赢得其统治的合法性；知识分子则不断丰富、发展其理论内涵和制度实践，使得中华文明成为世界上唯一完整传承至今的古代文明。然而当“文明中心论”走向了极端，变得妄自尊大、故步自封、坐井观天的时候，那么昔日的文明就转化为现实的落后。当17世纪英国发生工业革命，欧洲从中世纪的封建社会进化为近代资本主义的时候，中国的清王朝还沉浸在“康乾盛世”的痴迷之中，仍以“天朝大国”自居，闭关自守、关起门来做皇帝，结果“先进变落后”。从1840年鸦片战争开始，西方列强用坚船利炮粉碎了中国统治者的“天朝”梦，于是先有康梁“戊戌变法”，后有孙中山领导的民主革命，中国开始了创建现代中华文明的进程。

三、与时俱进的国家统一观

1949年以后，大陆在承续中华民族优秀传统的同时，也与时俱进地处理国家统一问题。自从邓小平提出“一国两制”的理论之后，大陆的统一观已经有了创新性的发展，不完全要求绝对的“政治上的服从”和制度上的一致，首创了一个国家中允许存在不同社会制度的理论。这一理论在香港和澳门获得了成功地实践，证明它是正确、可行的。在两岸关系上，胡锦涛也提出了上文所说的论述。借鉴“大一统”的观念，现在两岸关系的这种特殊情况，也就是尚未统一，但主权和领土并未分裂，两岸同属的“一中”是否可以称为“一统的中国”呢？

关于中国的统一与分裂问题，最为中国人熟知的名言莫过于《三国演义》开篇的那句话：“话说天下大势，分久必合，合久必分。”表面上看，作者罗贯中是机械的“历史循环论”者，但他紧接上文又说：“周末七国纷争，并入于秦。及秦灭之后，楚、汉分争，又并入于汉。”“分久必合”应当是罗贯中历史观的主导方面。实际上，《三国演义》最终的结局也是“降孙皓三分归一统”。正如杨向奎教授所言：“盖自有《公羊》大一统学说以来，浸入人心，遂无不以中国之一统为常，而已分裂为变。”也就是说，中国历史上的分裂是暂时的变动，而统一则是历史的必然。①

关于中国历史上的分裂问题，笔者认为，不应一概予以负面的排斥与批判，而应依据一分为二的辩证法和实事求是的唯物论来对待。中国历史上确实有为了个人的权欲，分裂国家、武装割据，甚至甘当“儿皇帝”的石敬瑭之流，但他们已经永远地被钉在历史的耻辱桩上，不齿于中华民族。但是如果以中国历史发展的宏观视野来看，可以说分裂是中国社会“新陈代谢”进化过程中不可避免的一个阶段。

中国分裂的典型情况是由于旧政权腐败没落，或残暴失德而分崩离析，于是群雄并起，自立为王，如秦末之楚汉相争、汉末之三国鼎立。但是这些制造了分裂的“群雄”是要逐鹿中原、改朝换代，要做中国的新主人，而不是为了分裂中国，就像毛泽东主席诗词中所说的那样，“江山如此多娇，引无数英雄竞折腰”。所以，分裂之后，必有社会进步的统一，如战国之后的秦始皇大统一，开创了中央集权的封建制度；楚汉相争之后的汉朝统一，出现经济恢复发展的“文景之治”和汉武帝开通“丝绸之路”和驱逐匈奴、巩固边疆的“文治武功”。所以范文澜先生说：“新朝代的兴起，总有一个社会比较安静的时期，民众多少获得一些休息的机会。等到这个朝代的暴君出现，一个新朝代又起来代替它。”他认为，这种朝代的递嬗“是有积极意义的”。②

中国历史上分裂力度之大、时间之长、破坏之巨莫过于南北朝时期。从公元 386 年至 534 年近三百年的时间里，匈奴、鲜卑、羯、氐、羌等五个少数民族在中原地区先后建立了十六个王朝，烽火连年、生灵涂炭，造成了巨大的破坏。而公元 420 年至 589 年的南朝，则经历了宋、齐、梁、陈四朝“城头变幻大王旗”的动荡年代。但在唯物史观者看来，南北朝特别是北朝十六国频繁的战乱造成了巨大的灾难，但又是不可避免的。旧时史学家称北朝时期是“五胡乱华”，但是柏杨版的《通鉴纪事本末》一书却把它称之为“华乱五胡”。柏杨先生认为是西晋王朝的“腐败和肆虐”使得各少数民族起兵反抗，建立自己的政权。笔者认同他的看法。但是近三百年的痛苦战乱却同时在黄河流域形成了汉族和北方各少数民族的大融合，中华文明扩大并发展了。据史料记载，魏明帝正光元年（公元 520 年）以前的户口数比西

---

① 杨向奎：《大一统与儒家思想》，北京出版社，2011 年版，第 271 页。

② 范文澜：《中国通史简编》，人民出版社，1961 年第二编修订本，第 450 页。

晋武帝太康年间增加了一倍，人口达到了三千余万。在文化上，留下了敦煌、云冈石窟等艺术瑰宝。范文澜先生说，北朝十六国“形式上是接连不断的战乱，实质上是文化程度不同的许多落后族在‘野蛮的征服者总是被他们征服了的民族底较高的文明所征服’这个历史的永恒规律支配下，在中心地区进行融化运动”。[①] 北朝时期的这一民族大融合，以及后来元、清两朝更大规模的民族大融合，最终形成了今天费孝通先生称之为包括五十六个民族在内的“多元一体”的中国，这在世界历史上是鲜见的（美国可能是个例外），究其历史文化渊源，是和“大一统”观念的另一个重要理论内涵”是分不开的，那就是“华夷可变论”。

世界上所有的民族都有民族优越感，有的西方学者称之为“种族中心主义”。孔子在《春秋》中把华夏和狄夷分得很清楚，中国的四周是北狄、东夷、南蛮和西戎，但是他的“华”“夷”之分不在种族，而是在是否“尊尊”，也就是是否接受华夏的礼仪文明。正如金耀基先生说：“中国人对一个民族的评价不在其他，而在文化，故‘种族中心主义’乃转而为‘中国中心的文化主义’。”[②] 由于“华”“夷”的分野不在种族而在文化，所以“华”“夷”是可以互变的。孔子说：“夷狄入中国，则中国之，中国入夷狄，则夷狄之。”他主张“有教无类”，提出“四海之内皆兄弟也”的观念。孟子进一步以舜是东夷人、周文王是西夷人为例，提出“中国圣王无种说”。梁漱溟先生指出，这是“中国思想正宗”，“它不是国家至上，不是种族至上，而是文化至上”。[③] 已故美国著名汉学家费正清也指出，“中国的文化（生活方式）是比民族主义更为基本的东西”，“而不管其种族或语言的差别如何”。[④] 杨向奎先生认为，《公羊》学派“采纳孔子之夷夏可变之说，大一统理论遂至完善无尤的境界”，“这种理论对于维护中国之统一，以及民族间的团结与融合都起了无比的作用”。[⑤]

中国传统国家观中还有一个重要的内容是“正统”观念。公羊高没有明确提出“正统”这个命题，他认为，《春秋》在面对周室衰微、诸侯争霸

① 李新霖：《春秋公羊传要义》，第一章，第52页。

② 金耀基：“中国现代文明秩序的构建：论中国的‘现代化’与‘现代性’”，载《深圳大学学报（人文社会科学版）》1996年2期。

③ 梁漱溟：《中国文化要义》，上海人民出版社，2011年第二版，第156页。

④ 费正清：《美国与中国》，世界知识出版社，2000年第四版，第93页。

⑤ 杨向奎：《大一统与儒家思想》，第66页。

的“礼崩乐坏”现实和“大一统”理念的矛盾时，采取了“实与而文不与”的所谓“春秋笔法”，就是对齐桓公等霸主，僭越了“礼乐征伐自天子出”的“无道”，但又“尊王攘夷”、“兴灭国”、维护了“文一统”的行为，在事实上不予否认，但文字上予以批判。直面这一矛盾的则是后世儒家的“正统”理论，“以补大一统说之不足”。①

“正统”说是中国史学界争议很大的学说。梁启超先生说：“正统之辩，昉于晋而盛于宋。”他严厉地批判了“正统”说：“中国史家之谬，未有过于言正统者也。”梁任公一言九鼎，对史学界影响巨大；但“正统”论毕竟是中国传统国家观中具有重要影响的观念，应当对它谬误之处及合理成分给予辩证的分析。据王纪录和阎明恕两位学者所写的《正统论与欧阳修的史学思想》一文，是北宋的欧阳修“第一次从理论上对前代正统问题进行了批判总结……而且提出自己的历史价值标准，对后世产生了很大影响”。欧阳修批判了前人“正统”论中的“昧者之论”和“自私之论”。“昧者之论”是指邹衍等的“五德运转说”。这一学说把金、木、水、火、土相生相克的五行理论套用到王朝的更替上，完全是封建迷信的“天命论”。②

“自私之论”是指史家在写史时“偏私本朝”，把自己所在的王朝立为正统。如南北朝时期，东晋的史家把东晋立为正统，而北魏的史家则把北魏立为正统。欧阳修批评这种做法是“挟自私之心而溺于非圣之学”。他根据《公羊传》的“君子大居正”和“王者大一统”的观念，为“正统”确立了两条标准：“居正”和“一统”。他解释说：“正者，所以正天下之不正也；统者，所以合天下之不一也。”笔者认为，用现在的话说，“居正”就是伸张和维护正义；“一统”就是能完成国家的统一。从现在的观点来看，欧阳修为“正统”所立的这两条标准也是站得住脚的，因此他的“正统”理论至今仍有生命力。联系到今天海峡两岸的现实，“正统”观念则反映在谁代表中国这个问题上。六十余年来，两岸在这个问题上角力的过程可以说明，“居正”和“一统”仍然是解决问题的关键因素。后世儒家从“正统”理论中又提出所谓“偏统”、“伪统”等说法，笔者认为这些说法价值不大，不拟述评。

---

① 杨向奎：《大一统与儒家思想》，序言第 2 页。

② 王记录、闫明恕：“正统论与欧阳修的史学思想”，载《贵州社会科学》1996 年第 1 期。

结束语

古希腊政治家和历史学家波利比奥斯有句名言："历史为从事公共事务的人提供了最好的训练。"笔者不是学习历史的，但是通过查阅历史学家们有关中华民族传统历史观和国家观的论述，得以更为深刻地理解了本文开篇所引用的中山先生的两段话，更加坚信：国家一定要统一，这是中华民族伟大复兴的前提和标志；国家一定会统一，因为在中华民族历史的长河中，统一是"常"，是河水，分裂是"变"，是浪花。这是本文立论的依据。

两岸共同复兴中华文化的思考

——纪念辛亥革命百年

俞新天

当今世界文明的潮流是，肯定文化多样性，要求各种文化对于人类的发展做出贡献。中华文化源远流长，博大精深，不仅为世界五分之一的人所拥有，而且影响波及海外。当中国迅速地在经济上崛起时，也为复兴中华文化创造了新的机遇和条件。两岸愈益加深经济、社会、人员和文化的往来，其最高任务应当是共同弘扬中华文化，进而促进中华民族的伟大复兴。两岸人民应如何看待和把握难得的机遇，如何提高文化的自觉性，如何向世界传播中华文化优秀价值观，便是本文探讨的内容。

一、顺应世界文明的潮流

2011 年辛亥革命百年纪念，两岸人民共庆这一伟大的历史事件。中国人民在亚洲率先推翻帝制，建立共和，震惊世界，彪炳史册。总结百年进程的经验教训，有众多角度和方面，从心理文化方面进行深层次的探索，尤为重要。应当承认，当中国人还沾沾自喜于“天朝大国”的荣耀时，工业化、现代化、国际化的大潮已滚滚向前，中国人落后了。落后不仅体现在科学技术、经济金融上，而且表现于思想、理念和文化上的因循，对比之下日本人在危机前勇于学习外来先进思想，成功地完成了“明治维新”的变革，走上了另一条道路。在思想文化上革故鼎新，顺应世界文明的潮流，应是中国人面向未来的根本资产。

第二次世界大战结束后，各民族经过艰苦斗争，埋葬了殖民主义，赢得了独立和解放，从此翻开了自主发展的篇章。各民族所取得的成就各不相同，其原因在于能否顺应世界文明的潮流。今天世界文明的潮流是什么？即在全球化、现代化背景下的文化多样性。著名美国学者西里尔·布莱克指出，现代化的概念包含四个方面：前现代社会发展出来的接受现代化的能力，科学和技术革命中知识的作用，社会在政治、经济和社会方面利用知识进步的能力，以及政治领导人根据现代化的要求改造传统的价值观和制度的能力。[①] 西方国家的现代化十分成功，成为衡量其他社会的榜样。因此最初人们推论，其他社会如果想赶上西方，不仅应当学习科学和技术知识，而且应当采用西方的政治、经济、社会和宗教制度。然而，西里尔·布莱克从实际中得出结论，全盘照搬西方制度多半是不成功的。从长期看，使本国的传统制度适应新的功能比全盘照搬西方的制度更为有效。因此，不应抛弃自己的文化遗产，而应当促使自己的文化遗产去适应现代化的要求。[②] 20 世纪 90 年代以来，在信息技术和信息革命的推动下，全球化狂飙突进，再次激发了文化的全球化与地方化的讨论。个人认为，目前已形成了两股平行而相反的文化趋向：一种趋向是世界通行的工业文明和大众文化；另一种趋向是文化的民族化和地区化加强，强调保护和发扬每种文化的独特意义。[③] 处理好两种趋向之间的矛盾与张力，才能实现民族文化复兴。

自 20 世纪 60 年代起，台湾、香港作为“亚洲四小龙”成员创造了发展的奇迹。自 20 世纪 70 年代末以来，大陆实行改革开放政策，逐渐崛起为世界经济大国。人们有理由期待在此基础上的中华文化的复兴。提到文化复兴，不能不提到意大利的文艺复兴。随着中世纪城市的发展，人文主义者反对中世纪神学家的人生概念，从古典文学中找到世俗的人生概念。尽管他们发扬光大了古典思想和风格，实际上却标志着世俗文化时代的到来，成为从中世纪走向近代的重要新时代。中华文化复兴，就发扬光大传统文化的精髓，适应现代挑战而言，与意大利文艺复兴有相似相通之处。然而，意大利文艺复兴基本上由社会内生的动力推动，并没有外来的压力和比较。而当前的中华文化复兴，也像印度文化复兴、非洲文化复兴一样，是新的复兴运动。

从现代化理论来看，“复兴”具有独特的含义。克莱德·伍兹指出，文化接触及其变迁，尤其当外文化来自占主导地位的群体时，常对接受方文化的成员带来破坏和压力。一些群体为了应对压力，发动了反应运动，试图恢

---

① ［美］西里尔·E·布莱克编：《比较现代化》，上海译文出版社，1996 年，第 6 页。

② ［美］西里尔·E·布莱克编：《比较现代化》，上海译文出版社，1996 年，第 5 页。

③ 俞新天等著：《强大的无形力量：文化对当代国际关系的作用》，上海人民出版社，2007 年，第 9 页。

复自身生活方式的意义和内容，即复兴运动。这类运动具有一些共同的特点，但也可细分如下。“本土主义运动”，强调清除外来的思想、物品和外国人。“复活运动”，要重新建立业已失去或正在淡薄的思想和习俗。“复兴运动”，希望接受外来的东西，但不是简单的输入。还有“宗教复兴运动”，通过宗教运动而使世界转变到理想化的境界。① 今天，任何一种文化复兴都不能回避与西方文化的关系，都是对西方文化的破坏、压力和比较所作出的反应。

所幸大陆和台湾数十年来认清世界发展潮流，在现代化进程中都取得了长足进步。在面向世界的开放中，没有采取“文化原教旨主义”，而是学习借鉴西方的思想、制度和价值观，促进了本土文化的改造；同时，也没有采取“全盘西化”的做法，而是从本地的实际情况出发，传承和发扬中华文化的精华，提升了中华文化。这就为中华文化的复兴奠定了健康良好的基础。正如台湾中华文化总会会长刘兆玄所指出的，今天中华文化走向世界需要一个“文艺复兴”。不是复古，也不是回到从前，而是以传统文化中的精髓与21世纪的思潮接轨，为全世界提出新的普世价值。② 21世纪的思潮中包括西方先进的思想、制度和价值观，也包括非西方国家所提出的先进的思想、制度和价值观，例如，新加坡的《共同价值白皮书》很值得两岸学习借鉴，韩国的文化精神和政策，也富有启发。

台湾可以发挥中华文化复兴的尖兵角色。在传承中华文化和吸取外来文化两个方面，台湾都具有一定的优势。台湾没有经过大革命式的破坏，较好地保存了中华文化的传统。台湾一直是面向海洋的岛屿，得外来风气之先，移民文化中先天具有较大的包容性，因而形成了文化的多样性和创新性。多样文化的良性互动及融合的过程与经验，是台湾文化中的宝贵的成分。台湾的现代化走在大陆之前，在文化建设方面创造了不少特点，值得与大陆分享。大陆理所当然地是中华文化复兴的主力军。大陆政府在改革开放后不久便意识到，仅仅倡导市场经济促进物质文明建设是不够的，还必须加强建设精神文明，后来又增加了政治文明建设的内容。在2007年胡锦涛在中共十七大上作的报告中，专门提出了对内推动文化大发展和大繁荣、对外加强国家文化软实力的战略。虽然时日尚短，但在政府和各界人士的努力下，已见

---

① ［美］克莱德·伍兹：《文化变迁》，河北人民出版社，1989年，第61—62页。

② 刘兆玄：“中华文化‘文艺复兴’台湾最关键”，（台湾）《中国时报》，2010年12月24日。

文化设施的兴建，以及文化事业的兴盛。

在这样的基础上，两岸应当携手合作，在中华文化复兴、为世界做出贡献方面更上层楼。冷战结束后，随着国际体系的变化，文化融合也从单向融合转为双向或多向融合。这一新潮流和新特点还未引起人们足够的注意。过去几百年来，都是非西方民族学习和借鉴西方文化，它既有很大的意义，也有相当的缺陷。全球金融危机对西方（特别是美国）文化价值观提出了质疑，择其要者如下。一，不讲责任的自由将给国际社会带来祸害，拜金主义、消费主义不能提倡。二，不讲互利共赢的国家利益只是为霸权服务，美国把自己的国家利益说成全球利益，转嫁危机，以邻为壑。三，美国生活方式高消费，高耗能，不健康，不可持续，不应仿效。四，把“普世价值”强加于人，甚至以武力传播，不符合文化多样性的潮流。发展中国家的专家学者和西方国家的有识之士都在批判和反思西方文化的不足。德国前总理施密特写道：西方主要是美国强迫其他民族和文化接受西方的宪法、民主和人权的观念，是无知和傲慢狂妄的想法。至于利用全球化来推动自己利益的对抗行为，以经济制裁相要挟，或把有的国家宣布为“无赖国家”，是残暴的基督教原教旨主义。[①] 美国专家兰普顿则号召，美国要向中国学习，提高储蓄，加强教育，了解更多的地区知识，处理与其他民族的关系，等等。[②] 促进文化的双向融合，为世界提供中华文化智慧，这是中华文化复兴的新的任务，然而两岸人民还没有做好准备。

二、克服“百年悲情”的途径

为了完成中华文化的复兴，必须克服许多困难障碍。最大的障碍是两岸人民都具有“百年悲情”，损害到文化复兴的自觉。纪念辛亥革命百年给予我们良好的契机，超越历史，消除“悲情意识”，充满信心地走向未来。

“百年悲情”的产生，原因很多。首先，西方殖民主义者以传教、教育、“传播文明”所进行的文化征服，否定其他民族的价值观和宗教信仰。不符合西方文化的，便被斥为“迷信”、“落后”，虽然中华民族并没有被灭

① ［德］赫尔穆特·施密特：《全球化与道德重建》，社会科学文献出版社，2000 年，第 66—67 页。

② ［美］戴维·兰普顿：“美国退居第二位?”，《波士顿环球时报》，2005 年，3 月 13 日。

绝，但作为民族魂魄的精神、信仰和价值观，却受到了摧残。久而久之，中国人便失去了自信，认为中国文化不行，有的人甚至认为外国的月亮比中国的圆。其次，中国的现代化进程经过长期而激烈的革命。中国社会的保守势力十分强大，依赖于穷凶极恶的外国列强，没有革命无法打破其统治，于是便有辛亥革命和五四运动。彻底地否定传统，坚决地引进西方文化，有其历史意义，不容否定。今天在不同的时空条件下思考中华文化，应当具有新的视角。最后，今天尽管中华民族已经站立于世界民族之林，但是西方国家仍然主导着国际体系，“西方文化优越论”和“西方文化中心主义”仍然或明或暗地占据着人们的头脑。

“悲情”意识两岸都有，但表现形式不同，内容也有差别。在大陆的民众中，“悲情”所造成的受虐者心态还相当普遍。特别在国际上发生突发事件时，表现更为强烈。比如经常认为被“阴谋”所“包围”，无法像其他国家民众那样理性地去面对事件，依法进行抗议，往往走向打砸抢。甚至“拒买×国货物”等过时的口号和行为也时有发生。从文化上看，不少人对中华文化的精华了解甚少，缺乏信心。《河殇》是崇拜蓝色文明、否定黄色文明的代表作。尽管已经对它进行了批评，但其影响仍存。“文化大革命”造成了对文化、科技和教育的全面破坏，其后遗症直至今天尚未完全消除。改革开放之后谋求现代化时，也曾忽略保护发扬民族文化。①

缺乏民族文化自信经常会以自卑和自傲两种形式表现出来。以最近热议的中医为例，一方面在追求利润的风气下，中医不被重视，受到挤压，日益萎缩，优秀的文化遗产亟待抢救。另一方面，江湖庸医又将中医吹得神乎其神，破坏了中医的声誉，阻碍了中医的提升发展和发扬光大。在如何看待中国与世界的关系上，民族自卑和民族自傲反映得最为鲜明和强烈。近年来，在大陆出版的《中国可以说不》和《中国不高兴》，集中表达了民族主义的观点。网上出现的大量民族主义言论，包括文化民族主义的说法，也反映了部分民众特别是青年的激进的想法。社会多元化观点的表达固然是好事，然而缺乏社会主流文化和价值观的共识和引导，却是值得忧虑的。这将是大陆下一阶段现代化的重要任务。

台湾虽然在现代化进程中取得了骄人的成绩，在文化建设方面也硕果累

---

① 参见拙著：《走自己的路：对中国现代化的总体设计》，上海人民出版社，1994 年，第 39—41 页，第 178 页。

累，然而，民众的心理文化也存在着相当的“悲情意识”。魏秀堂在访台之后写道，整个中国现代史是一部被侵略、被宰割、被凌辱的历史。台湾的历史和整个中国的历史是分不开的。“台湾人的悲哀”和所有“中国人的悲哀”是分不开的。不能不承认，台湾同胞在历史上所遭遇的不幸，比起大陆同胞来说，不但时间更长，而且程度更甚。这又和台湾特殊的历史分不开。① 但是，如何正确地看待历史，看待中华文化，台湾民众存在较大的分歧。有种观点鄙弃中华文化，对中华文化的理解与分析出现极大偏差，它对于普通民众有相当的误导作用。例如李乔认为，被外国欺凌的根本原因是“中国文化的根本缺失”，“使中国人心理特质上有共同而不能克服的弱点”，“中国人无法在人类社会的进化水平上立足”。这种看法无法解释历史上中华文化和文明在世界占有领先的地位，并对人类作出过重大贡献，是非历史的。他还认为，台湾人的祖先，承负有问题的汉文化渡海而来。汉人文化极早就以“人”为中心思考形而上与形而下的世界，种下文化灾难的肇因，是“孤立的人文意识”，“截头去尾的人文思想”，“早生畸型儿人本主义”。因此造成以下弊端。一是宗教难以发展，不知生命形而上的追求，人生目的滞留在现世层面。忽视物理世界，阻遏自然科学种子发芽。二是轻率认定人性不变，为了维护虚假的“内圣外王”，形成说谎的统治体系，“人治”深入文化骨髓，法治思想无由生根，在民主招牌下是极权主义。三是个人人格的形成与标准，是被界定定价的，非自我的醒觉，内在的要求，由圣人君子上官长辈“替你”决定，“代你”负责。②

本人一直主张，对于中华文化的优长劣短，应秉持客观研究的态度，不溢美，不讳言，实事求是；尤其应将其放入人类历史发展的大背景下，以及多样文化相互激荡比较的大舞台上，才能看得更加清楚。“以人为本”的思想是中华文化的核心，为什么有些人对西方人道主义五体投地，对中国人本主义就如此不屑一顾？西方最早的“人道”也是大有缺陷的，不施于妇女和奴隶。只是随着市民社会和工业革命，它才逐渐演变进化到今日的人权思想。西方人权思想有许多进步意义，同时也还存在着难题，最大的难题是无法应对多元文化的挑战。中华民族尤其是大部分汉族确实没有虔诚的宗教信仰，造成了一定的文化缺憾。然而它也证明了文化多样性的生命力，汉文化

---

① 魏秀堂：《话说台湾人》，时事出版社，1997 年，第 180 页。

② 李乔：《台湾人的丑陋面》，前卫出版社，1988 年第一版，第 175 页—177 页。

以伦理道德的发达来规范人的行为，并以最大的包容对待一切宗教，使佛教中国化，甚至于同化了最顽强的犹太教。在制度建设方面，目前西方十分关注中国的法制思想史，认为它形成了几个思想高峰，尤其是唐朝律法不仅涉及到刑法，而且有相当的民法内容，不仅有明确的定罪量刑，而且兼及人情伦理。中国的科举制度成为擢拔人才的现代文官制度的根源。有些东亚国家效法科举制，如朝鲜、日本等，但皆因严重的社会等级制度而未能奏效。[①]这也证明中国社会的平等意识领先于同时期其他国家。把中华文化说成"说谎系统"、"极权主义"，实在很不公允。另外，中国传统的宗法社会始终把个人放于宗族家族之后，其实，在其他所有的前现代社会中，都存在着类似倾向。西方在文艺复兴之后，才大力张扬了个性。从世界层面考察，西方是个特例。从今天的状况考察，把个人主义发展到极端，也出现了相当的弊病。个人主义与团体主义各有利弊得失，只有使其协调平衡，才能推动社会和文化的发展。

在贬低中华文化的同时，李乔又表现出强烈的"台湾文化"自傲感。他的解释是，"台湾文化"过去"在异族压迫统治下"难以形成可观的"历史发展"，广大民间风俗习惯，各次文化层，几乎全被汉文化的次文化特质所充塞，这是台湾人丑陋面的主要"力量"。但是，台湾人社会的民主法治观念、科学思想、理想追求、人格尊严等现代人、现代社会的"普遍信念"，绝对比原乡大陆进步、高明。而此一"比较之异"，正是"台湾文化"所以是"独立文化体系"之证，也是信心之所系。[②] 可惜他引以为傲的台湾人的"普遍信念"，似乎只是西方文化价值观。崇拜西方文化，鄙视中华文化，就是他的"台湾文化"。台湾文化有自己的特点，为丰富中华文化做作了贡献，但它绝不是"独立文化体系"。有些政客鼓吹"文化去中国化"，更是居心叵测，不可能得逞。

百年悲情是一种集体记忆，两岸中国人的集体记忆，只是表现方法不同而已。为什么已经过去这么长时间，悲情仍然挥之不去？社会学的研究揭示，记忆的原因并非时间的邻近或久远，而在于它们是一个群体共有的思想总体的一部分，而我们与这个群体的成员拥有某种关系。只要我们把自己置于群体的角度，接受它的旨趣，采取它的反思倾向，就足以回想起这些记

---

① 许倬云：《中国文化与世界文化》，广西师范大学出版社，2006 年，第 197—258 页。

② 许倬云：《中国文化与世界文化》，广西师范大学出版社，2006 年，第 178—179 页。

忆。[1]然而，集体记忆一般是指向过去的框架，为了改变它，就要凭借现在的理性思维，当前的集体反思，以便形成新的观念。新的观念要克服强大的集体记忆，就必须有更加强大的集体活动和集体经验。两岸已经开始了和平发展的大交流、大合作，越来越多的民众参与其中，就会积累更多的集体经验。两岸各界精英应当引领反思的潮流，为新观念而催生。在共同复兴中华文化的过程中，两岸人民的“悲情意识”才会改变，文化自信心和自觉性才会从根本上提高。

一、弘扬中华文化的价值观

中华文化在世界上具有独特性，梁漱溟指出，它与西洋文化、印度文化各代表一种文化路向。梁漱溟说中国人理性早熟，以道德代宗教，以伦理治社会，从家庭延伸至国家天下，做了客观的分析，并说，“中国之不易亡者在此，中国之不易兴者或亦在此”。[2]其他许多专家也对中华文化价值观做了研究与概括。将其汇总，并与印度和西方文化价值观作一对照。有些无法对应，因为各具特点。

中华文化价值观[3]	西方文化价值观[4]	印度文化价值观[5]
宇宙观　天人合一，民胞物与	宇宙观　自然客观，物质为本	宇宙观　梵我一如，万物有灵
宗教观　重视现世，兼容各教	宗教观　上帝万能，人有原罪	宗教观　神权至上，天人同欲
生命观　以人为本，仁者爱人	政治观　正义为本，法治民主	生命观　慈爱厚生，非战戒杀
		人生观　生死轮回，业报有常
道德观　格物致知，正心诚意	道德观　个人为本，功利主义	修炼观　苦修造福，冥思得道
修身齐家，内圣外王		
社会观　克己复礼，中庸和合	社会观　自由平等，天赋人权	社会观　人分四等，贵贱天定
教育观　尊师重教，学优则仕	教育观　知性教育，培养个性	教育观　师道尊严，梵学秘授

① ［法］莫里斯·布哈瓦赫：《论集体记忆》，上海人民出版社，2002年，第92页。

② 梁漱溟：《中国文化要义》，学林出版社，1987年，第5页。

③ 张立文、町田三郎主编：《传统文化与东亚社会》，中国人民大学出版社，1992年，第1—29页。许倬云：《中国文化与世界文化》，广西师范大学出版社，2006年，第197—258页。

④ 参看范明生、陈超南编：《东西文化比较研究》，上海教育出版社，2006年。概括是本文作者所做。

⑤ 郁龙余等：《印度文化论》，重庆出版社，2008年，第1—3页。

续表

中华文化价值观[1]	西方文化价值观[2]	印度文化价值观[3]
意志观　自强不息，生生不灭		意志观　精神不灭，瑜伽万能
实践观　经世致用，知行合一		
历史观　重视纪实，以史为鉴	文艺观　人文主义，文艺写实	文艺观　宏大叙事，神话思维
思维观　阴阳互补，辩证变动	思维观　两分思维，理性逻辑	思维观　异见万端，天包地容

综上所述，中华文化与西方文化、印度文化都不一样，独树一帜，富有特色。在当前人类面临许多挑战时，中华文化可以提供独特的应对思路，可与其他文化形成互补作用。例如，在开展绿色低碳环保活动时，倡导“天人合一，民胞物与”的价值观，使人与自然友善相处，而不是征服自然，竭泽而渔，就大有裨益。在完善市场经济法治的同时，还要加强个人的社会责任和道德修养，没有这点，再健全的法治也形同虚设。在应对文化冲突、文明冲突时，倡导“全体大用，圆融和谐”的文化包容、宽容，必定是有效的。未来人类应当建设什么样的世界，西方的现实主义理论、“均势”战略、国家利益最大化、争夺霸权，应当走向衰落，协和万邦，天下一家，四海之内，皆兄弟也，是人民的期盼。

中华文化如何才能复兴，如何将中华文化优秀价值观贡献于世界，成为人类共创共享价值观的组成部分，两岸人民任重而道远，必须联手探索。个人认为，首先，两岸应共同发展文化产业、文化创意产业，通过文化产品来吸引世界的注意，使人民在欣赏中喜爱，在兴趣中更加了解中华文化的精髓。两岸在电影电视作品上各自取得了不俗的成绩，被世界公认为“中国新现实主义”流派。双方杰出的创作人员、导演、演员、制作设计，已经有了广泛的交流参与。获得奥斯卡奖的影片《藏龙卧虎》，导演李安来自台湾，演员周润发来自香港，章子怡来自大陆，杨紫琼来自马来西亚。影片不仅展现了中华风光之美，风物之精，武术之强，而且更在好看的故事下宣扬了中华文化的“止戈为武”的和平理念，舍生取义的无畏精神。张艺谋的电影《红高粱》、《菊豆》、《秋菊打官司》等，也受到各国观众的喜爱，张

① 张立文、町田三郎主编：《传统文化与东亚社会》，中国人民大学出版社，1992 年，第 1 页至 29 页。许倬云：《中国文化与世界文化》，广西师范大学出版社，2006 年，第 197—258 页。

② 参看范明生、陈超南编：《东西文化比较研究》，上海教育出版社，2006 年。概括是本文作者所做。

③ 郁龙余等：《印度文化论》，重庆出版社，2008 年，第 1—3 页。

扬了中国人的精神。两岸合作的大量电视片在中国周边国家极受欢迎。中华文化这个丰富的宝库，有待于深入开掘开发，不管是饮食服饰，还是动漫游戏，都可以创造出新的成果。在这方面，台湾的设计创新能力，市场营销能力，都比大陆强，大陆的文化资源丰厚，人才众多，也是优势，两者结合，前途无可限量。

其次，两岸可以联手进行与境外的文化交流活动。要向世界推介中华文化的优秀价值观，必须双向互动，才能促进文化互相理解，互相学习借鉴。以我为主，强加于人，只会适得其反。例如，两岸共同举办文化艺术展览，相信会更加丰富多彩，从多侧面反映中华文化的灿烂。本人尤其认为，即使是文物出展，也应不仅展现古代文化精华，而且要辅之以介绍现代保护技术，现代研究成果，使外国人对于今天的中华文化刮目相看。实际上，国际对于中国古老文明并无怀疑，展示辉煌的文物可以满足人民的要求；但如果能以现代成果来吸引世人的赞叹，那就是更大的成功。在双向交流中，两岸各界人民应展现出新的风貌。首先是虚怀若谷的学习精神，由于龙的传人数量众多，无形中产生优越感，有些人自诩博大，令人生厌。我们应当努力学习世界上各种文化的优点，并且切实扬弃中华文化，克服中国人的不足，例如好面子、浪费、厚葬、窝里斗，等等。其次是平等地真实地进行文化交流，不涂脂抹粉，不文过饰非，既讲优点也讲不足，对于外界批评，除了恶意攻击外，抱着闻过则喜的态度，有则改之，无则加勉。真实和真情才能换得真理解和真朋友。最后，以交流促进理解，以理解促进合作。在增进互相理解之后，文化合作的项目一定能做得更好更多，甚至建立机制性的联系，使文化交流不断升级。

从当今各国的经验看，任何一种文化（尤其是价值观）要进行世界性的传播，必须先进行现代化的提升。文化是变动不居的，中华文化具有极大的受容性，因此较难进行保存。许多物质文化遗产保存下来，如果不与今天人们的生活现实相联系，就是古董。古董当然有其价值，但如不能对今天的生活起作用，其影响就大为减少。台湾的陈奇禄认为，从维护文化的立场出发，可仿制博物馆中的酒瓶用于宴饮，把华丽典雅的织绣花纹予以采用，使它们的价值远超过古董。保护非物质文化遗产当然必要，如能将民间艺术、技术或其他文化特质找寻新的功能，使其继续长存，就更加好。[①] 保护古建

---

① 陈奇禄：《民族与文化》，黎明文化事业公司，1982 年，第 76、78 页。

筑或传统民居，可以就地冻结，或迁移到一起保存，最好是在原地保存让它继续持有功能。更积极的做法是，将传统建筑中的优点采撷到新建筑中，让新建筑有独特的外形和内在的风格，变成活的文化。① 传统的仪礼有些仍有功用，就把它保存下来，有些不合时宜，也应当改革。保存下来的应该能丰富我们的生活，而不是增加累赘。有些礼仪祭典要发扬，就应当采用雅乐，展示出中华文化雍容优美的特色。② 让中华文化在现代化中传承发扬，让每个人都浸润其中，欣赏它的文明优雅，它才有世界性传播的基础。

两岸的知识界、文化界、艺术界，应当共同来研究中华文化的价值观。西方文化已经为世界贡献了其优秀文化及价值观，证明它具有普适性（不是宗教性的“普世性”）。世界上所有的文化都具有普适的潜力与可能，问题是如何将潜力变为现实性。这就需要对文化价值观也进行现代化的提升，毫无疑问，今天我们再来讲忠、孝、仁、义、礼、智、信，肯定与古人不同，会赋予现代的解释与含义。不仅它们能指导中国人的生活和行为，而且能贡献给世界。将来，不是匍匐于西方的“普世价值”，而是应当提倡人类共创共享价值观，它包含世界上各种文化提供的优秀价值观，指引人类走向更加和平美好的未来。中华文化最有包容性，最适宜倡导新的文化潮流。中华文化的复兴不是宣扬狭隘自私的民族主义，而是倡导合作和谐的天下主义和人类主义。

---

① 陈奇禄：《民族与文化》，黎明文化事业公司，1982 年，第 88—89 页。

② 陈奇禄：《民族与文化》，黎明文化事业公司，1982 年，第 135 页、第 139—140 页。

从两岸社会对辛亥革命的不同解读

看两岸国族认同的重构

张哲馨

2011年前后，两岸各界以纪念辛亥百年为题举办了多场活动，其中不乏双方学者、媒体人士或者青年学子之间的对话和研讨。他们在对辛亥革命历史意义的解读上有何异同？这对于我们思考当前两岸在国家和民族认同上存在的巨大差异有哪些启示？未来应该从何处入手来增进两岸之间的国家和民族认同？这些是本文要探讨的核心问题。

一、两岸社会对辛亥革命历史意义的不同解读

2011年，两岸各种民间组织为纪念辛亥革命百年举办了多场横跨两岸的交流活动，双方学者、媒体精英和青年学生之间的对话和互动是其中的重头戏。参加活动的不仅有“泛蓝”人士，还包括许多“泛绿”方面的社会精英及民众，因此可以说，两岸参与者在这些活动中表达的观点能够在相当程度上反映两岸社会的主流思想和意见。从效果来看，这些活动有力地促进了两岸社会对辛亥革命的记忆和理解，并在很大程度上拉近了两岸民众特别是青年之间的心理距离。同时也反映出双方对辛亥革命的认知和解读——特别在如何评价辛亥革命的历史意义上——有着非常大的差异。

从对这些活动的报道和分析中可以发现，来自台湾的参与者无论在政治倾向上“偏蓝”还是“偏绿”，对辛亥革命所取得的历史功绩都持正面态度，这一点同大陆方面是一致的：虽然大多数人不很清楚辛亥革命前后的详细历史，却普遍认为这场革命的主要功绩在于“推倒了千年帝制”，是日后“革命力量的先驱”；同时，他们也都对革命先贤在推翻帝制、争取民族复

兴的过程中所展现的义无反顾的精神和舍我其谁的责任感崇敬有加。不过，在如何看待辛亥革命对20世纪中国所走过的道路的影响上，两岸人士有着较为不同的解释和侧重：台湾人多认为辛亥革命的最大影响是在思想和制度变革层面，即树立了民权至上、言论自由、三权分立等现代民主理念，而大陆人则倾向于从权力变革和民族革命角度来解读，认为其最大影响在于推翻清政府并开启了摆脱西方列强压迫的民族独立进程。[①] 换言之，大陆方面更重视辛亥革命的“反帝反封建性”，关注点在“国（state）”与“族（nation）”；而台湾方面更重视辛亥革命所承载的“三民主义”理想，关注点在“制（institution）”与“民（people）”。

追根溯源，这不仅体现出两岸史学界对20世纪上半叶中国革命道路的认知差异，也反映了两岸多年来在政治、社会、文教等方面的不同侧重。大陆主流史观一直认为，辛亥革命虽然推翻了满清王朝，但仍属旧民主主义革命，因其并没能改变旧中国半封建半殖民地的社会性质，也没能实现民族独立和人民解放。直到中共成为中国革命的领导力量，先是取得新民主主义革命的胜利，建立了独立自主的人民共和国，再通过大规模社会主义建设不断推动国家和社会进步，促进民族和睦与共同发展，方迎来今日中华民族伟大复兴的光明前景。[②] 尽管这一过程常伴随着国家和集体利益同个人权益之间的矛盾，但也正因为国家和民族利益至上思想深入人心，执政党才能够长久地凝聚国人之心力，使偌大的中国从积贫羸弱、四分五裂的局面逐步走向强大和统一。特别在全球化时代国家主权及政府权力不断受到侵蚀的情况下，这种以国家和民族精神为号召，集中力量进行一些需要长期投入方可见效之建设的动员能力，则是中国大陆的经济增长多年来在全球独领风骚的重要原因。

---

① 见媒体相关报道，如辛亥革命网：http://www.xhgmw.org/category－8242.shtml；新华视点：“两岸青年学子关于辛亥革命的对话”，2011年10月8日，http://news.xinhuanet.com/politics/2011－10/08/c_122129771.htm；国际在线：“两岸青年聚首香港 共话辛亥革命百年”，2011年10月3日，http://gb.cri.cn/27824/2011/10/03/2225s3392210.htm；人民网：“香港调查指两岸四地青年对辛亥革命认知度不足”，2011年7月25日，http://news.china.com.cn/rollnews/2011－07/25/content_9134345.htm；中评社：“台湾青年如何看待两岸关系”，2011年6月18日，http://hk.crntt.com/doc/1017/2/6/3/101726325.html？coluid＝93&kindid＝3051&docid＝101726325，等等。

② 尽管近年来少数大陆学者对中共以外其他政党或政治势力在1949年前所起的历史作用提出过一些不同的解读，但无论官方还是主流学界都大致认同这一史观。参见胡锦涛：“在纪念辛亥革命100周年大会上的讲话”，北京，2011年10月9日。http://politics.people.com.cn/GB/1024/15839805.html。

反观台湾，从最初强调中国国民党领导作用的官方史观到民间史学界的修正与补充，再到近20年来在“中华民国史观”、“台湾史观”和“台独史观”之间不断游移分化，对辛亥革命之后历史的认识自上世纪60年代至今一直呈多元化发展，总的趋势是愈加淡化民族精神和国家统一思想在革命斗争与社会发展中的地位和作用，而强调以自由、民主、市场为核心的价值秩序及政治社会制度的建立与演化过程。如今，台湾主流社会关于辛亥革命的论述大多集中于它对中国社会及价值体系发展过程的推动，特别是辛亥先贤所弘扬的三民主义精神和原则对台湾近几十年的民主转型产生的影响。马英九先生在“纪念辛亥革命一百周年讲话”中开篇即表示：“一百年前，中国历史只有朝代的更替，人民不能当家作主。‘中华民国’的建立，向人民许下民主的承诺…（以及）均富与教育的承诺…这些承诺，正是三民主义的理想；这些承诺，透过世代的努力…逐步实现在我们的生活中…（我们）逐步在台湾实现中山先生的理想。”① 一些台湾媒体则更加直白地说：“辛亥革命的核心理念是三民主义：民族、民权、民生。如今一百岁的‘中华民国’，在民权主义上已经实现完全的民主政治；在民生主义上也实现了自由经济，并勉力朝‘福利国家’前行；唯在民族主义上，由于两岸分裂分治，仍处于问津寻岸的情境。”② 可见，相对于民权和民生而言，民族主义在台湾官方和主流媒体话语体系中已被置于较次要的地位。

二、从对辛亥革命的不同解读到国族认同差异

两岸社会对辛亥革命历史意义的认知偏离是双方多年来经过的不同社会发展道路的反映，而史观建构和社会发展历程的不同，又是当前两岸在国族认同上存在巨大差异的根本原因。所谓“国族认同”，既包含对承载着相同文化、历史和血缘关系的广义民族的认同，也包括对拥有统一主权的国家的

① 马英九：“纪念辛亥革命一百周年讲话”，2011 年 10 月 10 日。http：//www. china-review. com/cath. asp？ id = 29227。

② 社论：“面对两岸未来‘中华民国’的力量源自辛亥革命”，（台湾）《联合报》，2011 年 10 月 10 日，第 1 版。

认同。[①] 具体到两岸社会，就是双方是否都认同自己是广义上的“中国人”以及是否认同“两岸同属一个大中国”。尽管人们可以从法律、人类学、社会学等角度对“国族认同”进行不同的概念界定，但在“国族认同”对一个国家和民族保持对内和平与社会发展的重要意义上则有着相似的理解。正如台湾大学张亚中教授所说：“‘认同’作为区别‘我群’与‘他群’的判定，从正面来看，‘认同’可以凝聚人民共识，风雨同舟、共度建难；从负面来看，‘我群’与‘他群’的‘分别心’，也很容易将仇恨插入人民的生活，使得民族或国家内部、民族或国家之间发生悲剧的灾难”。[②] 两岸关系过去20年来的发展过程便为这种认识写下了清晰的注解。

20世纪90年代之前，两岸社会还基本处于相互隔绝状态，但双方在对“中国人”和“两岸同属一中”的认同上尚未出现较大裂痕。[③] 据台湾“陆委会”90年代初的统计，台湾民众认同自己是中国人的有48.5%，既是中国人也是台湾人的有32.7%，二者合计达81.2%，而认同自己只是台湾人的仅有16.7%。[④] 可是，就在不到一代人的时间里，台湾民众的国族认同已经出现了根本逆转。据台湾政治大学选举研究中心2011年的一项调查，台湾民众认为自己是中国人的比例仅有4.1%，认为自己既是中国人也是台湾人的也仅有39%，而认为自己是台湾人的则达到了54.2%。[⑤] 这一变化产生

---

① 本文无意对“国族认同”的概念作一学理上的系统梳理，而仅采用其最具普遍意义的内涵，即“对自身所属一个超越族群、地域、文化等因素的‘大民族’以及具有政治统一性和地域一体性的国家实体的认同”。参见刘泓：“国族与国族的认同”，载《学习时报》，2006年12月18日。作者不赞同一些学者（如邸永君：“加强对‘中华国族’的核心认同”，载《中国特色社会主义研究》，2010年6月，第21—22页）在概念上将“国族认同”混同于“民族认同”，因为基于共同血缘、历史和文化的“中华民族认同”并不等于对一个政治上的广义的大中国的认同，甚至也不完全等同于强调历史记忆的“祖国认同”。而我们之所以对“国族认同”问题进行讨论，不单旨在重新确立两岸的“中华民族认同”，还要在共同的民族认同和祖国认同基础上，达成两岸对未来国家形态及彼此安排的基本共识。故此处“国族认同”是不可与其他概念混用的。

② 张亚中：《统合方略》，两岸统合学会出版，2011年，第81页。

③ 有学者认为，由于日本在台殖民统治达半世纪之久，台湾当地民众在上世纪40年代末对中华民族和“中国”的认同不如大陆民众那样强烈。直到国民党政权迁台并进行大量文化历史教育，才逐渐建立了台湾主流社会对中华民族及“中国（中华民国）”的认同，但其代价是忽视与掩盖了台湾自身的历史记忆，在上世纪70年代国民党政权面临重大“法统”危机后，引发了关于重新认识台湾历史的社会大讨论并延续至今。见陈孔立，“台湾社会的历史记忆与群体认同”，载《台湾研究集刊》，2011年第5期，第1—10页。但据台湾学者陈毓钧的研究，即便在日据时代，台湾民众仍持有很深的“祖国意识”。见陈毓钧著：《我们是谁？台湾是什么？——台湾的过去、现在和未来》，上海译文出版社，2006年，第35—49页。

④ 张亚中：《统合方略》，第83页。

⑤ 台湾政治大学选举研究中心：“台湾民众台湾人/中国人认同趋势分布（1992—2011.06）”，2011年7月。

的原因，固然有全球化时代世界民众的国族认同普遍弱化的因素，但更重要的是台湾方面在史观建构和社会发展道路选择上与大陆日益疏离。

人们一般认为，台湾的主流史观发生本质性变化，大致源于李登辉所代表的中国国民党“主流派”为巩固权力基础而在台湾社会上下挑起的关于“台湾意识”与“台湾地位”的论争。李登辉在1990年当选“总统”后，在国民党内面临着郝柏村、林洋港、李焕等“非主流派”大佬的挑战。为了全面肃清“非主流派”的影响，李登辉不但通过一系列或明或暗的党内运作排挤对手，还借炒作“省籍议题”、发动“本土化运动”、推动台湾“入联”等，将“国民党的‘起源自中国近代冲突的革命政党属性’，转化为‘归属于台湾的现代的民主政党属性’”，使“台湾人受外来者欺压、争取自决的历史意识”逐渐泛滥。[①] 到了陈水扁执政，更是通过修改历史教科书、推动“入联公投”、甚至公开主张“一边一国”等，故意放大两岸之间的分歧并突出“台湾主体性”，大肆宣扬“台独”史观。结果，在李、扁执政的近二十年时间里，台湾社会对大陆的“他者”甚至“敌者”认识迅速上升，给台海地区稳定和两岸关系发展造成了巨大的障碍。即使在2008年马英九上台执政后，台湾当局也没能采取足够的积极措施来纠正这种错误史观，令相当一部分台湾民众在“去中国化”的道路上越走越远。[②]

除上述政治力量的作用外，台湾社会过去二十年的发展，也是导致台湾民众的国族认同发生变化的重要原因。台湾自20世纪70年代中期起逐渐进入政治转型期，随着政治反对运动和各种社会运动的兴起，以及大型资本和地方派系势力上升，台湾的政商关系逐渐从过去的“威权侍从关系”走向“大小伙伴关系”，行政部门力量弱化而财团、地方甚至民间组织的力量日益强大，一个强有力的公民社会逐渐形成并在此过程中进一步完成民主转型。[③] 正是由于台湾的政治结构和社会结构的“去威权化”，才使得今天的台湾民众更多地关注经济和民生问题，特别是同自身密切相关的相对狭隘的利益。如今，对于相当多的台湾人而言，对保障个人和小团体权益的追求已

---

① 张茂桂：“台湾政治民主化与‘公民社会’的发展”，载朱云汉等著，《台湾民主转型的经验与启示》，社会科学文献出版社，2012年版，第102—103页。另见王建民等著，《国民党下台内幕》，新华出版社，2005年版，第116—146页。

② 张迎来：“‘台独史观’误导民众的身份认同”，载（澳门）《九鼎月刊》，2012年第12期，第41—43页。

③ 王振寰：“民主转型与政商关系重组”，载朱云汉等著：《台湾民主转型的经验与启示》，社会科学文献出版社，2012年版，第46—74页。

超过了对社会共同利益的考虑，无怪乎台湾中研院近代史研究所黄克武所长称，台湾社会正逐渐远离孙中山先生所提倡的“天下为公”精神与民族理想，只求建立一个“小而美的生命共同体”。①

从上可见，由于秉承着不同的史观及社会发展道路，两岸在国族认同上的差异越来越大。大陆从“国”的角度考虑，寓中华民族复兴于两岸统一之中，而台湾则从“民”的角度考虑，置乡土利益于国家和民族利益之上。这一认同差异不但在过去严重阻碍了两岸官方与民间的相互理解和交流合作，还是两岸关系未来发展必然要面临的巨大挑战。如张亚中教授所说：“如果同一个国家，或同一个民族间的‘认同’已经断裂，或者已经消失，那么，国家将不再是个‘命运共同体’，民族也不再是一个‘生命共同体’，它们将只是一盘没有共同目标的散沙而已”。② 因此，如何重塑两岸的国族认同，使两岸民众得以为着一个共同的愿景团结奋斗，既是两岸的根本利益所在，也是双方共同的历史使命。

三、从年轻一代入手重构两岸国族认同

近年来，两岸政学商等各界人士对如何塑造两岸共同的国族认同进行了大量思考与讨论，一般认为应首先构建互惠互利、相互依赖的“利益共同体”，继而形成文化价值观共享的“文化共同体”，之后方有望逐渐走向彼此信任、荣辱与共的“命运共同体”。③ 然而，需要指出的是，尽管这一路径在逻辑上是有先后次序的，但在实践当中，并不是非要等“利益共同体”与“文化共同体”形成之后才能培育双方的“命运共同体”。特别在现阶段，更不宜过分强调经贸与文化交流对国族认同差异的弥合作用，因为经济互依与文化认同，甚至包括共同的历史记忆都仅仅是国族认同的必要条件，

---

① “黄克武：谈台湾学界对辛亥革命的研究”，共识网，2011 年 7 月 12 日。

② 张亚中：《统合方略》，第 81 页。

③ 刘强，“社会记忆与台湾民众的国族认同”，载《江苏省社会主义学院学报》，2011 年第 2 期，第 60—63 页。另见“杨立宪：两岸观念文化的交流应尝试‘相向而行’”，中国网，2011 年 8 月 31 日。此外，已故的台大政治系教授魏镛也曾提出“联锁社群（linkage communities）”的概念，认为两岸通过社群之间广泛的社会、文化、商业或其他形式的接触，会形成跨越双方体系界限的“联锁社群”。双方联锁社群规模越大、整合程度越高，便越容易导致两岸在政治上和平统一。见“台湾青年如何看待两岸关系”，中评社，2011 年 6 月 18 日。从内容上看，这一概念似乎是“利益共同体”与“文化共同体”的结合。

而非充分条件。否则，英国同美国、德国与奥地利等等都应具有很强的国族认同才是。笔者认为，要促进两岸形成共同的国族认知，应当从现在做起，特别要从培养年轻一代的国族认同入手，以坚持两岸关系和平发展为基础，在不断巩固和扩大两岸经贸、文化及民间交流成果的同时，促进两岸共同史观、共同愿景及共同参与机制的形成。

对于台湾的年轻一代而言，过去二十年不但是他们在人生中学习成长最关键的二十年，也是整个台湾社会走向自由开放，各种利益团体和社会组织蓬勃发展的二十年。因此，他们的“民国意识（即中华民国与中华人民共和国是两个体制不同、相对独立的政治实体）”和“台湾人意识（即自己是台湾人而非大陆政府管辖之下的中国人）”是与生俱来的，而他们对两岸共有的历史记忆和爱恨交织的复杂情感则知之甚少，几乎无人再抱有其祖辈父辈深埋于心的如“葬我于高山之上兮，望我大陆”那样厚重悲壮的祖国情结。他们自出生起耳濡目染的，是民众对各种公共事务越来越多的参与，是大众媒体对台湾特别是当地社会民生问题的每日报道和讨论，是“台湾主体性”在思想上的渲染和法律、制度上的不断强化。因而，他们对广义的“中国”和“中华民族”并没有多大认同，更遑论“天下兴亡，匹夫有责”的使命感与责任心了。

然而，正由于台湾年轻一代对于国族认同问题没有什么心理上的历史包袱，他们也不像其祖辈父辈之中一些人那样对大陆持有很强的敌意和戒心。事实上，从到大陆学习工作的台湾年轻人逐年增多的趋势看，大陆对于台湾青年来说更多代表着一种机会而不是威胁。尤其自 2008 年以来，两岸关系的历史性转折使两岸青年交流进入历史上最活跃的时期，双方在经济、文化、教育等各领域的广泛交流正不断加深彼此的理解与包容。随着两岸关系和平发展趋势继续巩固和强化，从双方的年轻一代入手，逐渐塑造两岸人民共同的历史记忆，促使他们在看待国家和民族的视角上相向而行，进而重塑共同的国族认同，不但符合两岸加强友好合作的现实需要，也是全球化时代下两岸携手复兴、创新并弘扬中华文明的必由之路。

如上文所述，由于两岸当前的国族认同差异很大程度源于各自政治文化对“国”与“民”的侧重不同，因而，双方首先应在史观建构上积极地换位思考和彼此借鉴：大陆方面需要更多从“民”的角度阐释历史，特别要关注台湾民众因各种历史和现实原因而产生的对大陆的疏离感；台湾方面也需尽快纠正“台独”史观中关于“台湾人在中国近现代史中几近空白”的错误表述，从“国”（即包括两岸在内的广义的中国）的角度看待台湾的发展历史，认识到“台湾人的政治或社会活动不只是与整个中国现代化历史接的上，也是参与其中的”。[①] 令人高兴的是，近几年两岸已开始对各自史观进行了大量反思和重新梳理，这种开放的态度无疑是构建共同史观的第一步。此外，台湾方面还需尽快修正陈水扁当政时期开始的在中小学推行“乡土教学”、修改高中历史教科书等所谓的“本土化教育”，还台湾青少年一个真实的宏观的中国历史。

两岸在努力构建共同史观的同时，还需大力培育双方的共同愿景。中共中央前总书记胡锦涛同国民党前主席连战早在 2005 年 4 月就指出，两岸“应步入合作的良性循环，共同谋求两岸关系和平稳定发展的机会，互信互助，再造和平双赢的新局面，为中华民族实现光明灿烂的愿景”。[②] 过去几年来两岸关系的迅速进展为两岸塑造更加明确的共同愿景奠定了基础。未来，两岸特别要在几个关键问题上加强讨论以逐渐形成共识，例如，为何两岸统一是中华民族复兴的必经之路、台湾的乡土意识如何可以同更广泛的国族意识并行不悖、两岸政治和社会架构有哪些可以相互学习之处及相互融合的可能，等等。[③] 由于年轻一代更易接受新事物、新思想，两岸需进一步扩大青年交流的层面和范围，尤其是为双方尽可能提供以平和宽容的心态畅所欲言的交流平台。

---

① 郑鸿生：“台湾人如何再作中国人”，载《台湾社会研究季刊》，第 74 期，2009 年 6 月，第 136 页。

② “胡锦涛与连战会谈新闻公报”，新华网，2005 年 4 月 29 日，http：//news. xinhuanet. com/tw/2005 - 04/29/content _ 8200179. htm。

③ 对于第一点，中国新古典主义儒学学者杨万江在 2011 年 6 月 19 日“博客中国”上发表名为“国家的意义何在：台湾青年应当如何思考两岸问题”的文章，http：//yangwanjiang. blogchina. com/1157820. html（2013 年 1 月 10 日访问），认为“从内部能够获得良好治理的角度看，台湾民众有理由认为一个民主宪政的国家是实现政治理想的必要制度条件。从外部能够获得尊重、保障、权力和影响力的角度看，在国际社会，大国比小国更有能力保障自己的国民和实现自己的理想。因为只有大国才能塑造世界。甚至只有大国才能把国民的思想、道德和创造力提升到人类最普世和根本的那种前沿水准上去。美国是这样，中国也必将是这样。小国注定了自己的国民只是大国政治和文化追随者而不是创造者的命运。在这个意义上说，‘台独’不可能让台湾人民有前途。甚至，如果从你是什么样的人的文化角度，‘台独’实际上使台湾民众丧失了过去一直保持的华夏文化中的大国政治及其天下意识，变得只有靠反对大陆才能找到自己的存在感，但却没有建构自己形态文化的前途。去中国化的‘台独’，实际上是台湾在文化上的倒退和政治上的矮化。‘台独’只能使台湾政治不配在全球意义上来打量台湾”。此外，一个比较令人启发的观点认为，两岸应通过追求“民族共融、民主共建、民生共赢”的“新三民主义”来达到和平统一的最终目标。见天涯论坛：“新三民主义：台海两岸关系的新思维”，作者：月明共谁秉烛，发表于 2005 年 10 月 2 日，http：//www. tianya. cn/publicforum/Content/news/1/59115. shtml（2013 年 1 月 2 日访问）。

为了促进双方共同史观与共同愿景的形成，须为两岸民众特别是年轻人创造更多参与彼此社会、经济、文化等事务的机会，使双方真切感觉到两岸之间有着不可分割的利益与心灵的纽带。比如，通过志愿者活动深入对方社区、组织观摩对方的地方行政与立法事务、鼓励双方对彼此的经济社会发展献计献策，等等。诚如台湾大学电信研究所的蔡宗谕先生所言，“现代台湾年轻人不敢去想如何帮助大陆，那种清末民初想要救全中国的情怀，在台湾这一代是不敢想像的……（然而）年轻人需要改变世界的梦想与冲劲，当一个国家没有办法给与年轻人这种感觉，年轻人一定会被影响的”。[①] 因此，两岸交流活动的组织者在设计二者共同参与项目时，应考虑到年轻人参与热情高但重娱乐性的特点，尽量避免以往过于正式、追求一切细节完美的交流模式，在“抓大放小”的原则下多一些自发的即兴式的活动。毕竟，由于全球化的深入影响，如今两岸的年轻一代在道德理想、文化偏好甚至个性展示等方面都有很多共同点。他们可以勇对挑战，但拒绝接受平庸；可以理解分歧，但不能认同虚假；可以原谅不完美，但不会容忍单调。如果两岸越来越多的青年通过各种议题的共同参与，真切感到为两岸的社会经济发展做出了贡献的话，彼此的认同自会水到渠成。

当然，要实现上述目标，关键需要两岸高层政治意志的推动和保障。当前的问题是：大陆有决心、有恒心、有耐心，而台湾当局则常常态度游移，“进三步退两步”。如台湾统一联盟文宣部部长戚嘉林所言，马英九强调自由、民主、人权、法治是核心价值，然后再用这些观念来区隔台湾与大陆的不同，似已落入李登辉与陈水扁当局固化分离意识的巢窠，如经常用“中华”代替“中国”，用“中华民族”代替“中国人”，甚至提出具有主权意涵的“台湾前途须由全台2300万人决定”，说明“蓝营政治人物论述核心语汇及其语境的改变，不但强化了绿营台独论述的正当性，而且潜移默化了误导台湾民众的国族认同，其严重性蓝营似浑然不觉”。[②] 的确，台湾地区领导人在选举政治下必须考虑到多数选民的意愿，而岛内蓝绿力量几乎势均力敌的现实也限制了领导人的决策。然而，一个真正的政治家不应总为短期的民意浪潮所推动，而理应基于自身的远见和决断说服民众，带领他们驶向虽然未知但却更加美好的远方。从这层意义上说，马英九当局在未来三年左

---

① “台湾青年如何看待两岸关系”，中评社，2011年6月18日。

② 戚嘉林：“台湾的新祖国认同与祖国论述”，（香港）《中国评论》，2011年10月号。

右的时间里恐怕需要展现更多的决心和魄力。

总而言之，只有双方本着宏观视野，共同致力于两岸关系和平发展大方向不动摇，才能通过两岸交往的不断扩大深化，使双方民众特别是年轻人逐渐形成休戚与共的国族认同，在辛亥革命百年之后的今天，一道迈向当年革命义士甘愿为之“以血荐轩辕”的民族统一与复兴之路。

对国民党历史地位的研究

——兼论国共和平协议

周忠菲

一、前言

自2008年5月国民党重新执政以来，台湾地区领导人在两岸关系上问题上采取的开放态势，反映了执政的国民党在台湾竞争性的政党体系下，产生了建立两岸领导层个人之间的政治往来，搭建国共互动平台，签署“国共和平协议”的愿望。① APEC会议期间“习萧会”时，台湾两岸共同市场基金会董事长萧万长关于两岸关系以九二共识为基础的讲话，再次表达了加强两岸互动的想法。这种希望巩固两岸政治关系发展势头的设想，值得肯定。

随着台湾2014年选举的临近和蓝绿两党对2016年“总统大选”的预先“卡位”，岛内格局更加复杂。朝野之间，政党内部，呈现分裂加大，矛盾激化的现象，近日《两岸服务贸易协定》在台湾“立法院”受阻，ECFA进程放缓所折射出的“蓝绿之争”与“蓝蓝之争”（马王斗），就是例证。这些扑朔迷离的现象，使处于经济转型以及经济再起飞关键时期的台湾前景，蒙上了层层雾霾。马英九带领的国民党团队，处在重新执政以来的最困难时期。对国民党历史定位的思考，关系到一中原则下两岸关系的持久发展，本文抛出一些不成熟的想法，是希望引起更多的探讨。

本文假设的论证前提为：国民党的历史地位已经发生变化。今天的国民党与历史上的国民党之间形成了区隔——即出现“异质化”现象。表现为：

---

① 作者注：如2005年连战以中国国民党主席身份访问大陆，实现“胡连会”。又如“习吴会”时，国民党荣誉主席吴伯雄提出“一中架构定位两岸”的论述。

国民党一方面希望继续扮演两岸关系的推动者，将两岸关系政策当成选举的工具，以达到确立国民党作为台湾“民主化”、“本土化”政治遗产继承者身份的目的。另一方面，国民党为维持与大陆谈判的优势地位，又试图利用外部势力，稳定台湾现存体制，包括某种程度上与绿营的政治默契，利用国际因素来节制和影响两岸关系的发展，以体现国民党对两岸关系进程的“操控性”。其根本目的，是谋求政党利益中的集团利益而不是其宣称的所谓“国家利益”。国民党的这种“异质化”趋势，使其在担当实现中国国家统一的历史重任方面，出现困难。国民党要恢复其历史地位，要对中华民族真正有所贡献，一项明智的选择是与大陆签署国共两党和平协议。建立两岸政治互信，摆脱外来势力的干涉。

结构上，本文通过对国民党在野时期的大陆政策以及国民党二次执政以来大陆政策的分析，论证国民党的“异质化”趋势。结论部分就国民党当前的现状提出判断与政策建议。对国共和平协议的讨论，系个人之见，供同人参考。

二、国民党在野时期的大陆政策分析（2000—2008）

2000 年国民党下台后，李登辉被迫辞去党主席之职，连战当选为国民党主席。自此，国民党经历连战、马英九、吴伯雄三位党主席。其大陆政策主要有以下特征。

1. 国民党从“新大陆政策”向“两国论”发展阶段

李登辉执政十二年（1988 年至 2000 年。在 1990 年 5 月 20 日前为“继任”时期），其“独台政策”的形成，大体可分为“新大陆政策”时期和“两国论”时期。1990 年 5 月 20 日，李登辉就任台湾“第八任总统”。其“520”演说以三万字的篇幅，阐述“开创中华民族新时代”的主题，提出了引人注目的“新大陆政策”。当时台湾经济处于上升阶段，在四小龙中遥遥领先。① “新大陆政策”以及随后出台的“国统纲领”，标志着国民党大陆政策发生重大变化。这些变化成为后来发生“汪辜会谈”和两岸达成“九二共识”的前期铺垫，为国共会谈，提供了基础。

---

① 1989 年，台湾外汇储备达 732 亿美元，仅次于日本居世界第二位。人均年收入已达 7500 美元。

“新大陆政策”的主要内容是：“希望中共能认清形势，面对未来、开放脚步、勇敢地朝向政治民主化、经济自由化与社会多元化的目标迈进；如果中共当局能体认世界大势之所趋及全体中国人普遍的期略，推进民主政治及自由经济制度，放弃在台湾海峡使用武力，不阻挠台湾在一个中国的前提下开展对外关系，则我们愿以对等地位，建立双方沟通管道；全面开放学术、文化、经贸与科技交流，以奠定彼此间相互尊重、和平共荣的基础，期于客观条件成熟时，依据海峡两岸中国人的公意，研讨国家统一事宜。”

就其积极意义来说，有两点：其一，强调世界上只有一个中国，承认中国的统一与富强是所有中国人的共同愿望；其二，提出建立双方沟通渠道，全面开放学术、文化、经贸和科技交流，并在条件成熟时，举行海峡两岸统一问题的谈判。实际上突破了蒋经国“不接触、不妥协、不谈判”的“三不政策”。

但“新大陆政策”在中国统一问题进行“对等谈判”的主张方面，是有限制性的，即所谓“先决条件”。这一限制性有四点：其一，大陆必须放弃四项基本原则，推行民主政治与自由经济；其二，放弃在台湾海峡使用武力；其三，不阻挠台湾的“弹性外交”；其四，承认台湾当局是一个具政治实体资格的“独立政府”。

“新大陆政策”始于1988年夏国民党十三大，是蒋经国晚年思想的反映，核心思想包括“反共、反独，自由民主统一中国”，对大陆政权“乐观其变而非取而代之”，“用思想反攻代替军事反攻”，主张开放两岸人员往来，推行“弹性外交”等。台湾后来提出的“国统纲领”即是这一政策的延续。

今天看来，李登辉主政初期的国民党当局推出依据“中华民国宪法”成立“国统会”，颁布“国统纲领”，接受“九二共识”，从表象看，其两岸关系政策，定位清晰——确定了“中华民国”的短中长期的发展目标。短期主要目标是巩固“中华民国”在台湾的治权，长期目标则是“实现国家统一”。中国大陆对“新大陆政策”发出的，关于未来中国实现国家统一的信号，作出了积极的回应。两岸后来在此基础上举行了“汪辜会谈”，产生了“九二共识”。[①]

---

① 作者注：对于“国统纲领”，1990年时，大陆方面先是予以批判，后有所调整。最明显的标志就是杨尚昆主席在1990年9月24日会见《中国时报》代表团时，有关“李登辉身上没有国共内战包袱”的正面提法。

但后来的历史发展，证明李登辉发出关于未来实现国家统一的信号，完全是一种“假象”。从1988年到1993年，台湾当局经过“统先独后”，“明统暗独”的伪装，一方面逐步以“务实外交”取代蒋经国的“弹性外交”走“独台”路线，一方面控制和延缓“汪辜会谈”，准备从“九二共识”的立场上后撤。1993年秋，以国民党推动“重返联合国”和江丙坤在西雅图APEC（亚太经合会）提出“以一个中国为指向的阶段性两个中国”为标志，台湾“新大陆政策”向“独台”路线的过渡。1995—1996年，李登辉访美导致海峡危机，① 1999年，李登辉抛出“两国论”。“汪辜会谈”中断。

从“新大陆政策”到“两国论”，国民党大陆政策从分阶段有条件开放两岸交流，发展到背信弃义，挑起海峡危机和推出“两国论”，导致两岸关系全面倒退，“台独”势力在台湾快速发展。台湾政治进入“独台”与“台独”势力兴起的时期。

2. 国民党回归“九二共识”

2000年国民党竞选失败，李登辉被迫退出国民党。连战接任党主席后在党内开始清算“新大陆政策”，以较快的速度剔除李登辉“两国论”对两岸关系的影响。将国民党立场回归到“国统纲领”和“九二共识”。

2001年7月25日，连战在国民党中常会上讨论《国民党政策纲领草案》时指出，李登辉的“两国论”违背“国统纲领”和“九二共识”。2001年7月29日国民党召开“第十六次全国代表大会”通过了新修订的党章、党纲。新党章称：“本党基于三民主义的理念，建设台湾为人本、安全、优质的社会，实现中华民国为自由、民主、均富和统一的国家。”这表明，国民党首先将自身定位为已经“本土化”，目标是全力“建设台湾”；同时仍以“中华民国”为“国本”，不忘国家统一大业。党章还表示，国民党要“复兴中华文化，实行民主宪政，反对共产主义，反对分裂国土，共同为中华民族之整体利益而奋斗”。重提了蒋经国的晚年思想，包括“反对共产主义”的意识形态。国民党“十六全”还通过了题为“国家新蓝图，台湾新动力”的政策纲领。

至此，在两岸关系上，国民党立场回归到坚持世界上只有一个中国，但主张“一个中国，各自表述”。国民党新“政纲”强调要在“九二共识”

① “独台”路线的重点是“务实外交”，台湾当局提出“放弃重返联合国”，起到了破坏两岸协商政治基础的作用。

基础上，“追求两岸和平稳定关系，建立军事互信机制，建构台海和平区”，主张“两岸搁置政治争议，从事“制度竞赛”，进行全面政经建设，塑造“政治民主”、建设“经济自由的现代化国家”，积极恢复两岸制度化协商；加强全方位交流，推动城市交流、政党交流、高层互访。配合全球运筹中心，推动两岸经贸松绑；促进两岸资金、人员及资讯移动透明化，“创造国际企业策略联盟的环境”等。可以认为，在野时期的国民党大陆政策，在形式上主动重新回归“国统纲领”和“九二共识”，有意识促进两岸关系的发展。这些举措奠定了2005年连战对大陆的访问和其后的国共对话平台。两岸政治关系开始互动。公共和平协议的讨论也在两岸民间成为关注的热点。

三、国民党大陆政策及其差异性

连战领导下的国民党，撤销了李登辉的国民党党籍，部分清算了“两国论”。但国民党的大陆政策仅仅是回归到“国统纲领”和“九二共识”，在本土化、民主化问题，尤其在反“台独”问题上，并未突破李登辉执政初期的“新大陆政策”。即：2005年以来形成的国民党的大陆政策，与国民党传统的大陆政策之间，出现了差异。这主要表现在以下方面：

1. 大陆政策回归“国统纲领”

“国统纲领”是以“阶段性两个中国”的政策声明，作为对两岸现状政治定位的明确表述。也就是说，国民党的大陆政策在实质上是坚持“阶段性两个中国”的政治定位，这与两蒋时期的“汉贼不两立”，明显不同（陈水扁上台后宣布“一边一国”，将“国统纲领”“终止适用”）。

“国统纲领”的核心内容为：两岸政治定位的原则是“大陆与台湾都是中国领土”，“促进国家的统一是中国人共同的责任”；统一的目标与时机“首应尊重台湾人民的权益并维护其安全与福祉”；在“理性和平对等互惠”下分阶段达成，包括近、中、远三阶段，近期是“交流互惠”，“在互惠中不否定对方为政治实体”，在国际社会，主张两岸在一中原则下“相互尊重，互不排斥”；中程阶段是“互信合作”，包括“对等的官方管道”、“大三通”、“协力互助参与国际组织”、“高层互访”；远程则是“协商统一”。

“国统纲领”是国民党在野时期的大陆政策。2008年国民党当政后，马英九实际执行的也是这一政策。但是，国民党预留了“不统”的空间——

马英九最多只能连任两届，这样，“国统纲领”的远程目标“协商统一”的条件，就有可能“仍然不具备”，这就是马英九经常说：“任期 8 年内不去讨论统一问题”的弦外之音。即如今国民党宣布的“不独、不武、不统”的维持现状政策。

需要注意的是国民党的“阶段性两个中国”与李登辉的“两国论”有着本质差异：一是思想根源不同，前者缘于和平共存思维，后者基于“台独”思维。二是内涵不同，前者坚持“两国”领土的重迭性、主权包括对方，后者则坚持彼此领土分割、主权分离。三是做法不同，前者坚持“一国两府”下的作为，后者则要“正名修宪”为一个“台独主权国家”。在对外关系上，前者目标是“在现有架构下争取最大的权益”，希望在与大陆务实协商的基础上，“寻求彼此可以双赢的平衡点”，后者则是为了打破现有架构，冲击一个中国原则。四是最终目标不同，前者表现为一个前途开放的选项，不排除最终希望能有一个“统一”的结局，后者是最终目标是实现“台湾独立”，建立“中华民国在台湾的台湾国”。

2. 国民党与“台独选项论”和“统一公投论”

国民党传统的大陆政策是反对任何形式的“台独”的，包括“台独思想”、“台独思潮”、“台独行为”、“台独运动”等，随着李登辉的执政和民进党上台，反“台独”的时空背景出现变化，反“台独”的任务更加艰巨。

在野的国民党对此如何应变值得关注。2006 年 2 月 14 日，国民党主席马英九在伦敦访问演讲的同一天，国民党在台湾《自由时报》封面刊登广告阐述“台湾的务实道路”，提出“台湾维持中华民国现状”，任何改变现状的决定，“都须经过台湾人民同意……不由个别政治人物、政党或政府决定”。本着民主精神，“台湾的未来有很多可能的选项，不论是统一、独立或维持现状，都必须由人民决定”。在党内深蓝势力激烈反弹和大陆的密切关注下，国民党以“台独是台湾人民选项，但不是国民党选项”。予以“澄清”。如在爱尔兰访问的马英九强调，国民党主张“维持中华民国现状”，但“台湾是个自由民主国家，不论统一、独立、维持现状，都是政治选项，人民的任何选项都不应排除”。这样，一向反对“台独”的国民党，公开承认其两岸关系的政策主张中，不排斥“台湾民众选择台独的权利”。

2006 年 3 月马英九在华盛顿接受“美国之音”专访时称，改变现状，甚至讨论统一问题“没有时间表，但是有条件。也就是说，两岸都能达到“自由、民主、均富，保障人权，尊重法治”。强调“台湾的人民必须要充分参与，充分表达意见，因为这毕竟是对台湾现状非常重大的改变。强调台湾人民如果不赞成的话，就不能推动”。这是马英九当政后经常谈到的“任何台湾现状的改变，都必须经由2300万台湾人民同意”，即“统一公投论”。这一点，不但国民党传统的大陆政策没有，甚至也超出了“国统纲领”的范畴，因为“国统纲领”中的两岸统一，并没有预设必须征得“2300万台湾人民同意”这一条件。这是马英九领导的国民党与传统国民党之间的差异性。

但马英九领导下国民党的所谓“公投”与民进党的“公投”是有区别的。将“公投”放在马英九大陆政策历史脉络上考察，马英九的“公投”属于国际法中的“对内自决权”范畴，亦即透过公民政治权利的行使，自由选择人民所喜爱的政治、经济、社会、文化制度的权利范畴，这与他一贯强调的统一前提之一：“生活方式与核心价值”的一致，是一脉相承的，并非“台独”分子以国际法的“对外自决权”（殖民地、非自治领土人民才能享有的独立建国的权利）来包装的“台独”论述中的“台独公投”。所以，对国民党的差异性，要看到与民进党之间的“区隔”。

3. 国民党“以台湾为主、对台湾有利”的“新主体性论述”

国民党在野后，党内进行过一场“国民党新主体性论述”。连战时期甚至成立了一个以萧万长为首的“论述小组”，该小组还草拟了一个“我们现阶段的基本论述”草案，提出“中华民国就是台湾”的观点，被连战否定。马英九当选党主席后，这一问题依然存在。2006年12月9日，北、高市长选举揭晓，蓝、绿维持现状，表面上维持平盘。但就国民党在前所未有的有利形势下未能拿下高雄市，民进党在形势极端不利的情况下却在台北市获得高得票率而言，国民党是严重失败。9月13日，国民党中常会检讨高雄市长选举败选案。不少中常委重新强调，将来国民党要重新执政，应加强本土论述和本土意识。马英九也首度指出国民党应强调“以台湾为主、对台湾有利”的“台湾主体意识”，强调未来国民党的论述会朝此方向努力，国民党要“坚持清廉，深耕台湾主体意识”。这就是后来国民党推出的“台湾优先论”，一直沿用到今天。

四、国共互动与两岸关系的改善

国民党丢失执政地位后，在选战的压力下，国民党出现迎合民进党的行为。但在整体上看，应该说，在野时期的考验促进了国民党两岸关系政策的调整。以连战2005年来访大陆为标志，国共和谈促进了两岸政治关系的互动，加快了两岸和平发展局面到来。虽然由于种种原因，目前两岸签署的服务贸易协定在台湾“立法院”受到阻碍。但从历史节点看，两岸政治互动关系的发展仍然有很大空间。

1. 与大陆携手，推进两岸和平发展

2005年3月，全国人大通过《反分裂国家法》，为岛内反对“台独”、主张发展两岸关系的党派、民众提供了坚强的法律和舆论后盾，也促使国民党选择更加明确的两岸关系政策。

2005年4月，连战率领中国国民党大陆参访团对大陆进行了历史性的访问，建立起了国共两党党际交流的新平台。两党这次快速携手，使两岸局势出现缓和，政治互信关系增加，“台独”势力阻碍两岸关系发展的局面被打破。

2005年8月，国民党召开第十七次党员代表大会，大会将中国共产党总书记胡锦涛与中国国民党主席连战2005年4月29日共同发布的《两岸和平发展共同愿景》列入政纲，全力推动，以开创两岸的和平、稳定、发展。在野时期国民党的努力，将两岸关系推向了一个新的阶段。

2. 国民党希望成为“推动两岸关系的动力”

在陈水扁第一任和第二任时期，民进党继承李登辉“独台”路线，宣称台湾作为“主权国家”可进行“宪政”改革，而不必去“考虑中国大陆与外蒙古问题”，因为那里“已经有了人家的主权国家”。[①] 民进党还将“公民投票”与台湾“加入联合国”的议题进行捆绑，以彰显“台湾的国际作用”。提出“不容忍任何人或任何政权未经台湾人民的同意，擅自决定台湾前途”。2006年，陈水扁当局启动“二次宪改”，抛出“公投”绑“大选”的议题，以激进方式推进“法理台独”。从2000年至2008年，执政的民进党形成了“住民自决论”、“台湾民族论”、“台湾地位未定论”、“事实主权论”四大政治主张，对两岸关系造成巨大的冲击。现在，民进党内部出现分裂，重新提出“宪法一中”。这种所谓“宪政”，仍然是“中华民国在台湾”的翻版。民进党不可能从根本上放弃“台独”路线。

2005年以来，随着两岸政治互信关系的增加，国民党提出“开放的区

---

① 民进党“台湾前途决议文”指出，“台独”的意义在于“宪改”。参见林浊水：《路是这样走出来的》，“文献篇”。

域发展观”，强调台湾参与东亚区域经济整合以提升台湾“国际经济地位”的重要性。2006年后，其参选大纲支持两岸直航，支持两岸经贸关系机制化，表示乐见“10+1”、“10+3”进程推进，同时也表示国民党希望成为“推动两岸关系发展的动力”。2008年马英九上台以来，台湾先后加强了与“民主国家同盟”的关系，在“对外政策”上“争取外部策略性支持”，扩大“国际生存空间”，以“平衡两岸关系的发展”（如提升台湾军事装备水平，增强台湾与美日的政策互动等），但其大幅度推进两岸经贸关系的做法，包括实现“三通”和两岸签署ECFA，达成19项协议，大大促进了两岸的交流与交往。其“开放的东亚区域观”和对外签署类似FTA的政策目标，在两岸政治互动的背景下，也得到部分实现。国民党执政以来的两岸关系政策，在马英九第一和第二任期内，主要体现在保持国共互动关系方面。显示国民党当局意识得中国大陆国际地位的上升，意识到西太平洋国际环境的改变对两岸关系的影响，体现出国民党既希望扮演两岸关系推动者的角色，又试图将两岸关系定位与台湾区域发展战略结合，谋求选举胜利的政治盘算。

五、国民党的历史地位问题

国民党的历史地位问题，与国民党在两岸经济与政治关系上的政策立场密切相关。如果国民党站稳脚跟，坚持两岸发展经济关系的同时，保持两岸政治互动，推动两岸关系往和平协议方向发展，经得起时间的考验，不放弃与大陆合作的努力，国民党就能够在岛内政治中形成持久的优势，其大陆政策，也会得到台湾人民的认可。今天，国民党的历史地位，最大的衡量尺度，就是国民党对维持两岸和平做出的贡献。

1. 保持两岸经济与政治互动

刚刚结束的印尼巴厘岛APEC峰会上，中国国家主席习近平在会见台湾两岸共同市场基金会董事长萧万长时指出，增进两岸政治互信，夯实共同政治基础，是确保两岸关系和平发展的关键。从两岸关系的发展历程和2005年以来国共互动势头的保持与发展看，习近平的讲话，重点是强调保持经济关系与政治关系的平衡发展，是未来两岸关系发展的趋势。这次峰会上大陆台办主任张志军与台湾“陆委会”主委王郁琦的见面“寒暄”，则进一步释放出两岸政治互动关系将通过行政程序，逐步具体化的信号。

从政治关系方面看，两岸需要保持政治关系互动的势头。两岸出现政治关系互动始自 2005 年前中国国民党主席连战访问大陆，会见中国共产党主席胡锦涛，胡连会上，两岸达成和平愿景。2008 年国民党重新执政后，两岸快速实现“三通”，2010 年签署两岸经济合作框架协议 ECFA。2012 年国民党竞选获胜连任后，两岸政治关系更进一层，在“吴习会”中，国民党荣誉主席吴伯雄提出“一中架构定位两岸”的论述。至此，两岸对所指“一中”虽有不同理解，但以“九二共识”为基础的两岸政治互信得以确立，两岸关系的和平发展被正式列入中共十八大报告。这是国民党从在野到重新执政以来，在两岸关系发展历史中，可书的一笔。促进了两岸政治互信的增强。

从经济方面看，过去两岸经贸关系以突出双边性为主。现在两岸经贸关系发展到以推进全球自由贸易体制的和地区一体化进程为主。这是一个大方向，需要两岸共同把握，齐心协力，才能实现共同发展。这就是习近平强调的“双方只有加强合作，才能更好应对挑战”的意义。这种需要与签署 ECFA 以来，两岸经贸关系进入经济合作制度化建设层次，两岸产业需要全面深化合作的需求是一致的。因此，习萧会见时，习近平所提的“亚太地区经济发展新形势”以及“两岸经济同属中华民族经济”，可谓含义深刻。实际上指出了在地区一体化背景下，两岸建立区域战略共识的重要性。

2. 两岸进入谈判时代

屈指一算，国民党再次执政以来，五年多来两岸签署了十九项协定。虽然目前《两岸服务贸易协定》由于台湾岛内的政治干预，暂时出现困难，但这影响不了两岸关系和平发展已经取得诸多成果的事实。相反，这一案例提示我们，两岸经济与政治关系需并行不悖地保持平衡发展。即：只有在“九二共识”的政治基础上，才能实现两岸具体主管部门的政策协调，两岸制度化合作才能行之有效。国共合作，两岸的和平发展成果才能有保障。两岸关系要实现平衡发展，对此不可有丝毫的松弛。尤其在发展经贸关系与实现安全保障的问题上，两岸既要实现经济战略层次的合作，又存在建立军事互信，制定长期发展规划的需要。因此，两岸建立政治互信，达成“国共和平协议”，比任何历史时期“都更为迫切”。①

---

① 作者注：例如“钓鱼岛”问题发生以来，台湾当局在主权问题上拒绝与大陆合作，在东海渔权上主动与日本配合，在加入美国推出的“跨太平洋经济战略伙伴协定”问题上，台湾当局又宣布“提速”（从 10 年调整为 8 年，现提前为 6 年）。这些举措体现出台湾在“安全”问题上对美日的依附关系和立场上与大陆的对立。增加了两岸政治对话的难度。两岸在地区安全上进行对话与合作，有利于改变两岸关系至今仍然受到“南海争端”、“钓鱼岛问题”等因素干扰的现实。

两岸关系以维护两岸人民的福祉为最高标准。2005 年以来以国共和谈为标志，两岸出现的政治互动对金融危机后两岸经贸关系持续发展，对两岸关系进入机制化合作阶段，发挥了重要作用。两岸关系进入朝政治谈判时代方向发展的时期（连战先生语：两岸谈判时代开始了）。但两岸互动关系的加深，也将引起外来势力的阻遏与岛内分裂势力的反弹。对两岸关系中一些不确定因素的存在，两岸要冷静应对。

3. 两岸和平协议与国民党

随着台湾“三合一”选举临近，岛内呈现国民党内部和民进党内部分裂加剧，政局多变的情势，投机氛围上升。岛内政治形势提醒我们关注国民党的走向。

从政治上看，现在仍然执政的国民党，是否兑现其过去主张的，将签署两岸和平协议纳入“黄金十年”规划的主张，是一条标志性的政策选择。国民党在签署两岸和平协议上一度提出“国家需要，民众支持，国会通过”的三条件。但该主张遭到民进党强烈反对后，国民党召开紧急会议，马英九在记者会上抛出“公投决定论”。国民党在签署两岸和平协议上的立场，出现了方向性变调。目前，国民党内关于签署两岸和平协议的呼声再起，国民党面临内部政争的考验。

从经济上看，受美国推出《跨太平洋经济战略伙伴关系》（TPP）的影响，东亚一体化进程复杂局面加剧，出现美日韩，东盟和印度合纵连横的趋势。国民党已经表态，台湾准备在十年之内，加入 TPP。这在区域战略层次与深化 ECFA 是否矛盾，如何发展两岸经贸关系以促进台湾经济转型发展？两岸显然需要对话。国民党面临两岸深化经贸关系的压力。

国民党“家天下”的统治，已经终结。在新的政治环境中，国民党仍然可以谋求发展和实现其政党目标，对历史做出贡献。但国民党出现“异质化”也是不容乐观的事实。① 从两岸关系和平发展的大局看，从提出未来两岸切实可行的，创造具体政治与经济利益的实际需求看，如何建立“经济共识”与发展“政治互动”关系，是决定未来十年两岸关系实现平衡发展的头等大事。两岸关系的发展需要进行算政治帐，也要算经济账。如果国民党能够在政治上从“异质性”中“解脱”出来，真正回到一中立场，不

---

① 作者注：关心中国命运的人，自然会深思国民党历史地位问题。如果国民党将国共合作视为“国民党的专利”，以实现国民党在台湾“长主国运”。也会对中国的统一，造成负面影响。

仅可以赢得未来选战的胜利，在岛内政治中真正形成优势，这对国民党在中国历史上的定位，也是关键的一步。国民党希望继续执政，难道不应该深思吗?

总之，在改革开放进一步深入，两岸关系持续发展的今天，政治上具备了研究国民党历史地位的条件。有这个条件，才谈得上在认真研究，在总结历史教训，应该说，中国知识分子在这个问题上还是有担当责任的，不管是共产党人士还是民主人士。这是一个严肃的、有责任感的事业。而上海在这方面，可以得到丰富的资料。

新书简介

陈孔立著作系列

定价：55.00元

定价：48.00元

定价：75.00元

台湾史事解读

本书是作者研究台湾史事的专题论文集。全书分三部分，第一部分是对台湾研究的历史观和方法论的考察，第二部分是对台湾若干史事的辨正，第三部分主要针对台湾方面有人蓄意制造“历史失忆”的行为，对台湾历史作出了深刻的解读。

台湾民意与群体认同

本书是作者研究台湾民众心态和民意趋向的文集。全书分三部分，第一部分着重分析不同社会政治背景下台湾民众的复杂心态，第二部分研究台湾民众的身份认同问题，第三部分提出了“省籍—族群—本土化”的台湾政治研究模式，对台湾近年来“去中国化”等现象进行了深刻的剖析。

心系两岸

本书是作者多年来研究台湾政局和两岸关系发展的一部文章合集，全书将岛内蓝绿较量、观察国民党、观察民进党、剖析“台独”言论和两岸政治大局及政治难题等内容分为两个部分：观察台湾和关注两岸。研究范围涉及2012年“大选”后岛内政治生态、马英九第二任期执政理念、两岸间政治难题的解决方案等等。

海峡两岸法学研究（第一辑）

本书为首届两岸和平发展法学论坛的论文集，大陆学者论文和台湾学者论文分别以简体字和繁体字排版，各自分为法治理论、民事法治和刑事法治三部分，既有两岸法治发展的理论分析，也有契合当下两岸事务和经贸往来的具体问题的讨论。

海峡两岸关系法学研究会　编
定价：78.00元

海峡两岸法学研究（第二辑）

本书是海峡两岸关系法学研究会2012年学术年会的论文集。共分六个专题，分别为两岸关系研究、两岸民商事法律问题研究、两岸司法互助研究、两岸相关的国际法问题研究、涉台立法研究和两岸比较法学研究。

海峡两岸关系法学研究会　编
定价：72.00元

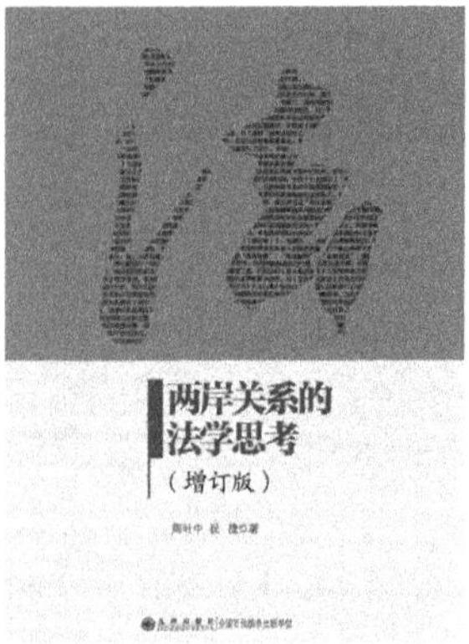

两岸关系的法学思考（增订版）

本书从法学角度思考和研究两岸关系，内容包括台湾问题的宪法学思考、构建两岸关系和平发展框架的法律机制、海峡两岸和平协议研究、台湾地区法律制度研究。

周叶中　祝　捷　著
定价：138.00元

台湾地区继承制度概论

本书以台湾地区“民法”第五编“继承”为基准，系统介绍台湾地区继承制度的主要内容，并对海峡两岸主要继承制度进行了比较研究，总结了台湾地区“继承法”中可资借鉴的有益经验，提出完善《继承法》的若干立法建议。

吴国平　主编
定价：58.00元

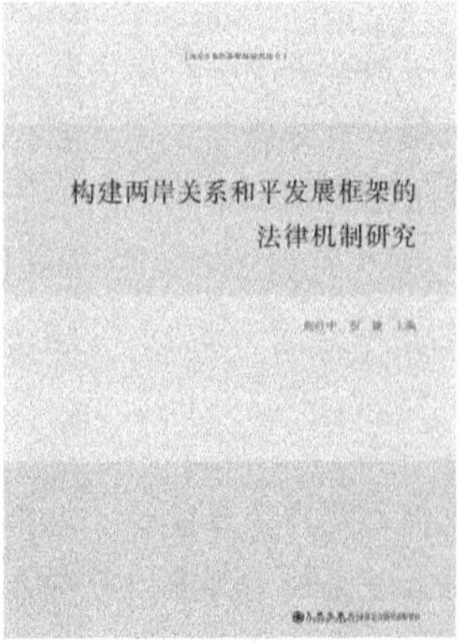

构建两岸关系和平发展框架的法律机制研究

本书以构建两岸和平发展框架的法律机制为研究对象，先从宏观方面论述宪法机制对于构建两岸和平发展框架的意义以及构建该框架的法律障碍和解决机制，进而从微观入手，论述构建行政合作机制及司法协调机制面临的困境。

周叶中　祝　捷　主编
定价：48.00元

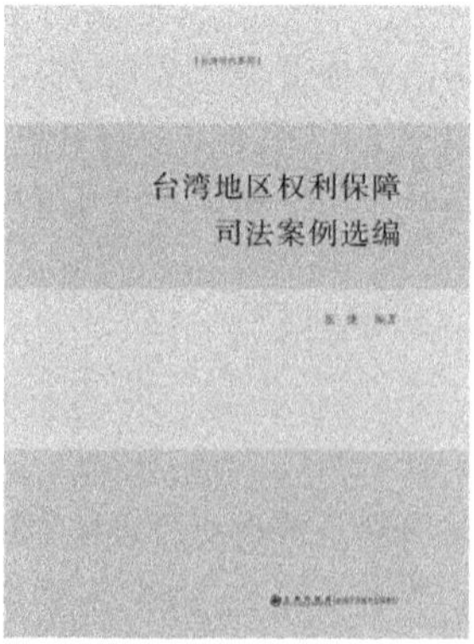

台湾地区权利保障司法案例选编

本书以台湾地区“宪政改革”后“大法官解释”为研究对象，分基本权利保障的总论和基本权利保障的分论两部分，对台湾地区法律制度进行介绍和分析，案例均与台湾地区人民的基本权利息息相关。

祝　捷　编著
定价：60.00元

“九二共识”文集

本书汇集1992至2012年11月底两岸有关“九二共识”的存证资料，包括亲历香港会谈前后两会磋商和达成“九二共识”过程的权威人士的回忆，重要文件和新闻报道，两岸的权威宣示和阐述，海内外专家学者的研究成果和评论等。

许世铨 杨开煌　主编
定价：49.90元

潮起潮落

本书以纪实性的手法，全面展示了海协会、海基会机制的产生背景和两会成立以来的折冲与共处历史，深入挖掘了台湾各界对两岸关系的复杂反思与抉择过程，揭示了两岸筋骨相连的血脉联系和命运共同体关系。

郑　剑　著
定价：98.00元

台湾2013

本书是对2013年两岸经贸、政党、军事等方面的整体论述和介绍，包括综述、台湾大事记、祖国大陆对台重要文献和统计资料四部分，深入介绍台湾社会经贸、政党、军事等各方面的情况，为研究者提供权威的参考资料。

全国台湾研究会　编　周志怀　主编
定价：68.00元

两岸关系和平发展的巩固与深化

本书选编全国台湾研究会2012年学术研讨会精品论文，收入了台湾问题专家李逸舟、刘国深、杨立宪等的论文50余篇，是有关两岸关系、台湾问题最新、最权威的研究成果。

周志怀　主编
定价：88.00元

两岸关系定位与国际空间——台湾地区参与国际活动问题研究

本书为解决两岸关系定位和台湾地区参加国际活动进行理论上的准备，并形成具有现实可行性的方案，认为解决台湾地区参加国际活动的问题，既需要政治人物的智慧和魄力，也需要理论的助力。

祝　捷　著
定价：66.00元

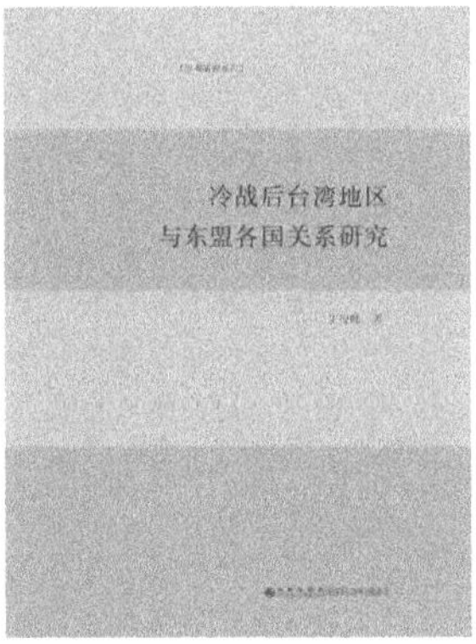

冷战后台湾地区与东盟各国关系研究

本书主要讲述了冷战结束后台湾与东盟各国的关系发展演变，在和平解决台湾问题、实现祖国的最终统一过程中，就如何提升台湾问题和平解决的机会系数、推动两岸的和平统一与中国的和平崛起，提出了自己的见解。

王俊峰　著
定价：42.00元

天命之争

本书再现中国历史上九个统一与分裂的案例，涉及江南、台湾、青藏、新疆、宁夏、云南等六个地区，和越南、朝鲜、蒙古等三个曾经与中国为一体但后来分离出去的国家。国家统一与分裂的根本乃是民意之争，民意即天命。

朱　磊　著

定价：49.80元

台湾民主化与政治变迁
——政治衰退的视角

本书主要用亨廷顿的政治衰退理论来看台湾政治现代化进程及其得失，比较系统地探讨台湾政治变迁和民主化过程中出现的政治衰退所及其理论意涵，对于理解台湾政治未来发展方向有一定的价值。

陈　星　著

定价：38.00元

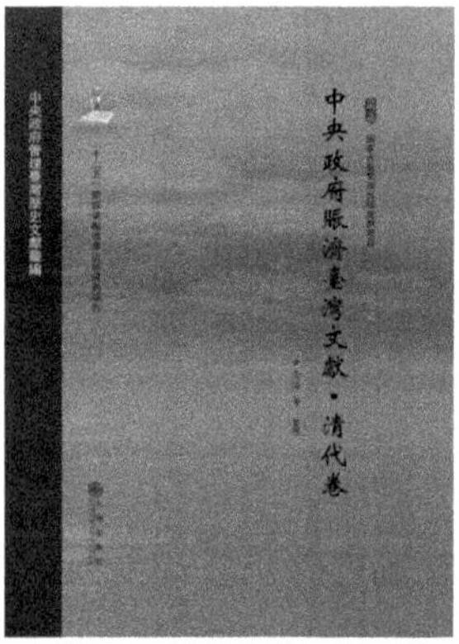

中央政府赈济台湾
文献·清代卷

本书为清政府赈济台湾相关原始文献的史料选编，包含起居注档案、兵部档案、户部档案、奏折等各种文献形式，说明了当时中央政府对台湾的有效管辖和治理，说明了当时台湾与大陆统一于一个中央政府的历史事实。

尹全海等　整理

定价：290.00元

中央政府赈济台湾
文献·民国卷

本书为民国政府赈济台湾的原始文献，包含善后救济总署台湾分署往来函电、台湾分署专项救济文件、台湾分署救济工作简报、台湾分署署务会务记录四部分。

尹全海等　整理

定价：360.00元

北京台研论坛（第六辑）

北京台研论坛是由北京市台办指导、北京联合大学台湾研究院主办的大型学术研讨会。本辑涵盖了两岸关系和平发展问题、台湾岛内政治生态问题、争取台湾民心问题、两岸的法律问题等研究领域，对推动两岸学术研究的发展和加强台湾研究的理论深度有一定的促进作用。

刘文忠　郭　艳　主编

定价：58.00元

章太炎、连横民族文化思想之比较

本书选取章太炎、连横两人民族文化思想加以全面系统的比较研究，考其异同，阐释其成因，剖析其时代性意义和地域性意义。是一部厚重、学术价值较高的著作，蕴涵着浓厚的历史意识和人文气息。

孙风华　著

定价：45.00元